孔庙国子监论丛
2022

孔庙和国子监博物馆　编

北京燕山出版社

图书在版编目（CIP）数据

孔庙国子监论丛 . 2022 / 孔庙和国子监博物馆编 . —
北京：北京燕山出版社 , 2023.4
　　ISBN 978-7-5402-6907-4

　　Ⅰ . ①孔… Ⅱ . ①孔… Ⅲ . ①孔庙—北京—丛刊
Ⅳ . ① K928.75-55

　　中国版本图书馆 CIP 数据核字（2023）第 068227 号

孔庙国子监论丛 . 2022

编　　　者：孔庙和国子监博物馆
责任编辑：王长民
封面设计：黄晓飞
出版发行：北京燕山出版社有限公司
社　　址：北京市西城区椿树街道琉璃厂西街 20 号
邮　　编：100052
电　　话：010-65240430（总编室）
印　　刷：英格拉姆印刷（固安）有限公司
开　　本：787mm×1092mm　1/16
字　　数：316 千字
印　　张：18.75
版　　次：2023 年 5 月第 1 版
印　　次：2023 年 5 月第 1 次印刷
ISBN　978-7-5402-6907-4
定　　价：98.00 元

《孔庙国子监论丛》编委会

编委主任：王培伍
副 主 任：陈　静
委　　员：李　晴　胡晓容　邹　鑫　孔　喆
　　　　　李晓頔　闫　芳　吴　晛　马天畅
　　　　　尹春柳　燕　京　杨　晶　吕会东
　　　　　郭春倩　乔　雷　金漫江　葛维华
　　　　　吴博文
主　　编：王培伍
副 主 编：陈　静
执行编辑：李　晴　胡晓容　邹　鑫

2022年1月21日，孔庙和国子监博物馆研究部大纲撰写人员汇报基本陈列改陈前期论证调研项目阶段性成果

2022年4月13日，孔庙和国子监博物馆学术带头人孔喆召开课题开题会，"传帮带"更多青年业务人员投身到科研工作中。

2022年4月19日，孔庙和国子监博物馆副馆长李晴带领馆业务人员赴北京艺术博物馆考察调研，就基本陈列改陈、展览项目申报等学习取经

2022年4月24日，博物馆举行了"孔庙和国子监博物馆领导班子党史学习教育专题民主生活会情况通报会"

2022年7月4日,孔庙和国子监博物馆党总支举行了"喜迎二十大,庆祝中国共产党成立101周年——青年的力量"主题党日活动

2022年7月20日,孔庙和国子监博物馆举行了"第八轮岗位聘用正科级岗位资格人选测评会",青年干部通过竞聘晋升,展现了人事工作的公平、专业、活力

2022年7月28日，应孔庙和国子监博物馆邀请，中国社会科学院古代史研究所刘子凡副研究员于国子监彝伦堂做专题讲座《〈贞观政要〉的历史启示》

2022年7月29日，孔庙和国子监博物馆业务党支部组织党员赴国家典籍博物馆参观学习

2022年9月1日-5日，孔庙和国子监博物馆携多款最新文创产品及互动体验活动亮相北京服贸会文博文创展区，展示、宣传、推广博物馆文化及文创

2022年9月19日，国际儒学联合会主办，孔庙和国子监博物馆协办的"典亮世界丛书"发布会在国子监彝伦堂举行

2022年9月28日，孔庙和国子监博物馆举行隆重的祭孔大典，纪念孔子诞辰2573周年

2022年10月3日-7日,七色光小学员们在孔庙和国子监博物馆里进行了为期5天的课程培训,了解孔庙、国子监的历史,讲述中轴线的故事

2022年3月-8月，孔庙和国子监博物馆圆满完成了国子监南廊房、东西讲堂、药房及司房屋面修缮工程

目 录

孔庙国子监研究

3　光绪三十年（1904年）甲辰恩科进士题名碑进步先驱回望（二）　　张　慧

9　略论古代乐器和北京孔庙祭孔乐器（一）　　乔　雷

16　北京孔庙下马碑初探　　马天畅

27　融媒体环境下孔庙和国子监博物馆的传播途径思考　　姜　珊

33　清朝国子监刻书简论　　胡一抒

45　唐代国子监与欧洲中世纪巴黎大学的办学比较研究　　钟伟春　张传燧

博物馆探索与实践

63　数字技术在博物馆的建设及管理中的应用研究　　杨　晶

71　浅谈博物馆文创开发工作的有效途径
　　——以孔庙和国子监博物馆文创开发工作为例　　燕　京

84　新媒体时代下的博物馆公众号传播探析
　　——以孔庙和国子监博物馆为例　　张　磊

91　基于皮尔斯符号学理论的博物馆文创研发策略探究　　陆　承

95　从亚历山大博物院看博物馆定义　　杜若铭

105　北京市非国有博物馆可持续发展路径研究　　陈美龄　陈　岑　汤皓晨

114　袁同礼的博物馆理念探析　　赵国香

科举制度及文化研究

125 流连方寸间
　　——压胜钱上的科举、仕途民俗　　　　　　　　　　　闫　芳
139 清顺治朝两通殿试卷解析　　　　　　　　　　　　　　邹　鑫
149 科举考试对读制度历史探寻　　　　　　　　　　　　　吴　昍
155 清朝翻译科初探　　　　　　　　　　　　　　　　　　金　鑫
160 清代小雁塔武举题名碑研究　　　　　　　　　　葛　天　高　娟

专题研究

175 浅谈匾额的保护与利用
　　——以北京孔庙和国子监博物馆所藏匾额为例　　　　马　琛
184 祈雨碑中"龙王信仰"探析
184 ——以黑龙潭龙王庙明清碑刻为例　　　　　　　　　黄茜茜
199 盛昱摹刻北宋本石鼓文考述　　　　　　　　　　　　　张　珍
215 浅谈清代单色釉祭瓷
　　——以牺耳尊为例　　　　　　　　　　　　　　　　周　怡
224 中国传统礼仪实践
　　——入泮礼　　　　　　　　　　　　　　　　　　陈雨潇
233 中国最早的教会书院：苏州存养书院
　　——兼论苏州教会书院在近代中国的历史作用　　　张晓旭
242 清宫旧藏儒家书籍雕版初探
　　——以"四书五经""十三经注疏"书版为例　　　　周　莎
260 试论辽金两朝文化政策对西京教育体系发展的影响　　穆　洁
269 无论霜钟霜天月　墨中襟怀太古心
　　——发掘苏州博物馆藏作品琴与墨的社会价值　　　贡振亚
276 古代越南和古代日本确立理学的异同　　　　　　　　王　蕊

283 孔庙和国子监博物馆大事记（2022年）

孔庙国子监研究

光绪三十年（1904年）甲辰恩科进士题名碑进步先驱回望（二）

张 慧

摘要

光绪三十年（1904年）甲辰恩科是中国古代科举史上的终末之科，社会正酝酿巨大的历史变革。作为这一时期所遴选出的进士，见证了清王朝的覆灭与民主革命的兴起，民主革命时期在中国近代教育、经济等领域有所建树。本文拟继续推进对光绪三十年（1904年）甲辰恩科进士的研究，深入发掘这一科进士中的进步先驱的事迹，解读这一科在中国历史变革期为国家命运而奋斗的士人精神，阐释儒家修齐治平思想在重大历史变革期对文人的影响。

关键词

进士题名碑；进士；教育；爱国

　　北京孔庙一进院内保留有元、明、清三代198通进士题名碑，而位于院落西南角碑林内自东向西第一排第五通的光绪三十年（1904年）甲辰恩科碑尤为特殊。该碑虽也保留了完整的碑首、碑身、碑座结构，但造型简陋，石质不佳，鲜有皇家气象。但正是这样一通并不起眼的石碑，却对研究科举制度在民国乃至后期的影响有重要价值。对于这通碑因何如此"格格不入"，究其原因与当时的国运国力息息相关。清光绪三十年（1904年）甲辰恩科开科正处于清廷风雨飘摇之际，此时的清政府已难挽颓势，无能力建碑，只能由新科进士自筹银两刻碑立石，因此，这一通碑无论从石材、形制、规格、字迹刊刻上，与其他碑都相差甚远，石质略显粗糙、字迹工整但缺少了精雕细琢。即便如此，这一科进士却有不少在民国时期在不同领域有所建树。许多当科进士在清政府被推翻后大有作为，他们造福一方，在国家发展多个领域贡献个人学识，实现了人生理想，体现并传承士人精神。因此，以光绪三十年甲辰恩科为代表的晚清几次开科取士，对于研究中国近代历史具有极为特殊的意义。

一、卓有成效的爱国实业家——杜严

杜严，字友梅，河南博爱县清化镇二街人，清光绪三十年（1904年）甲辰恩科进士，二甲第十九名，授翰林院庶吉士、编修等。虽出身贫穷，却聪颖好学，刻苦勤奋，曾拜河南著名教育家李敏门下。早年留学日本，回国后先后任河南筹备咨议局议长、河南省民政长、河南省都督府秘书、河南省第二届众议院议员及广西省政务厅长等职。早年的留学经历，让他不仅开阔了眼界，增长了见识，更将西方的现代学科知识带回到中国，而且在学科教育和相关领域发挥了重要作用。他深切感受到日本教育的先进和发达，中国教育的落后，从而增强了推动中国教育尽快发展的紧迫感和使命感。任职期间，杜严为河南教育事业的发展尽心尽力，贡献卓著。通过各种方式传播国外先进的教育理念，积极协助李敏创办"河南省留学欧美预备学校"，为河南省外出深造的留学生提供了条件。以期尽快改变中国教育落后的面貌，让更多的学生有机会踏出国门，接受国外新知，拓宽眼界，从而提升报效国家的能力。杜严还是一位卓有成效的爱国实业家，力图实业救国。杜严先后创办了"中原煤矿公司""宏豫铁公司"。当时英国收买了一个实为虚构的公司，企图将豫北怀庆府的所有采矿权出卖给英帝国主义，此举严重危害了河南人民的利益，一时间民怨沸腾。为此杜严以留日学生代表的身份召开会议，对严重侵害中国利益的行径予以严厉抗诉。同时，为改变这一现状，捍卫国家权利，杜严先后成立了"矿务研究会""保矿会"等，在一定程度上削弱了英国公司的权力。与此同时杜严也深刻认识到了英帝国主义的侵略野心和清政府的腐败无能，这更坚定了他实业救国的决心和勇气，他的所作所为对近代河南民族资本主义工业发展做出了突出贡献。

二、现代著名实业家、教育家、铁路交通的奠基人——关赓麟

关赓麟，字颖人，广东广州府南海县人，清光绪三十年（1904年）甲辰恩科进士，二甲第一百零一名。他是我国近现代著名学者、词学家、实业家、教育家，更是铁路交通业的奠基人。关赓麟早年留学日本，归国后先后任财政部秘书、交通部路政司司长、川粤汉铁路督办、交通史编纂委员会委员长等职。著有《京汉铁路之现在及将来》《中国铁路史讲义》等。七七事变后，关赓麟严词拒绝了日本侵略者的威逼利诱，不与其合作，专心致力于铁路运输业，为支持抗日做出努力，表现出了崇高的民族气节和强烈的爱国之心。

爱国主义是中华民族精神的核心，它贯穿民族精神的各个方面，是一个民族

凝聚起来的强大的精神力量，一个忠心报国的人，不管身处何时何种境地，他的爱国之心源自心底，总有一天他所做的那些事必将被国人记住，关赓麟正是他们中的一员。

除此之外，他还是我国近代伟大的诗人之一。著名的稊园诗社就是清末至新中国成立初期由稊园主人关赓麟创办的诗词社的总称，其中包括寒山诗社、稊园诗社、青溪诗社等团体，并出版了《稊园诗集》。稊园诗社是我国近现代存世时间最长、加入学者最多的文学社团，存在五十多年之久。成员主要有张伯驹、章士钊、彭八百等百余位诗词名宿。该诗社以研究诗词、曲赋、书画为主，从抗战至六十年代初期可谓盛况空前，以自由开放的形式组成了不同派别的诗人团体，为20世纪旧体诗词的发展做出了重要贡献。后受政治环境的影响，加上多位诗人谢世，诗社不复存在。尽管如此，稊园诗社实现了旧体诗的百年传承，在20世纪的诗词史上占有重要地位。这样一个充满爱国主义精神的诗社的创立与发展，离不开关赓麟的付出与努力，为文人群体搭建起一个较为纯粹的研究与讨论的平台，促进了中国近代新诗的发展。1956年，关赓麟被周恩来聘任为中央文史研究馆馆员。关赓麟倾其一生为我国诗词史的发展奠定了坚实基础，做出了突出成就。

三、自筹资金兴建川汉铁路——蒲殿俊

蒲殿俊，字伯英，一字沚庵，号雪园，四川广安人，为清光绪三十年（1904年）甲辰恩科进士，二甲第四十一名，授刑部主事。自幼天资聪颖，勤奋好学，无论是考取秀才还是州乡试，成绩都名列第一。甲辰恩科中举后，蒲殿俊即被清政府以官费留学生身份派往日本法政大学留学，成为中国早期留洋进士之一。留日期间，蒲殿俊首次接触到西方文化，因此博览群书，对于新思想新观念有了深刻的认识，也更坚定了他要改变清末国家状况的决心。蒲殿俊深知教育对于改变地方乃至国家命运的重要意义。在蒲殿俊的倡议与带动下，在其家乡广安成立了紫金精舍书院，后来又改建为广安州高等小学堂。广安州高等小学堂也成为广安最早的新式学堂。紫金书院又名紫荇学院，即为广安中学的前身，曾是国家领导人邓小平同志的母校，黄花岗七十二烈士之一的秦炳也曾在该校就读。因其早年接受西方思想，一边教书，一边力主变法图存。

正是有了这样一批具有新思想、追求新变革的热血青年，因此该学院不仅废除了旧书院陋规旧习及八股制，更努力改革旧的教学方法，倡导新式教学，并依照每个学生的文化程度高低、兴趣爱好不同进行学科分类。除讲授经史辞章外，还兼习

时务，以新知识、新形式培养新学生。紫金精舍书院不仅是广安新学的发源地，同时也是广安教育发展史上的重要里程碑。如今的广安中学，不仅是四川省一级示范性普通高中，还是广安市委市政府确定的改革试点学校。纵观广安中学的创立、发展、壮大，我们更应该铭记广安中学的奠基人——蒲殿俊。

不仅如此，他还是川汉铁路的发起人。兴建铁路是国人期盼已久的，但苦于没有银两，无法实施。关键时刻，蒲殿俊联合留日的川籍学生，率先入股，号召川人自筹资金，自建铁路。在他的感召和影响下，很多学生当场募捐，经过三年的不懈努力，川汉铁路终于建成，川人的愿望得以实现。他不仅开创了川汉铁路官商合办的先河，更为川人自建铁路做出了表率。他回国后任四川咨议局议长，五四运动后，创办《晨报》《蜀报》《实话报》等。

四、创办常州最早的新式小学西郊小学——潘鸣球

潘鸣球，号霞青，江苏常州人，光绪二十八年（1902年）江南乡试举人，光绪三十年（1904年）甲辰恩科进士，二甲第六十七名。他工于古文及书法，并创办了常州最早的新式小学——西郊小学，著名"常州三杰"之一的张太雷曾就读于这所小学。他在陕西任知事（即县长）期间，主持的焚烟土事件更是震惊了朝野。清末国家内忧外患，而鸦片则是当时社会的最大痼疾，国家虽明令禁止，但各地军阀为了抽取烟税，致使鸦片烟毒流行，而陕西又地处豫西，为入陕要道。独特的地理优势，为邻省贩运大宗烟土过境提供了便利条件，所到之处均以军队保护，给当地辖区管理带来混乱，百姓深受其害，苦不堪言。许多烟馆成为反革命分子和盗匪的藏身落脚之地，对社会造成严重影响，风气萎靡，民众普遍缺乏健康向上的心气，精神空虚。潘鸣球对此深恶痛疾，遂冒险率警备前往查获，其间虽屡有烟贩私相贿赂以期自保，但他不为所动严词拒绝，并将烟土押回县署，当场焚尽。此举获得了地方百姓的高度赞许，赢得百姓拥戴。此次事件曾在沈钧儒发表的《记陕县焚烟土事》中有详细记载，并对焚烟土事件给予了高度评价。潘鸣球此举对于打击鸦片贸易起到极大的震慑作用，潘鸣球因此获得了国民政府的嘉奖。

五、主张维新变法，传播维新变法新思想——雷延寿

雷延寿，字曼卿，陕西渭南人，光绪三十年（1904年）甲辰恩科进士，二甲第九十七名。少年时天资过人，16岁中秀才，25岁中举人。雷延寿所参加陕西恩

科乡试，中举者仅二十人。按清代乡试中举惯例，雷延寿被授予"文魁"称号，朝廷为其颁发了匾额，这块匾一直悬挂于雷家大门之上。后又分别参加了礼部恩科会试、贡士复试，并顺利入仕。甲午战争失败后，雷延寿联系在京上千名举人，一起上书光绪皇帝，坚决反对割地及赔款等不平等条约。他通过多种渠道，如购买书报、开办书店等，传播维新变法思想并提出一系列变法图强的主张。虽然被朝廷拒绝，但影响深远，在国人心中掀起了巨大波澜。"公车上书"唤醒了深睡中的中国人，也更加坚定了广大知识分子和爱国人士救亡图存的决心，表现出了中国人不屈不挠、爱国爱家的勇猛与坚贞。

雷延寿出身书香之家，其太爷就是一位老秀才。受此家风影响，雷延寿从小就博学多才，通读《四书》《五经》等儒家经典。"公车上书"事件后，在维新派人士的强烈呼吁下，朝廷批准成立了通艺学堂和"关西学会"，以教授英语为主，目的在于培养西学人才。作为首批学员之一和学会骨干的雷延寿，多方筹集资金，向国人传播维新变法思想，为变法维新做出了努力。同时他还注重对金石文字的研究，著有《金文类纂》等书。

六、结语

光绪三十年（1904年）甲辰恩科是1300余年科举制度结束的历史见证。科举考试的创立初衷，正是广开人才选拔之路，为国家挑选真正经世致用的人才。清末国家积重难返，科举考试已然变成了固化学子思维的落后制度。但从末科进士的生平事迹的梳理过程中不难发现，光绪三十年甲辰恩科虽然已是科举制度穷途末路的写照，但这一科仍然为国家选出了优秀的人才。这一科是旧有教育制度的终结与新制度创立的交汇期，更处于社会深刻大变革的时期。许多末科进士都成为民国时期乃至新中国创立时期的杰出人士。通过梳理不难发现，末科进士中不乏爱国人士，且多在教育领域有所建树。许多进士通过科举步入仕途，在救亡图存的过程中清醒认识到教育对于社会不可比拟的巨大推动力。由此推断，对于教育事业的重视与其科甲出身之间存在必然联系。纵然出身科举，但他们不囿于中国传统文化，更接纳当时西方先进思想，师夷长技以自强，建立新式学堂，培养新的优秀人才。他们多在经济、铁路等重要领域奔走呼号，尽自身所能为改变社会现状而努力。末科进士身上这种"先天下之忧而忧"的精神，是儒家思想的写照，他们用亲身经历证明了科举制度虽然已走向没落，却仍然为国家遴选出了许多优秀人才。旧事物的灭亡伴随着新事物的产生，正是因为有了这样一批人，为了国家危亡殚精竭虑，才使得国家在一次次危亡中有了新的希望。光绪三十年（1904年）甲辰恩科的历史价值有待深入发掘。

张慧，孔庙和国子监博物馆文物保管部，副研究馆员

略论古代乐器和北京孔庙祭孔乐器（一）

乔 雷

摘要

古代祭祀乐器蕴含了各朝各代的礼制内涵，体现了古代祭奠孔圣的礼仪、制度。鉴往知来，通过研究这些乐器的传承、制作和使用方式，不但可以发现中国音乐史的发展历程，还能了解古乐器通过礼乐文化在陶冶古人的道德情操、规范古人的思想言行方面起到的作用。

关键词

古代乐器；乐器种类；祭孔乐器

一、中国古代乐器发展

我国古代历史文化悠久、源远流长，其中礼乐文化是中华传统文化的精髓之一。在礼乐文化中，古代乐器史是其重要组成部分，被赋予了多方面的文化底蕴和内涵，无论是在古代还是现代，音乐作为一种人类社会高尚的享受，可以提升精神修养，培养道德情操。在古代，音乐主要是为了国家祭祀庆典或达官贵人休闲娱乐，乐匠为了制造各种优美声音取悦当时的上流阶层，发明了各种乐器，这些乐器种类繁多，形状各异且都独具特色，按其材质和音质的不同，古人又将其分为"金、石、丝、竹、匏、土、革、木"等八大类，又称八风之音。"八音"一词出自《尚书·舜典》："诗言志，歌永言，声依永，律和声。八音克谐，无相夺伦，神人以和。"远古时的乐器以为歌舞伴奏为主，因生产力低下，乐器的发明、制作和使用也多以生产生活为主，在河南殷墟出土的甲骨文记载中，我国三千年前的上古时期就已有乐器的制造和使用；虽然制作比较粗糙简单，但是也凝聚了古人的智慧，以及对音乐的追求。《诗经》作为我国第一部诗歌总集，其中提到的古乐器多达几十种，在其《小雅》中就记载"呦呦鹿鸣，食野之苹。我有嘉宾，鼓瑟吹笙。吹笙

鼓簧，承筐是将。人之好我，示我周行""琴瑟击鼓，以御田祖，以祈甘雨，以介我稷黍，以榖我士女"等诗句，反映了当时各种乐器在不同场景下使用的情况。

先秦百家争鸣时期是我国乐器发展史上的一个波峰，这一时期的乐器种类丰富，使用广泛。革类乐器有鼓、钟等，丝类乐器有琴、筝、瑟等，竹类乐器有箫、笛等，土类乐器有埙等，匏类乐器有笙、竽等，石类乐器有磬等。这一时期的乐器随着时代的进步，外观和性能都有很大改善，对乐器的使用也有了明确的分类，常用于朝堂之上、祭祀大典和两国交战之中。

隋唐时期是我国乐器发展史的鼎盛时期，特别是大唐时代，国家繁荣，社会稳定，政策开明，无论政治、经济、外交都在世界上有很大的影响力。随着中外文化艺术的大量交流，很多外国乐器传到汉地，得到空前的发展和繁荣，歌舞音乐也由此兴起，唐代出现了大量精美的乐器和脍炙人口的乐谱，据《乐府杂录》记载，唐代的乐器大约有三百种，其中"用玉磬四架。乐即有琴、瑟、筑、箫、篪、籥、跋膝、笙、竽、登歌、拍板。乐分堂上、堂下"，"乐有琵琶、五弦、筝、箜篌、觱篥、笛、方响、拍板。合曲时，亦击小鼓、钹子"等。这一时代的乐器式样新颖，种类多样，堪称乐器史上的昌盛期，也为后世乐器的变革与创新带来了不同的思路和理论，具有极大研究价值。

宋元时期，音乐和乐器继续在社会各阶层发挥作用，《宋史》记载，"歌以送之，磬筦锵锵，何以惠民，丰年穰穰"，"荐此嘉币，肃肃雍雍，何以侑之，于乐鼓钟。"①《梦粱录》记载，"教乐所乐部例于山楼上彩棚中，皆裹长脚幞头，随乐部色服紫绯绿三色宽衫，黄义襕，镀金凹面腰带，前列拍板，次画面琵琶，又列箜篌两座，高三尺许，形如半边木梳，黑漆镂花金装画台座，张二十五弦，一人跪而交手擘之。"这些都从侧面反映了在这段时期乐器的应用。在元代还有专门为朝廷和地方设立的礼乐户，服务于不同等级、不同方面的祭祀，这段时期乐器的发展不但在宫廷，在民间也得以大范围发展。随着乐器自唐以来不断地发展优化，以及外国乐器的传入，民间亦开始普遍使用，同时也促进了民间词曲演唱、说唱音乐和戏曲音乐的崛起，产生了许多新的音乐品种，从而使声乐和器乐都得到了全面发展和创新，内容可谓独特新颖，曲目多种多样。这些以民族器乐、声乐为主流的演唱艺术，开始在音乐历史上闪烁着独特光芒，也成为中国近代音乐的基础。中国古代戏曲的形成期从宋代开始，比较有名的剧目是关汉卿的《窦娥冤》、王实甫的《西厢记》等。

---

① 《宋史·乐志》。

这个时期，由于工商业发展迅速，城市经济繁荣，经营贸易的集市、茶楼酒肆等在各个城市大量出现，属于普通百姓自己的娱乐场所也随着市场需求开始井喷式发展，这在当时称之为"瓦市""勾栏"，民间音乐也得以随之普及，适应附和当时社会各阶层的需要，曲子、唱赚、诸宫调、杂剧以及器乐独奏与合奏得到了迅速的发展，使乐器在这个时期的音乐史上占有了一席之地。比如在宋张择端《清明上河图》中就画有当时说唱时的生活场面，《清明上河图》是记录北宋风俗的名画，主要描绘北宋都城汴京以及汴河两岸的自然风景和城内街市繁荣景象，展示了社会各阶层人物的生活。在画中一店铺门前，簇拥的众多人群，中间立一老者正在演唱。另据南宋笔记《都城纪胜》记载："散乐，传学教坊十三部，唯以杂剧为正色。旧教坊有筚篥部、大鼓部、杖鼓部、拍板色、笛色、琵琶色、筝色、方响色、笙色、舞旋色、歌板色、杂剧色、参军色。色有色长，部有部头，上有教坊使、副钤辖、都管、掌仪范者，皆是杂流命官。"

明清时期，宫廷类乐器在发展上没有什么高峰期，仍然主要用于祭祀、庆典、外交礼仪等，《清史稿》中就多处记载乐器在宫廷中的使用，如，"御前仪仗乐器，锣二，鼓二，画角四，箫二，笙二，架鼓四，横笛二，龙头横笛二，檀板二，大鼓二，小铜钹四，小铜锣二，大铜锣四，云锣二，唢呐四。"①宫廷音乐多为《中和韶乐》《丹陛清乐》《赐宴乐》等。在清中后期因开海禁，引入了大量西洋乐器并在宫内外演奏，如康熙帝三十八年南巡时，三月十日至江苏镇江金山，有教士九人登御舟为皇帝演奏西洋音乐。②特别是在清晚期更是出现了以奏乐为主的大清国歌，与国际接轨。在民间，京剧、戏曲、音乐等继续色彩纷呈，随着民众对音乐的认知提高，这一时期的乐器在音量、音域、音色上都有了更高的提升，乐器演奏中多种乐器合奏的形式也更加多彩、成熟，在使用方面更加普遍，婚丧嫁娶、寺庙庆典、农闲娱乐都成规模，很多脍炙人口的曲调广为流传，其中涉及的乐器也成为不可或缺的戏剧文化之一。

二、古代乐器种类

据历史文献记载和出土文物证实，早在秦朝以前，我国古代的乐匠就将乐器按制造材料的性质和音质的不同分成"八音"，即：金、石、丝、竹、匏、土、革、木。

---

①《清史稿·乐志》。
②陈万鼎：《〈清史稿·乐志〉研究》，卷七第二章，人民出版社，2010年。

1. 金类乐器：指用金属制成的乐器，大多由铜或铜锡混合制成，如：钟、镈、铙、钹、锣等。在古代的金属乐器中，其中最主要的是钟类乐器，钟乃众乐之首，其地位与鼎在礼器中的地位相当，是礼乐制度的见证。它们的音质特性是声音洪亮，但又清脆柔和，是中国古代乐器代表之作，也是中国古代考古中最早以金属礼器的形式发现的。钟又分镈种和编钟，镈钟一般单独摆放，编钟则按照音色高低变化不同摆放，每组编钟数量也在不同时期逐渐增加，按照不同大小、不同音律的顺序进行摆放，通过乐人的敲击，演奏出悠扬悦耳的音乐，成为一种用于礼仪和祭祀的乐器，在各朝各代政治文化上逐渐占有一席之地。如我国著名的战国早期曾侯乙编钟，有七声音阶，音域宽广，音调优美，就是研究我国音乐与乐器发展史的重要实物资料。

2. 石类乐器：一般采用能敲击有声的石类制作乐器，主要用灵璧石或玉石。如：磬。磬的形制是由鼓、鼓博、股、股博组成，这类乐器一般石质坚硬，声音洪亮，一组磬一般是由十六枚形式、大小不同、厚薄不同的石块编制而成，按照音色不同摆放；编磬的历史和编钟一样久远，在商周时期磬已有了广泛的制作和运用，后期宫廷贵族又发展到用玉石制作和运用，在国家庆典或祭祀时进行演奏，旋律悠扬，音色柔美，也演化成为上层政治文化的重要角色。

3. 丝类乐器：以丝弦奏响的乐器，主要有琴、瑟、琵琶、胡琴等。

（1）琴，又称七弦琴，是我国传统弹弦乐器，最初配有五弦，汉代定为七弦，由粗而细，琴面配有琴徽十三，标识各弦音位而用。琴的历史悠久，形制多样，因音域宽广悠远、音质高古优雅而受到历代文人雅士的喜爱，故有关古琴的乐谱和记载历代都有很多。《荀子》中就有："君子以钟鼓道志，以琴瑟乐心。"[1] 明清皇帝也热衷于收藏和鉴赏古琴，并流传下不少琴谱。在故宫博物院现藏的古琴中，绝大部分为康雍乾时期所藏。康熙皇帝曾主持编纂《律吕正义》，以乐律学为主要内容，其中包括古琴律制。康熙亦有琴诗流传，如《咏弹琴》：

流水高山志，清音本自虚。
朱弦准古调，和气近宸居。

通过赞颂琴乐，表达了清净淡泊的情怀。

---

[1]《荀子·乐论》。

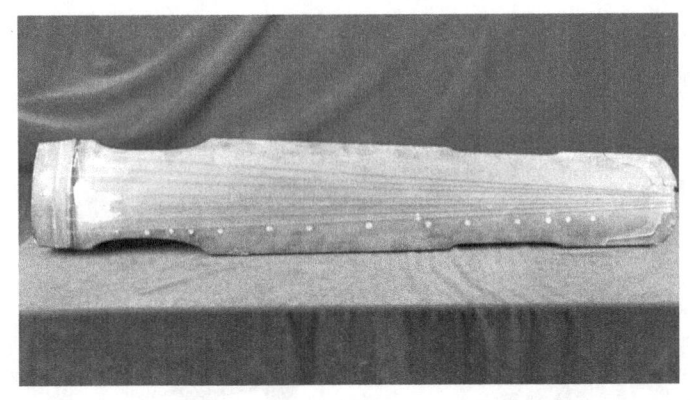

乾隆皇帝自幼受汉文化熏陶，对汉族音乐文化十分喜爱。乾隆皇帝曾命人制作多件精美古琴，和乐器有关的书画，并有题款，乾隆还喜欢在琴上题咏，如故宫博物院藏宋仲尼式"清籁"琴，琴背刻有铭文，下方以朱漆填"乾隆御赏"方印，都体现了他对古琴的珍赏和喜爱。

（2）瑟，是我国古代传统拨弦类乐器，共有二十五根弦。古瑟形制大体相同，瑟体多用整块木头制成，瑟面隆起，内体中空，下嵌底板，底板有孔洞，一般都有彩绘，形体比琴要大。

（3）琵琶，材质多为木质或竹质等，上狭下阔，底为半圆，整体呈鸭梨形，以丝线装配四弦，木颈与面板上设有定音位，是传统弹拨类乐器。琵琶发声十分特殊，音质清脆明亮，穿透力强，在白居易的《琵琶行》一诗中就有琵琶演奏时对音质的描绘："大弦嘈嘈如急雨，小弦切切如私语。嘈嘈切切错杂弹，大珠小珠落玉盘。"

（4）胡琴，多来源于少数民族地区。因古代汉人称北方少数民族为"胡人"，所以从北方传过来的琴也称胡琴，因其形制独特，音色柔和浑厚，富有极浓的草原民族风味，又称马头琴。

4. 竹类乐器：一般指用竹制成的各种乐器。如：笛、箫、篪等。这类乐器自古在民间就广为流传，现代人也多用。其中笛子是最具有我国民族特色的吹奏乐器，而且历史久远，在河南舞阳县贾湖遗址考古中就发现了距今约9000至7500年的骨笛；笛子属于横吹木管乐器中最具代表性的乐器，广为流传，延续至今；竹笛是由一根竹管做成，内体去节中空，在管身上通过开有多个不同音阶的吹孔和膜孔奏出和谐的音级，音域一般较广、高亮。在使用上又分南方笛和北方笛，音质各不相同。唐代著名诗人李白的多首诗中就有对古笛的描写，比如《黄鹤楼闻笛》一诗中就有：

一为迁客去长沙，西望长安不见家。

黄鹤楼中吹玉笛，江城五月落梅花。

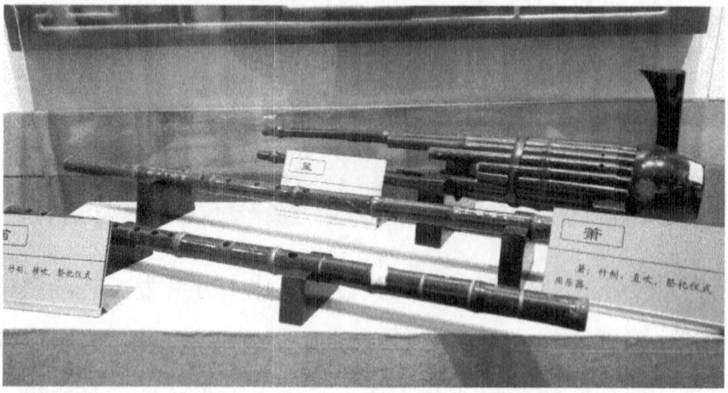

5. 匏类：匏是中国古代对葫芦的称呼，匏类乐器指用葫芦作音斗而制成的乐器。如：笙、竽等。笙主要由笙簧、笙苗和笙斗三部分构成，属于簧管乐器类，其发音清越、高雅，音质柔和，音节性强，具有独特的民间色彩，《尔雅》记载："大笙谓之巢。"① 而竽也是中国民族古老的吹奏乐器，现在已经很少有人使用，形似笙而较大，管数亦比较多，战国至汉代曾广泛流传，成语"滥竽充数"就是描写战国时期的历史典故。

6. 土类：主要指用陶器制成的乐器。如：埙、缶。埙是用陶土烧制的一种吹奏乐器，形制为圆形或椭圆形，通常器身上端有一吹孔，体腹有 5 个音孔，多为六孔，亦称"陶埙"。埙属于吹奏鸣响类乐器，其历史悠久，陶制的埙在古代就已是流行的乐器，早在新石器时代就已有考古发现，当时只有一个吹孔，但已经被广为演奏使用，殷墟妇好墓中出土的陶埙就能吹出简单的音质。随着社会的发展，晚商时期埙的音孔较之商早期音孔有所增加，使其音色更加柔美朴拙，音质圆润，吹奏时颇有"高处不胜寒"的凄美之感。缶亦作缻，《说文解字》记载："缶，瓦器，所以盛酒浆，秦人鼓之以节歌。"缶本来是装酒的瓦器，盛行于春秋战国，这种酒器能够成为乐器，是由于人们在宴会中喝到兴起时，便一边敲打酒器，一边吟唱，敲打起来有一定的音节，故为乐器。缶的形状很像一个小缸，比较少见，最原始的陶缶由于易碎，现在保存较多的都是青铜质缶；在中国古代典籍中，也多次提到击缶，如唐代汪遵的《渑池》：

西秦北赵各称高，池上张筵列我曹。

---

① 《尔雅·释天》。

何事君王亲击缶，相如有剑可吹毛。

7. 革类乐器：是指以兽皮制成的乐器，其中最主要的是鼓，最早在殷墟西北冈王陵墓中就有出土皮质木鼓。从古至今，鼓的用处很广，可俗可雅，在民间作为喜庆之用，在国家平时主要是作为报时、庆典和祭祀时的仪仗乐器使用；而有战争或狩猎活动时，可作为激励士气勇猛杀敌之用。《诗经》有云："击鼓其镗，踊跃用兵"，即形容用兵的场景。鼓作为报时之用，一般放置在一座城池的高楼上，称为鼓楼，这样鼓音可以传播广远。在北京的鼓楼上就有一面制于清代的大鼓，是专门作为公共报时用的，在晚清西方列强入侵北京时用刺刀损坏。其鼓面直径达1.5米，每到夜间报更时分，钟鼓楼上钟鼓齐鸣，鼓声钟声全城皆闻；现已经成为文物，供人保护研究之用。而祭祀一般则是在结束时敲起钟鼓，以钟鼓之声送归神灵，《诗经》记载："钟鼓送尸，神保聿归。"

8. 木类乐器包含敔、柷和拍板等，拍板、木鱼梆子在寺庙中常见，而敔、柷是孔庙祭祀中，用来在祭祀乐启奏和停止时定位的乐器，这两种乐器在孔庙以外其他地方比较少见。

（未完待续）

乔雷，孔庙和国子监博物馆文物保管部，副主任

北京孔庙下马碑初探

马天畅

摘要

下马碑，在明清两朝实录和史料中记载写作"下马牌"，因其最初建立时为木质结构，故称之为"下马牌"。之后发展为石质结构，因此也被称为"下马石牌""下马碑""下马碑石"等，是一种帝王谕令碑。采用笏板碑形式，职能单一，碑文简单，通常无碑额、无龟趺，风格简洁大方，其规制随建筑等级稍有不同。下马碑的主要作用是提示人员进入或路过某一建筑时必须下马、下轿，改为步行，以示该建筑所有者或祀奉者身份尊贵，受人敬仰。一般建立在皇宫、陵寝、祀庙及各级孔庙正门东西两侧，具有很强的标志性作用。下马碑虽是皇权政治与建筑等级的象征，但因其建立位置在建筑外侧，常常被忽视，因此资料较为匮乏或记载简略，相关研究极少。本人在查阅相关研究史料文献后，对下马碑发展历史进行梳理，并对北京孔庙下马碑进行探究。

关键词

下马碑；北京孔庙；礼制；儒学；谕令碑；传统建筑

一、下马碑概述

1. 产生及发展

下马碑是一种谕令碑，即碑文等同于帝王口谕，是一种封建社会等级礼仪的象征。早期的下马碑为木质结构，明清以后大多替换为石质结构[①]，一般采用汉白玉、大理石、花岗岩、青砂石等石材制成，结构坚固，易保存。最初记载为"下马牌"，替换为石质结构后因其造型形似石碑，故俗称为"下马碑"。明清时期的实录与档案中也被记作"下马碑""下马石""下马石牌""下马牌石"等。

区别于一般的碑碣，下马碑大多无碑额，一些皇家建筑附属的下马碑会加盖歇山顶；碑座也并非龟趺赑屃，取而代之的是在碑身与底座相连的部分加装抱鼓石及站牙等，进行加固和装饰，大多风格简洁。

北京内城现存清制下马碑10通，除北京孔庙先师门外东西2通，分别建立在故宫博物院东华门外2通、西华门外2通、午门外阙左门1通、阙右门1通、历代

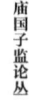

[①] 沈阳故宫下马碑最初由皇太极在天聪年间命人建造，为木质下马牌，乾隆四十八年（1783年）更换为五体字式的石质下马碑。

帝王庙 2 通。这 10 通下马碑因政治因素和地位等级的原因，均选料考究、雕工精湛、造型优美、笔势遒劲，保存较好。

图 1　故宫东华门下马碑
（图片来自网络）

图 2　故宫阙左门下马碑
（图片来自网络）

图 3　历代帝王庙东侧下马碑

图 4　历代帝王庙西侧下马碑

具有提示作用的下马标志禁行设施有据可查的历史，可以上溯到周代，《周礼·天官·掌舍》："掌王之会同之舍，设梐枑①再重。"而定位、职能更为具体的孔庙下马碑的建立，最早可以追溯至金代在曲阜孔庙建立的第一通下马碑。金章宗在明昌二年（1191 年）下诏，敕令在曲阜孔庙门前设置下马碑②，碑文刻"文武官

---

① 东汉郑玄注：梐枑，谓行马。
② 陈镐：《阙里志》卷十一，《林庙志》：左右各竖下马牌，金章宗明昌二年立。

员军民人等至此驻轿下马",这项制度在国内其他孔庙是否有同步要求并无记载。但在《定远厅志》中曾记述：金章宗明昌二年诏庙门置下马牌[①]，此处虽无详细说"庙门"是只指曲阜孔庙还是包含全国各地孔庙，但这一章节所叙述的内容是包括全国的郡县，依此看来似乎可适用于全国，实际如何，有待查考[②]。

随后有关下马碑直至明成化十八年（1482年）才又出现记载。明宪宗颁布诏令，命过孔门者皆下马[③]，规定所有文武官员百姓等，在经过两通下马碑时必须下马、下轿，改为步行，以示对孔子的尊敬。

康熙二十九年（1690年），朝廷再次申令：文庙前左右竖下马碑，一应文武官员军民人等在此下马，于是各地纷纷奉旨建立孔庙下马碑，下马碑也逐渐成了孔庙建筑中较为普遍的存在。

明清时期随着儒学发展传播海外，下马碑在东亚地区的传统建筑中也较为常见且留存至今，如：日本冲绳县那霸市崇元寺、越南河内市文庙国子监、蒙古国巴伦布兰县庆宁寺、韩国首尔市李朝宗庙等。

2. 文字

清代以前，下马碑上的文字只有汉字，如明十三陵。清入关以后所建立下马碑上的文字种类有所增加，通常为二三种，康熙朝后，下马碑上文字的刊刻最多达到了六种。

刻有满、汉两种文字的，左侧为汉字，右侧为满文，如福州文庙。

最常见的为三体文字，满文居中，蒙文在左，汉字在右，如清孝陵。

四体文字的排序通常是满、汉、藏、蒙，均刊刻在碑阳，如承德避暑山庄。

五体文字的刊刻通常为碑阳从左至右为蒙、满、汉，碑阴为藏、回，如故宫阙左门。

六体文字通常为碑阳从左至右为蒙、满、汉，碑阴从左至右为回、托忒、藏，如北京孔庙、历代帝王庙。

不同时代所建立的下马碑在文字版面设计上也略有不同。始建于顺治十八年（1661年）的清孝陵中下马碑上刊刻的文字，满文字体尺寸明显大于蒙文和汉文，而康熙十五年（1676年）始建的清景陵中下马碑上则发展为三种字体尺寸大小一致，这种变化发展在清陵其他碑文中也得到体现[④]。

---

① 《中国方志丛书》（光绪五年刊本）第270号卷九，《学校志》。
② 高明士：《谒圣礼、谒圣试与下马碑——东亚科举与圣域的另一章》，科举学论丛.2019，（01）。
③ 孔继汾：《阙里文献考》卷十四，《祀典》。
④ 田甜、曹鹏：《清皇陵下马牌研究》，古建园林技术.2021，（05）。

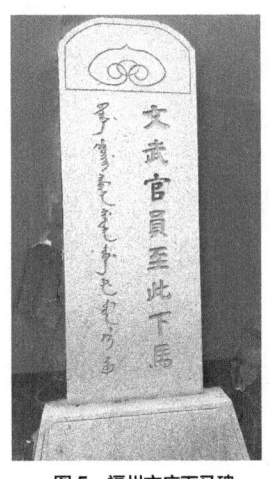   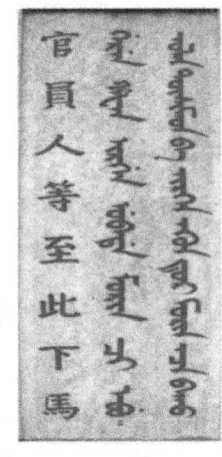

图5　福州文庙下马碑　　图6　承德避暑山庄下马碑　　图7　清孝陵下马碑文字[①]　　图8　清景陵下马碑文字[②]
　　　　　　　　　　　　　（图片来自网络）

这种文字刊刻的数量和排列顺序展现了清代当局的政治诉求，满族作为统治阶级，满、蒙两族关系密切的同时，又极度倡导与汉族的文化融合，随着疆域版图的扩张，清朝的统治势力到达顶峰，为了进一步加强民族大融合，体现各民族平等，故此六体文字的下马碑应运而生。

3. 惩戒制度

旧时我国封建社会等级制度十分森严，帝王的尊严至高无上，"君"是一切中的一切，统治者与被统治者有着严格的界限。皇家宫殿、陵寝、祀庙及孔庙，都设有严格的出入要求，规定明确，等级森严，不容错乱。如果在指定下马、下轿处抗拒不从者，也会受到相应的惩戒。

《钦定古今图书集成·经济汇编·祥刑典》卷三十九：

>　　顺治元年……定凡至下马牌处，骑马竟过者，鞭五十。看守人不知者，责二十七鞭。

《钦定古今图书集成·经济汇编·祥刑典》卷五十二：

>　　《大清会典》：顺治十八年七月二十二日，钦奉谕旨……又议定凡骑头畜，竟过下马牌者，笞五十。看守人役失于防范者，笞四十。

《钦定四库全书·史部·大清律例·卷四十·笞四十·兵例》：

---

① 田甜、曹鹏：《清皇陵下马牌研究》，古建园林技术.2021，（05），作者自绘。
② 田甜、曹鹏：《清皇陵下马牌研究》，古建园林技术.2021，（05），作者自绘。

一至下马牌不下而竟过，看守人役失防范者，直行御道例。

《钦定四库全书·史部·大清律例·卷四十·笞五十·兵例》：

一至下马牌不下而竟过者，直行御道例。

从史料记载的惩戒制度中不难看出，忽视下马碑不服从谕令者将会受到笞刑。并且为了严厉规范这项惩戒制度，还设有专人在下马碑旁看守，看守失职也会罚以笞刑。《唐律疏议·名例》云："笞者，击也。又训为耻，言人有小愆，法须惩诫，故加捶挞以耻之。"所谓笞刑，是指用竹板或荆条拷打受惩戒之人的脊背或臀腿的刑罚，发展至康熙朝时施行四折除零，即十者折四板，二十者折除零折五板，以此类推，五十者应折二十板，同时把小荆条改为小竹板，板长五尺五寸，大头阔一寸五分，小头阔一寸，重不过一斤半。

4. 历史意义

在中国古代封建社会，建筑是身份地位的缩影，建筑的等级划分代表着所有者身份的尊卑，除屋顶样式、开间数、建筑色彩、彩画式样、脊兽的数量之外，特色小品①也是建筑等级的标志之一。下马碑的建立源自中国传统儒家思想的五伦观念②，作为一种谕令碑，它将封建时代国家法令物化为具体存在，虽职能单一，碑文内容相对简单，但代表着皇帝的口谕，是不可侵犯、不容抗拒的存在，因此多为敕造或官造，是中国封建社会等级礼仪体系的象征之一。

皇宫、陵寝建筑等级体现了皇权至高无上的地位和皇帝意志，孔庙建筑则表现了对孔子和儒家文化的重视，而下马碑的建立与应用是礼制严谨、成熟并成为制度的标志③，提示即将进入祠庙建筑内部的人应心存诚敬，采取适当的行为，起到了规范和约束进庙参拜人行为的作用，从而突出了祠庙建筑的严肃性④。古代帝王以儒学治国，而以尊师为第一要义，帝王运用儒家文化强化统治，借用尊孔、祭孔等行为完成帝王政权的合法化，这一点在清代不断加封孔子谥号、兴建孔庙、提升孔庙建筑等级、加设下马碑上体现得尤为明显。

孔庙门前的下马碑作为尊孔尊师的最直接体现，是祭孔礼仪起点的具体化，下

---

① 王晶晶：《北京皇家祠庙环境研究》，北京林业大学硕士论文，2012 年 5 月。小品：中国古代建筑群中，除了殿堂、门楼、屋、廊以外，还有一些体量小巧的建筑与之相配，以及满足功能、象征地位等级的碑碣、石雕等，均属于小品范畴。这些特色小品在整座建筑群中，虽然不是主体，却在很大程度上丰富了建筑群所营造的环境空间，在物质功能以及环境艺术等方面都起着重要作用。北京皇家祀庙中的建筑小品主要包括碑亭、井亭、照壁、牌楼、碑碣、燎炉和石雕小品等。
② 史可非：《北京内城现存下马碑价值及保护》，北京文博文丛 .2017（04）。
③ 李建华、刘巧辰：《沈阳故宫博物院下马碑复制札记》，沈阳故宫博物院刊 .2015，(02)。
④ 郭华瞻：《民俗学视野下的祠庙建筑研究——以明清山西为中心》，天津大学博士学位论文，2011 年 5 月。

马碑的建立增加了孔庙入口空间的完整性。下马碑碑文种类的丰富，是国力强盛、国家版图规模辽阔的体现，表达了清帝王增进民族团结统一，展示各民族平等，以维持更加稳定长久统治的夙愿。

二、北京孔庙下马碑

图 9　北京孔庙东侧下马碑　碑阳

图 10　北京孔庙东侧下马碑　碑阴

图 11　北京孔庙西侧下马碑　碑阳

图 12　北京孔庙西侧下马碑　碑阴

1. 形制

北京孔庙下马碑立于先师门的两侧，东西各一通，距离先师门约 46.7 米。下马碑为笏板碑形式，底部有须弥座，碑身与底座间由非对称如意抱鼓石和站牙[①]连接。下马碑通高约 3.1 米；碑身高约 2.9 米，宽约 0.8 米，厚约 0.3 米；须弥座高约 0.2 米，宽约 1.1 米，厚约 1.6 米；站牙高约 0.9 米，宽约 0.1 米，厚约 0.4 米；抱鼓石直径约 0.3 米，厚约 0.6 米。

碑身与碑座间有非对称如意抱鼓石和站牙，用来连接和固定碑身与底部的须弥座。非对称如意抱鼓石和站牙既与碑体形成了良好的视线比例关系，又增加了碑身受力的稳定性，起到了承托、稳定以及装饰的作用。

图 13　北京孔庙西侧下马碑抱鼓石与站牙　　　图 14　北京孔庙东侧下马碑抱鼓石、站牙、须弥座

2. 文字

下马碑碑身雕刻分为三部分，均刻有阴槽。上部阴槽内雕刻如意云纹，下部雕刻夔龙纹，中间用六种文字镌刻"官员人等至此下马"，碑阳与碑阴各三种文字，纹饰对应相同，东侧下马碑碑阳从左至右分别为蒙文、满文、汉文（楷体），碑阴从左至右分别为回文、托忒文、藏文，西侧与东侧碑阳碑阴对调后相同，这种文字排列可以让六种文字都在碑阳展示。

3. 立碑时间

关于北京孔庙下马碑建立的具体时间没有详细记载。明《皇明太学志》庙志中对孔庙入口空间记载并无下马碑相关文字，庙图也并未标注。而清《钦定国子

---

① 站牙：明清古典家具元素，用来固定立柱的牙子。相对站立的两片牙子，外形似一只葫芦，故又称壶瓶牙子。站牙常以直立的方式连接在座屏立柱、灯架站杆的前后或两侧，与平放在地面上的横木墩子相结合，是一种形式感非常突出的装饰部件。

监志》中载："先师庙在都城东北，安定门内成贤街，国子监之左，南向。前为大门……门东、西立下马碑各一。"①《山东通史》记载，康熙二十九年（1690年），朝廷再次申令：文庙前左右竖下马碑，要求文官下轿、武官下马、所有军民百姓均步行而入②。因此笔者推测北京孔庙下马碑立碑时间不晚于康熙二十九年（1690年）。

4. 现状及保护措施

东西两侧下马碑有不同程度的风化剥落。

东侧下马碑碑阳文字清晰，易辨认，暂无风化剥落；碑阴中间及偏右上部文字略有风化剥落，部分字迹辨认不清；两侧石鼓及底部须弥座都有不同程度的轻微缺损。

西侧下马碑碑阳清晰，易辨认，文字部分阴槽下方有腐蚀痕迹，未涉及主体文字；下部阴槽内夔龙纹腐蚀痕迹严重；碑阴中间空白处有小虫洞；两侧石鼓有不同程度的轻微缺损，须弥座由于地面沉陷被掩埋。

2022年6月17日，《北京日报》官方账号发布一则新闻，称有市民反映孔庙下马碑围栏被撞损坏，石碑前部的围栏沿着拐角处断开，碎成两段倒在路边。6月13日记者实地考察成贤街时发现损坏的下马碑围栏已被修缮，断裂处用玻璃胶粘合。6月20日笔者发现，在下马碑石围栏外侧又加装了一道铁护栏，并设有红外线警报器。

图15 《北京日报》发布新闻　　图16 北京孔庙下马碑后加装的铁围栏

---

① 文庆、李宗昉：《钦定国子监志》卷一，《庙志一·庙制图说》，北京古籍出版社，1998年，第37页。
②《山东通史》：康熙二十九年议准，文庙关系文教，凡官兵人民经过者，悉令下马，立牌宣示。

目前北京孔庙下马碑归安定门街道保管。

三、典型下马碑对比

1. 历代帝王庙下马碑

历代帝王庙始建于明嘉靖九年（1530年），位于今阜成门内大街路北，是明清两代皇帝祭祀供奉历代帝王的场所。明《春明梦余录》载："帝王庙……门东西二坊，曰'景德'，立下马牌"；清代时被替换重立；20世纪50至60年代时被损坏，填土掩埋；直至1999年10月西城区文物管理部门修缮历代帝王庙时，将残损碑块挖掘修复后，重立于庙门两侧[①]。

历代帝王庙下马碑高4.12米，宽1.06米，厚0.42米，与北京孔庙下马碑相比体量稍大。碑身雕刻分为三部分，上部有双层套环如意云纹，下部有汉纹，中间部分在碑阳、碑阴分别用蒙、满、汉、藏、托忒、回六种文字刊刻"官员人等至此下马"字样。碑身与碑座有抱鼓石相连。

图17 历代帝王庙西侧下马碑碑阳文字（藏、托忒、回）

图18 历代帝王庙西侧下马碑抱鼓石

①史可非：《北京内城现存下马碑价值及保护》，北京文博文丛．2017（04）。

2. 曲阜孔庙下马碑

曲阜孔庙下马碑是孔庙建立下马碑的开端，《阙里志》有载：其前有石坊，榜曰"太和元气坊"，前为棂星门，东西大道也，左右各竖下马牌，金章宗明昌二年立。明永乐十五年（1417年）重立，刻文"官员人等至此下马"，并保存至今。[①] 此后记载甚少。

曲阜孔庙下马碑无碑额，无龟趺，为笏板碑形式。碑身上加盖有悬山顶，碑阳为楷体汉字，字有描红。这座下马碑风格简约，并无抱鼓石和站牙及纹饰装饰，与清代下马碑风格迥异。

图19 曲阜孔庙下马碑

3. 三通下马碑对比

笔者对北京孔庙、历代帝王庙、曲阜孔庙三对下马碑进行比较，以直观对比不同年代、不同建筑下马碑的形制区别。

	北京孔庙	历代帝王庙	曲阜孔庙
纹　　饰	如意云纹、夔龙纹	双层套环如意云纹、汉纹	无
文　　字	满、汉、蒙、藏、托忒、回	满、汉、蒙、藏、托忒、回	汉
立碑时间	清，具体年代不详	始立于明，后重立于清，具体年代不详	始立于金，明时重立
保存现状	原有石质围栏保护，后被撞毁，现于石质围栏外加以铁围栏加强保护	20世纪50-60年代曾被毁坏，90年代发掘后修复重立，现围以铁围栏做防护	较为完好，无护栏

从上表中可以明确看出，下马碑的碑文随着年代越来越丰富，这点和清中期康、雍、乾开疆扩土，版图扩张，使用藏、回文字的地区归顺于清王朝有着密切的关系。进一步看出下马碑建立的历史意义不仅仅在于祀奉者地位，更是帝王昭告政权的手段之一。

四、结语

下马碑由于其位置较偏离建筑群中轴线，职能单一，对于建筑群而言，下马碑的存在并不突出，极易被忽视。实录与档案中也鲜有下马碑具体立碑时间及碑形制

---

① 倩文：《孔庙之"下马碑"》，走向世界 .2011（13）。

的详细记述，通常只是寥寥一笔带过，因此留下了诸多空白，使得下马碑的研究颇有困难。二十世纪社会大变革的时代，文物保护意识淡薄，导致传统古建筑遭受重创，有些地区的下马碑也难逃被损毁的命运。笔者查阅资料时发现，沈阳故宫、福州文庙、平顺文庙等诸多历史遗迹中的下马碑都曾被毁坏，对于文博人而言是件十分痛心的事。这些被损毁的下马碑有些在翻修古建时被挖掘出来，修复后重立，有些已经损坏严重无法修复，经相关单位积极调研后进行复制并重立。

笔者在撰写此文的过程中深刻了解到看似简单的下马碑，其背后所承载的历史文化内涵，以及它在历史遗产的环境和空间中的位置，深觉对下马碑的保护不容忽视且刻不容缓。下马碑的研究与保护，对进一步考究北京孔庙的历史沿革有着十分重要的意义，同时可以推动文物的活化再利用。

马天畅，孔庙和国子监博物馆研究部，助理馆员

融媒体环境下孔庙和国子监博物馆的传播途径思考

姜 珊

摘要

新冠肺炎疫情影响下，博物馆借助互联网平台将实物资源转变为虚拟资源，并且通过各类媒体平台进行传播，不仅实现了特殊时期博物馆传播模式的转变，同时也打造了博物馆的品牌。在当今时代下，孔庙和国子监博物馆如何将挑战变为机遇，不仅要延续博物馆传统的展览方式，还要努力突破传统限制，最大限度地发挥融媒体优势，促进博物馆在融媒体环境下焕发新活力。

关键词

融媒体；孔庙；国子监；博物馆；传播

　　博物馆是永久性的非营利机构，它收集、保护、研究、传播和展示人类与环境的有形和无形遗产，用于教育、研究和欣赏，向公众开放并为社会和发展做出贡献。作为见证人类发展历程的文化机构，博物馆不仅是社会文化基础设施，更是以文化、历史、艺术、科技为核心的展览基地。过去十年，互联网以前所未有的速度蓬勃发展，以微信、微博、快手和抖音短视频平台为代表的新媒体不断涌现，并发展成了融媒体——以媒介为载体，融合既有共同点又有互补性的不同媒体，全面整合人力、内容、宣传等资源，实现资源通融、内容兼融、宣传互融、利益共融。自此，博物馆的功能不再是传统的收藏、展示和研究，还具有了娱乐和传播功能。博物馆除了传统的馆藏管理和展览之外，还新增了与参观者的互动。如何在融合媒体时代促进博物馆行业的创新发展，已成为当前博物馆领域亟待解决的重要课题。

一、孔庙和国子监博物馆的传统传播模式

　　从营销学的角度来看，产品的营销行为主要由三部分组成：产品本身、消费市场、消费者。如果将这一概念应用到博物馆领域，博物馆中的"产品"可以分为各

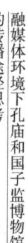

种类的展品、相关服务，还有社会教育；消费市场即为社会大环境下博物馆与其他博物馆竞争所获得的市场份额，并从中所获得的经济效益或者是社会效益的行为；消费者即为博物馆的观众，包含了潜在的消费者。在构成博物馆营销传播的三部分里，将营销传播理念融入博物馆的工作体系，同时强调其独特性。

就孔庙和国子监博物馆而言，展览是孔庙和国子监博物馆的核心工作，是参观者获取博物馆信息的主要手段。孔庙和国子监博物馆在对藏品深入研究后，根据自身专业性及特色，通过特定的主题和目的依次展示它们。为了满足观众精神和文化上的需求，博物馆需要根据需求打造满足观众心灵的展览。同时，孔庙和国子监博物馆要提供与不同类型观众的年龄、职业、爱好等相适应的服务，既要满足观众的需求，又要强调展览的主题，使观众可以得到教育和启发。

一般情况下，孔庙和国子监博物馆的运作围绕着展览和陈列展开，博物馆也通过对外交流来传递信息。广播、电视、报纸等传统媒体在信息传递过程中存在一定的局限性，博物馆也以展览、期刊、讲座等为主要经营手段进行单方面交流传播。鉴于发展空间广阔，孔庙和国子监博物馆这些方面的举措还远远不能满足社会公众的需求，传统的传播模式在融媒体环境下将不可避免地发生变化。

二、孔庙和国子监博物馆疫情期间的运营举措

随着时代的发展，人们的生产生活方式发生了一定程度的变化，博物馆如何在融媒体环境中生存成为学术界的一大关注点。在媒体融合时代，博物馆依托新媒体履行社会教育功能，通过在互联网上开设虚拟展览、推广文化知识等新方式，履行博物馆的教育功能。疫情期间，全国各地的博物馆纷纷推出一系列形式多样的线上"云展览"，成为疫情下大放异彩的教育活动和娱乐业态之一。

孔庙和国子监始建于元代，是沿中轴线对称的两座中国传统建筑，元、明、清三代皇帝祭祀孔子的地方，同时也是最高的中央学府所在地。这组古老的建筑，真实地反映了太学教育和科举制度。在融媒体环境下，孔庙和国子监博物馆依托丰厚的馆藏资源，通过微信公众号、抖音短视频、直播平台等网络社交媒体发起了"云展览"活动，在博物馆领域形成了得天独厚的优势。

在微博客户端，孔庙和国子监博物馆相继将博物馆内的建筑、风景、藏品等通过网络虚拟的方式呈现出来，公众的参与度很高。与此同时，孔庙和国子监博物馆还在微信公众号、抖音短视频等平台上同步开展系列推广活动，将博物馆变成了线上博物馆。公众通过手机移动终端就能够赏古建筑、观古文物、看展览等。除此之

外，孔庙和国子监博物馆还将线下参观与线上传播互为表里，观众来到孔庙和国子监博物馆，不仅仅是观看藏品，最注重的还是传统的文化，所以，孔庙和国子监博物馆必须在履行传统的博物馆职能的基础上积极探索转型，才能对公众实现更深入的宣传教育。在当下的常态化疫情形势下，虽然孔庙和国子监博物馆面临了种种的挑战，但是，也正是因为这一背景的催化，使其进行了创造性的探索和发展，让更多的公众通过"云展览"的方式感悟和体会到了中华民族优秀的传统文化。截至目前，孔庙和国子监博物馆的微博粉丝数量达到了1.1万，抖音短视频平台的粉丝数量1.3万。可以说，孔庙和国子监博物馆以新时代的传播方式为依托，顺应融媒体的时代发展潮流，积极拓展博物馆的观众群体，在当前形势下更好地满足了社会大众的文化需求。

三、孔庙和国子监博物馆的传播模式转变

传统模式中，传播模式往往停留在实体馆呈现，纸媒打品牌，其传播受众覆盖面受限于实体馆的观众和纸媒的读者面影响。融媒体时代的到来，彻底改变了这种传播模式，演变为"实体＋中央厨房"相辅相成的传播模式，融媒体的"中央厨房"传播模式成为主流。根据中国互联网络信息中心（CNNIC）发布的第49次《中国互联网络发展状况统计报告》[①]显示，我国网民总体规模持续稳定增长，截至2021年12月，达到了10.32亿，与2020年12月相比，增长了4296万，互联网普及率达到了73%；使用手机上网的网民比例达到了99.7%，手机仍然是上网的最主要设备。这意味着互联网行业的空间和活力是显而易见的，为博物馆领域的数字化建设提供了支撑。从1.0时代发展到2.0时代，互联网的内容演变为更加注重交互性、个性化，再到3.0时代，智能化成为互联网发展的关键词，更加强调的是人和物的全方位交流，人与物质世界之间的联系更加深化。[②]也因此，博物馆纷纷上线了在线展览，新媒体技术和融媒体渠道，不仅给博物馆的创新传播创造了机会，同时也提高了博物馆的传播效率。各个博物馆需要更新传播理念、更加高效地开展传播工作。从长远来看，在融媒体趋势下，积极探索数字化建设道路，探索"网上博物馆"，实现线上线下信息交互，才能实现宣传和教育效果的最大化。[③]

---

① 中国互联网络信息中心（CNNIC）．第49次《中国互联网络发展状况统计报告》[EB/OL]．中国互联网络信息中心，http: //www.cnnic.net.cn/hlwfzyj/hlwxzbg/hlwtjbg/202202/t20220225_71727.htm.
② 连红．新媒体时代博物馆的文化传播研究 [J]．传播力研究，2018 (27)：27-28.
③ 刘映荷．加快开启"云游博物馆"新模式 [N]．梅州日报，2020,(4):5.

四、孔庙和国子监博物馆的传播途径探讨

从 20 世纪末期开始，我国的博物馆开始了"数字博物馆"发展探索，将线下的实物资源转变成为线上的虚拟资源，数字化发展为孔庙和国子监博物馆提供了新的发展机遇和发展空间。近些年来，我国文化资源的发展目标逐渐清晰，这让文化领域的各个行业也慢慢地打破了传统的禁锢，努力探索新形象、新传播途径迎合社会公众。作为社会教育的部门之一，博物馆在融媒体环境下的作用显得尤为突出。在新的环境下，"互联网+"是促进博物馆由线下到线上线下相结合，转变传统传播模式的直接原因。孔庙和国子监博物馆要紧跟社会步伐，转变过去的工作思路，在加快数字化建设和传播速度的基础上，将传统传播方式与新技术进行优势互补，并通过符合公众需求的融媒体传播渠道，在探索与革新中探寻未来的发展道路。

（一）工作理念：坚持以人为本

孔庙和国子监博物馆的对象本质是文化内涵，也就是物背后的"精神实质"，所服务的对象是社会公众，也就是"人"。所以，孔庙和国子监博物馆的传播，需要通过媒介作为纽带，架起藏品和公众之间的桥梁。随着新兴媒介的不断产生和发展，博物馆的传播渠道已然发生了变化，这些新的形式的出现，重新构建了社会公众对传统博物馆的认知，改变了博物馆与社会公众之间的互动方式。如此一来，孔庙和国子监博物馆不再只是严肃的学术殿堂，而是以公众更喜爱的方式进行互动，积极吸纳公众反馈的信息。与此同时，要明确目标观众，将他们优先作为服务对象，了解他们的预期和需求，挖掘潜在的观众，有的放矢地开展传播活动。对于观众类型，可以参考以往的实际到馆参观的群体特征，独立的成人社群、家庭群组、社会团体、个人，都是孔庙和国子监博物馆的观众群体。[①] 这几部分观众群体最有可能是通过微信公众号、直播平台的方式参观、联系本馆资源，实现馆藏资源的最大程度地分享，也实现社会教育传播影响力的最大化。

（二）媒介应用：重视社交媒体

孔庙和国子监博物馆，曾是国家的最高学府，同时也是皇帝祭祀的场所，所

---

① 周怡. 博物馆"云参观"运作——以孔庙和国子监博物馆为例 [J]. 文物鉴定与鉴赏，2020(22):120–122.

以，馆藏资源十分丰富；但是，这些都是保存在博物馆的陈列室中，学术界无法研究，社会公众无法欣赏，这不仅造成了资源的浪费，也不利于文化的传播。所以，要通过融媒体渠道让博物馆中的馆藏资源"复活"。借助新媒体媒介，孔庙和国子监博物馆的馆藏资源传播更具有广泛性，可以超越时空限制传递给社会公众，引起他们对博物馆馆藏资源的兴趣，提高关注度。与此同时，社会公众也不再满足于博物馆的单向信息传播，倒逼着博物馆采用新的手段和观众进行多向交流。在这种情况下，融媒体平台受到了传播双方的青睐。

孔庙和国子监博物馆传播的实现有赖于平台的搭建，如果缺乏自身的文化资源平台，很难进行针对性的传播。近些年来，孔庙和国子监博物馆通过自建和借力等方式，积极搭建互联网平台，包括官方网站、微信公众号、抖音短视频号、微博号等具有受众规模大、互动性强特点的社交媒体平台，使得馆藏文化资源从传统的馆藏陈列展览实现了网上呈现，博物馆的传播力、影响力都有了显著的提升。针对不同受众的特点，铺陈不同媒体中的信息，并形成信息协同，向广大社会公众展示立体、全面的孔庙和国子监。比如新浪微博账号，设置了话题标签，如"传统文化""孔子诞辰""文化和自然遗产日"等，以互动带动传播，对历史知识、博物馆品牌、文化典藏，都起到了良好的推广作用。根据数据显示，截至2022年6月，共发布了1069条微博，粉丝数量达到了1.1万人，从"景""物""活动""时令"等多个角度切入，设置颇具特色的话题和语言表达方式，让用户参与互动，主动分享圈层，让博物馆的"朋友圈"不断扩大，还方便了观众参观，传播了孔庙和国子监文化和文物保护理念。

孔庙和国子监博物馆原本与媒体并无太多交集，缺乏和大众媒体的连接，社会大众对孔庙和国子监的广泛认知也难以实现。近些年来，孔庙和国子监博物馆加强与主流媒体的联系，公开发布最新动态，挖掘传统文化精髓，扩大博物馆的社会传播面。博物馆的工作人员通过不同的方式出现在各种论坛、媒体上，像光明网、新华社等，以更加开放、包容的心态积极与社会交流，为受众架起沟通的桥梁，取得了良好的传播效果。

随着技术进步推动传播渠道的多元化发展，鉴于各个传播渠道之间的优劣，受众群体也各不相同，孔庙和国子监博物馆要综合运用各类载体，发挥自建与借力、线上与线下、数字技术与馆藏陈列相结合的全媒体传播道路，突破时空限制，让社会公众能够随时随地获取有关博物馆的信息。

（三）技术支持：采用大智移云物技术

所谓大智移云物技术，就是大数据、智能技术、移动互联网、云计算、物联网等技术。随着这些技术的深度应用，已经渗透到文化传播和消费的各个层面，成为文化发展的重要支撑和关键引擎。近年来，孔庙和国子监博物馆加强与科技企业的合作力度，将馆藏资源与技术相结合，开发数字资源，极大地推动了博物馆馆藏资源的创新传播，逐渐让博物馆"活起来"。在我国大力强调"文化自信"和"科技兴国"的当下，孔庙和国子监博物馆还要进一步重视前沿技术的采用，如VR、AR以及AI等，借用技术的力量深度解析馆藏资源背后所蕴含的传统历史文化知识，为社会公众提供沉浸式体验。另外，为了针对性地满足社会公众的需求，要基于大数据、云计算技术，精准测量和推算公众的喜好度和需求，实现基于算法的精准传播。在智能化发展的背景下，孔庙和国子监博物馆还应积极尝试探索智能解决方案，建设智慧博物馆，进一步推动馆藏资源的数字化、信息化，完成博物馆在多个层面上与现代科技的深层次结合，实现传播方式的革命性变革。

四、结语

博物馆作为社会文化交流的中心，其所传播的信息必然会引起社会的关注。在融媒体的大环境下，博物馆要致力于多元传播渠道的综合运用，基于适合博物馆发展的传播理论，探索传播过程中各个传播要素之间的相互关系，充分利用新技术发展带来的机遇，推动博物馆事业的高质量发展。

姜珊，孔庙和国子监博物馆网信部，馆员

清朝国子监刻书简论

胡一抒

摘要

清朝国子监不仅具有教育职能，还有书籍刊刻职能。因清宫建立了专门刻书机构武英殿修书处，国子监刻书式微，但仍刊刻了大量的御论、教材、规章制度、试卷等。这些刊刻物校勘严谨、装帧讲究、字体精美、纸墨精良、版面稳定。国子监刻书具有严格的制度，刊刻事务由国子监下属典籍厅负责，刊刻流程规范，经费来源多样。清朝国子监刻书活动有利于巩固清政府统治，具有教化人心的作用，传承了传统刊刻技艺以及传统文化。

关键词

清朝；国子监；典籍厅；刻书

　　清朝国子监源于元明国子监，设于顺治元年（1644），是官方最高学府，也是官方刊刻图书的重要机构之一。国子监刻印的书籍，称为"监本"。清朝国子监刻书职能虽逐渐被武英殿修书处取代，刊刻书籍不及前代国子监刻书，但仍是官方刻书的重要组成部分。

一、清朝国子监刻书概况

　　清朝国子监刻书种类繁多，版面特征鲜明，在清朝书籍刊刻史上具有一定的价值和地位。

（一）清朝国子监刻书种类

　　清朝国子监刊刻了御论、教材、政书、试卷，此外还拓印了大量的金石。

1. 御论

　　清朝皇帝"临雍讲学"时所发表的御论，均由国子监刊刻发行。皇帝会立足于国情和社会现状发表自己的言论，用仪式化形式宣誓国策，表达自己的愿望和期许，如：

> 康熙八年，皇上临雍，行释奠礼，一应礼仪恩赐，具照顺治九年例，颁敕谕一道刊刻，悬供彝伦堂。敕曰：皇帝敕谕国子监祭酒司业等官，朕为圣人之道，高明广大，昭垂万世，所以舆道致治，敦伦善俗，莫能外也，朕缵成丕业，文治诞敷，景仰先圣至德，今行辟雍释奠之典，将以鼓舞人才，宣布教化。尔监臣当严督诸生，潜心肄业，诸生亦宜身体力行，朝夕勤励，若学业成立，可裨任用，则教育有功；其或董率不严，荒乃职业，尔师生难辞厥咎，尚其勉之毋忽。①

从这则材料，我们可以知道：第一，清朝皇帝非常重视临雍讲学，顺治帝和康熙帝都曾经给国子监颁发敕谕，皇帝敕谕不仅悬挂在彝伦堂，还要刊刻并颁发天下；第二，康熙帝明确指出，辟雍释奠之典的目的是"鼓舞人才，宣布教化"，是文治的重要措施；第三，康熙要求国子监监臣对诸生严格要求，而诸生也要勤奋学习，以备将来成为国家的栋梁之材，若师生均没有尽责，则会受到处罚。

又如乾隆五十年（1785）二月丁亥（初七），乾隆皇帝临雍讲学后，国子监刊刻了乾隆帝的御论，装潢150本，"进呈备赏"，并向京外颁发乾隆帝御制《为人君止于仁，为人臣止于敬，为人子止于孝，为人父止于慈，与国人交止于信论》《天行健君子以自强不息论》②，阐释了乾隆皇帝对自己德行的规范。乾隆皇帝不仅命监臣刊刻、颁布这两章御论，还下旨将其刊印在《钦定国子监志》上，此举充分体现了当时国子监刊刻职能。皇帝御论具有浓重的"帝王色彩"，刊刻的目的就是进一步宣扬功德、教化民众。

2. 教材

清朝皇帝为巩固统治，崇儒重道，大力实施文教政策。国子监课程设置，经、史、法、政、算学皆全。清代科举以《四书》《五经》取士，所以《四书》《五经》是国子监学生的必学教材，这些教材均由国子监奉旨刊刻。国子监奉旨雕刻、存贮了五种书版作为教材使用，分别是《御纂周易折中》《钦定书经传说汇纂》《钦定诗经传说汇纂》《钦定春秋传说汇纂》《御纂性理精义》。《钦定国子监则例》中记载：

---
①《大清会典》（康熙朝）卷之一百六十《国子监》，清刻本。
②《钦定国子监志》卷二十四《辟雍志六·临雍》，北京古籍出版社2000年版，第363页。

"凡本监存贮重刊板片五种，立有印册备查，如年久缺坏，由厅回堂查明修补。"①这五种教材的书版需立册备案，随时修补，以保证教学的正常使用。

国子监还刊刻了《十三经注疏》《二十一史》。清乾隆三年（1738），"大学士等议覆，国子监奏称，太学所贮《十三经注疏》《二十一史》板片模糊，难以修补，请重加校刻。"② 不仅言明国子监刊刻这两种书籍的事实，同时还指出其板片受损，请旨重新校刻。此外，国子监曾用明代遗留书版刊刻《十三经》作为教材使用，乾隆五十九年（1794），乾隆帝谕内阁云"士子诵读者，多系坊本，即考证之家，亦止凭前明监本。然监本中鱼豕之舛讹，字句之衍缺，不一而足"③，因明监本错误繁多，乾隆帝要求重新刊刻。之后乾隆皇帝下旨将武英殿版蒋衡书《十三经》在国子监立碑拓片、装订成册，作为官方正版教材使用并广为发布。重新校刻书籍体现了当时皇帝对教育的重视，要求教材准确、严谨，绝不允许将错误的知识传授给学生、官员及子民。

3. 政书

乾隆四十三年（1778），梁国治等奉敕纂辑了《钦定国子监志》，并由国子监刊刻。道光十二年（1832），户部右侍郎、国子监事务臣李宗昉等奏请道光帝："臣等公同酌议，请就原书详加校对，将应行增入各事宜，敬谨增辑，并刊刻板片，装潢成帙，庶期垂示久远。"④要求增辑相关内容并重新刊刻《钦定国子监志》。道光十四年（1834）刊成，全书共八十四卷："卷前冠以道光十二年奏疏、十四年进书表文、纂修职名、原志凡例、续修例言和总目，编辑体例一仍前志。卷首为列朝圣训、天章；正卷依庙志、学志、辟雍志、礼志、乐志、官师志、禄廪志、金石志、经籍志、艺文志、志余等十一类编辑，类下共系五十六门。"⑤书中增辑了乾隆四十三年以后的重大事件，如乾隆五十年特建辟雍、五十五年新刊石鼓、六十年刻立十三经碑碣、嘉庆三年皇帝临雍、道光三年皇帝临雍讲学、道光八年平定回疆勒石纪功、从祀先儒等。2000年北京古籍出版社影印出版，成为研究清代国子监沿革制度的重要史料。

国子监还刊刻了《钦定国子监则例》，收录了国子监处理全国教育事务的各项规章制度。道光四年（1824）汪廷珍等奏请刊刻《钦定国子监则例》："统计四十五卷恭呈御览，敬俟钦定发下臣监刊刻，久远遵行。"⑥ 这版《钦定国子监则例》

---

① 《钦定国子监则例》卷三十三《典籍厅·经理·现行事例》，清刻本。
② 《大清历朝实录》（大清高宗纯皇帝实录）卷之七十六，乾隆三年戊午九月。
③ 《钦定国子监志》卷五十九《金石志七·御定石经碑》，北京古籍出版社2000年版，第1039页。
④ 《钦定国子监志》奏折一，北京古籍出版社2000年版，第1页。
⑤ 故宫博物院图书馆、辽宁省图书馆：《清代内府刻书目录解题》，紫禁城出版社1995年版，第165页。
⑥ 《钦定国子监则例》奏折二，清刻本。

是继乾隆六十年续修后的纂修本，体例未变，根据现实情况增减了部分内容，作了些许调整。该书内容具体、翔实，特别在国子监刊刻书籍这一部分，为我们提供了丰富的史料。

4. 试卷

清代国子监负责刻印考生试卷，"凡六堂肄业生，大课一等生至二等一名课卷，由绳愆厅移付收贮，其六堂月课卷有可入选者，令肄业生另写副本，呈本堂助教、学正、学录复阅，各加圈点，汇交存贮，以备选刻"。[①]可见，对于优秀学生的高分试卷，国子监会刊刻并保留下来，作为对学生勤奋学习的鼓励和奖赏。这些留存下来的优秀试卷，对科举考试等研究具有很高的价值。刊刻试卷是由典籍厅匠役具体操作的，"其发办季考、月课、堂课试卷"，都会给与相应的报酬。

5. 拓印金石

《钦定国子监志》中卷五十三为《金石志》，专门记载了国子监内所有重要的石刻碑记，该卷的开端提到：

> 我朝天威远邕，而勒石告功，必于太学，以示文德诞敷，息马论道之至意。其吉金乐石，或颁之天府，或传自前朝。以至策士题名，自公载咏，咸具于兹。谨辑钦颁彝器、御碑、御制说经文石刻、御定石经碑、进士题名碑、官师题名碑诸刻十二卷，为《金石志》。[②]

据此，国子监最重要的石刻为"勒石告功"。"勒石告功"是古代皇帝对于取得重大功绩的一种高等级的表彰奖赏，而将其放置于太学，也就是国子监，意将良好的文德传授、影响师生，从而流布全国，令本朝高尚的文德及取得的功绩代代相传，永远值得咏赞和歌颂。

国子监还拓印"钦颁彝器"。乾隆三十四年（1769），乾隆皇帝钦颁内府所藏周代彝器十种："高宗纯皇帝钦颁内府所藏周器十：曰周康侯鼎、曰牺尊、曰内言卣、曰牺首罍、曰雷纹壶、曰召仲簠、曰盟篹、曰雷纹瓢、曰子爵、曰素洗，命陈设大成殿，并镌名座底以示征信。"[③]乾隆四十四年（1779），命监臣拓印该彝器，复颁十种彝器图册，令国子监庋藏御书楼。而且在《钦定国子监志》增辑刊印时，特将该内容作为《钦定国子监志》卷五十三《金石志》的首要部分，并将该十种彝器绘

[①]《钦定国子监则例》卷十六《博士厅·经理·现行事例·选刻试卷》，清刻本。
[②]《钦定国子监志》卷五十三《金石志》，北京古籍出版社2000年版，第911页。
[③]《钦定国子监志》卷五十三《金石志》，北京古籍出版社2000年版，第923页。

图并详细介绍。

此外，国子监还刊刻、拓印了"乾隆御定石经""周石鼓""乾隆石鼓"、进士题名碑、官师题名碑、御制说经文等。这些"圣制石刻碑文，重排石鼓文，如准武英殿来文拓印，由厅监拓"。① 而且"国子监勒石后，以拓本汇颁各省转发所属各学"②，国子监遵照皇帝旨意，协助相关机构刊刻并拓印监内所存石刻，后装订成册，流通发行。

皇帝命令国子监将所颁金石拓印成册，一是表示皇帝对国子监教育教学的重视，二是体现了国子监是官方发布皇帝思想的重要机构。以上重要的金石拓本均存放于御书楼，随需求流通发行，这也体现了国子监石刻拓本的重要地位及其流通的广泛性。

（二）国子监书籍版本的基本特征

刻书是人类社会重要的文化活动之一。自宋朝以来，中国历代君王均不遗余力地大力提倡刻书，将其作为文治手段。清朝康熙、雍正、乾隆三朝，印刷出版业发展空前兴盛，国子监刻书也是这一时代的产物，其校勘严谨、装帧讲究、字体精美、纸墨精良。书籍校勘的精粗，开本的大小，版式的规则，纸张的优劣，墨色的好坏，字体的风格，装帧的特点等，都能充分体现一个时代的社会气象。

1. 校勘严谨

"书不校勘，不如不读。"③ 凡是被批准由国子监刊刻的书籍，都要经过三次校勘。先由负责校理的官员仔细校对，再由高一级官员作二次校订，最后送主管官员再加点校。三次校勘官员的名衔印在全书卷首，以示对书籍校勘质量负责。三校制度一直保留至今，成为保证书籍刊刻质量的必要程序。据载："昨九月间，石经馆司事大臣等奏，士子所读经书，多系坊本，即考证之家，亦止凭前明监本，然监本中鱼豕之舛讹，字句之衍缺不一。"④ 可见前朝监本存在诸多问题，需要纠正和修改。最终乾隆皇帝命大臣开展校对工作，统一了版本，要求以官方正式版本发行流通，因此编纂、校对是书籍刊刻最为重要的环节。

2. 装帧讲究

国子监作为刊刻书籍的官方机构，对于装帧要求不逊于武英殿。"线装一般认

---

① 《钦定国子监则例》卷三十二《典籍厅·经理·现行事例·拓印石刻》，清刻本。
② 《钦定国子监则例》卷三十二《典籍厅·例案·康熙五十一年奉》，清刻本。
③ 叶德辉：《书林清话》，浙江人民美术出版社，2016年版，第459页。
④ 《清代历朝起居注合集》（清高宗）卷四十一，乾隆五十九年十月。

为起源于北宋末年或南宋初年，通行于明代中叶，而风行于清代。"[①] 国子监以线装书籍为主，四眼装居多，书衣质地有绫面、缎面等，颜色多为瓷青色、湖蓝色，书签为黄色或红色。外包装上均加装函套，有的用与书同大的上下两片木质护书板保护，侧面系绳固定，有的则直接制作木质书匣，将书籍装于书匣之内，便于保护。

3. 字体精美

整个清朝官刻书字体，仍多延续明代中后期的仿宋字体风格刊刻，国子监刻印书籍字体也不例外，多为仿宋字形，横细竖粗，棱角分明，笔画紧凑，字大方正，看起来清晰明朗。实际上这种字体雕刻技术含量并不高，刊刻更为容易，印刷起来也更为方便，价格较刊刻手写体软字也更加便宜。

4. 纸墨精良

康乾嘉三朝，造纸技术达到顶峰，在原料、技术、设备和加工方面都超过历代所取得的成就，官刻用纸包括开化纸、棉纸、竹纸等。就保存至今的故宫博物院藏国子监刻印书籍来看，国子监刻本开化纸、绵纸和竹纸均被使用过，开化纸是当时最高等级的用纸，它颜色洁白，纸张厚实，看起来较大气。白棉纸是当时官方普遍用纸。竹纸纸张脆薄，颜色偏黄，日久保存，墨色不变。监本印刷用墨依然浓重光亮，散发着端庄和官方的气息。

5. 版面稳定

清朝监本版式开阔，一般为左右双栏，每页大部分为白口，也有少数黑口，行距宽，字行排列整齐。清代前期由于大兴文字狱，特别是庄氏史案后，刻书工人多不敢在书籍上刻记姓名。嘉、道以后，才有所改变。国子监书籍大多为教科书，没有留存刻书工匠的姓名及其他文字。

二、清朝国子监刻书运作机制

清朝国子监刻书有一整套完善的运作机制，刻书的主体为典籍厅，刻书有完善而严格的流程，刻书经费来源多样。

（一）国子监刻书印书的主体典籍厅及其人员设置

顺治元年（1644）设国子监，隶属礼部，十五年（1658）由礼部分出。康熙

[①] 李明杰：《制度层次：古籍版本的著述、制作与传播》，载《中国古籍版本文化拾微》，社会科学文献出版社2012年版，第35页。

二年（1663）仍归礼部，十年（1671）再度分出，由管理监事大臣统理。雍正三年（1725），国子监行使刻书职能，行政上特派大学士、尚书、侍郎等人员管理，但具体事务由国子监下属典籍厅负责，典籍厅的位置在《大清会典》中有详细记载："太学门内，琉璃牌坊一，中为辟雍殿，殿东西庑为东西六堂，殿北为彝伦堂七间，堂左为典簿厅，右为典籍厅。"[1]国子监主要藏书建筑叫御书楼，"御书楼在国子监公署东北隅。正楼五间，南向，恭设书橱，尊藏钦颁经史书籍及贮监版、武英殿版。东西向厢楼各五间，贮监版、武英殿版，与正楼同"[2]。根据史料记载可推断出典籍厅的位置与御书楼相邻，也就是刻印书籍的位置与藏贮书籍的位置距离比较近，如此布局设计周到且合理，为刊刻书籍提供了优质的便利条件。

典籍厅有严格的职官制度，顺治元年（1644）设典籍官"秩从九品，汉人一人。"[3]典籍官选拔严格，前途无量。首先要从国子监生员中选拔出"干局通敏者，为典籍、管勾"[4]。也就是说需办事才能通达快捷的人才可以胜任该职位。典籍官有任期规定，"各项小京官，照典籍、中书之例，俱扣限六年满后，按俸截取，分别内用外用，保送引见，请旨记名"[5]。说明典籍官任期满后会通过保荐得到晋升的机会，乾隆十五年（1750）对于典籍升职聘任的要求为："汉缺，由翰林院孔目、州学正、县教谕、直隶州州判升受，应行升转部寺司务、銮仪卫经历等官。"[6]可见典籍官任职从一开始便是美差，仕途规划稳定，发展良好。《钦定国子监志》之《官师表》中记录了清代典籍官任职年限，由顺治三年（1646）到康熙三十二年（1693），任职的典籍官共10人，任职年限最短2年，最长达9年。

典籍官统领负责典籍厅一切事物，以保证厅内一切工作的正常运行。典籍官职掌以下工作：

> 本监书籍、碑石、版刻，凡颁赐御制书、钦定书、钦定墨刻及经、史、子、集各种，存贮御书楼，俱以类分，楼而谨藏之。凡颁赐之年、月、日，书若干部，部若干卷，并册记之。本监堂属取读，皆谨书于簿，读毕取贮。诸生取读，则立限呈缴，失者责偿。凡题名碑记以及历代石刻，均归职掌。本监板刻暨武英殿寄监存贮板刻，均立册详识数目。凡书籍、板刻之册，皆钤以监印，新旧交代，则详验而悉数之。夏月督率匠役，开晒、印刷各书，严防损

---

[1]《大清会典》(光绪朝)《钦定大清会典图三》卷十六《礼十六〈祀典十六〉》。
[2]《钦定国子监志》卷九《学志》，北京古籍出版社2000年版，第118页。
[3]《钦定国子监志》卷四十一《官师志一·设官》，北京古籍出版社2000年版，第644页。
[4]《钦定国子监志》卷四十四《官师志四·铨除》，北京古籍出版社2000年版，第706页。
[5]《钦定国子监志》卷四十四《官师志四·铨除》，北京古籍出版社2000年版，第697页。
[6]《钦定国子监志》卷四十四《官师志四·铨除》，北京古籍出版社2000年版，第704页。

坏；岁终则查报无缺，存案备稽。或岁久书蠹板泐，随时修补。①

由此可知，典籍厅负责书籍、碑石、版刻的管理工作。典籍厅不仅负责书籍的存贮、分类、借还、遗失、赔偿等常规性工作，而且要将书籍和书版定期提取出来暴晒，以防止水浸、发霉、虫蛀等情况。损毁的书籍和书版，需及时修补。而存贮的书籍、碑石、版刻的数量、往来、流通均详细记录在册，存档备查。另外，"御书楼书籍板片，不时查阅，如有刷印方开，不许印匠损坏，火烛尤宜小心"。②可见，消防安全一直是重中之重。上述所见，典籍厅拥有的权限和承担的责任都划分得清楚且明确。

典籍厅还设有匠役，"额设匠役四名，募能刷印拓墨装订者充补"。③匠役承担了典籍厅内各项具体的工作，包括书籍的印刷、装订及书版、拓墨等具体工作。除此之外，在上述刊刻试卷中提到过，匠役还负责"发办季考、月课、堂课试卷"的工作。匠役是书籍出版真正的实操者，工作烦琐、枯燥，绝不是轻松之事。

典籍厅设有的《经籍书版簿》，内容包括：

> 载明书若干部、墨刻若干卷、书版若干片、钤之以印。凡御书楼所贮书籍，典籍掌其成数，博士司其出入。别刊书目，分给六堂。贡、监生有愿领读者，具领纸向博士厅取阅，限日交缴，毋许损失。博士厅详记领书月日于册。每月呈堂上官，与课程册参观，用稽勤惰。武英殿寄监板片，岁中清查。或全或缺，典籍厅悉记于簿，亦钤以印。④

典籍厅的《经籍书版簿》，相当于现在的"登记簿"，将书籍往来内容记录备案在册，包括登记书籍、书版的数量，书籍缺损、修补、借阅、分发情况等。对于武英殿寄存的板片，年中要清查。《经籍书版簿》是典籍厅与各部门之间工作往来的记录册，也是所有书籍、板片往来的重要凭证。如此操作，一方面体现了工作的严谨，另一方面证明了国子监书籍在当时不仅作为课本使用，还可以供监生等借阅。

典籍厅有专属印章铜印"国子监典籍厅"，"方一寸九分，厚二分二厘"。⑤凡典籍厅发生的大小事务均"悉记于簿，亦钤以印"。⑥印章是典籍厅管理、行使职

---

① 《钦定国子监志》卷四十二《官师志二·典守》，北京古籍出版社2000年版，第653页。
② 《钦定国子监志》卷四十二《官师志二·典守》，北京古籍出版社2000年版，第655页。
③ 《钦定国子监则例》卷三十三《典籍厅·经理·现行事例·督帅匠役》，清刻本。
④ 《钦定国子监志》卷四十二《官师志二·典守》，北京古籍出版社2000年版，第665页。
⑤ 《大清会典》（康熙）卷之五十四《礼部·仪制清吏司·印信》，清刻本。
⑥ 《钦定国子监志》卷四十二《官师志二·典守》，北京古籍出版社2000年版，第665页。

权的重要凭证和工具，它明确了厅内、外事务的办理范围和使用流程，具有绝对的权威性和严肃性。

（二）国子监刻书的流程

清朝国子监刻书流程，少有史料记载，但就当时武英殿与国子监刻书关系来看，刻书流程大抵相同。武英殿刻书流程包括缮写底本和清样、雕刻书版、校对和修补清样木板、刷印草样和清样，刷印满汉文正本、校勘、装潢等。清朝国子监刻书仅为奉旨刷印，所以在流程上较武英殿简略了许多。

国子监刊刻书籍可以比对武英殿修书处刊刻书籍。首先是准备板片，武英殿板片是由内务府官员或武英殿修书处自行采买，多采自京城或者河南、山东等地，一般挑选枣木或梨木。选好的木板由武英殿下属刻字作雕刻，工匠按照缮写底本雕刻板样，经过仔细校对后方可正式刷印。雕刻完成的书版要经过修版和补版，甚至改刻来达到皇帝的最终要求。

板片雕刻完毕后，如需反复印刷，需要进行更好的存贮和保护。武英殿刊刻完成的书版数量极大，因武英殿空间有限，部分书版移交到其他各处，其中包括钦天监、国子监、天安门、端门、午门城楼等。国子监受命在御书楼内"尊藏钦颁经史书籍及贮监版、武英殿版"①，书籍、板片在存贮期间，由典籍厅负责保存等事宜。

接下来便是刷印书籍，国子监刊刻书籍，不能省略的一项重要环节便是公文函信，凡是本监或其他部门刻印的书籍，首先要提交"请示"，交由上级机构逐级批复，待收到皇帝的批示文件后，方可进行刷印。国子监刷印书籍由典籍厅负责，"凡本监御书楼及大成门戟门两旁石鼓栅门封锁，其钥匙由厅收贮，遇有印刷书籍拓印碑刻，随时启开"。②厅内人员提出书版后便开始刷印。

书籍刷印完毕后，便流通、使用。监内所刷印的教科书类，分贮六堂和御书楼，供学生们学习使用，而皇帝临雍讲学"御论刊本，由监进呈颁发"。③所刊刻的《御论》会增刻上年月，不仅保存于御书楼，还将流通到各地，如"御论临雍礼成，由本监将敬刊御论附刊讲章，通行颁发在京各衙门、官学、奉天府丞、各省学政、儒学其发给本数，咨查礼部办理"。④可见，国子监刊刻官方书籍流通范围广泛，遍及全国。

---

①《钦定国子监志》卷九《学志·御书楼图》，北京古籍出版社2000年版，第118页。
②《钦定国子监则例》卷三十三《典籍厅·经理·现行事例·收掌锁钥》，清刻本。
③《钦定国子监志》卷二十四《辟雍志六·临雍》，北京古籍出版社2000年版，第376页。
④《钦定国子监则例》卷六《临雍·礼成经理·现行事例·颁发刊本》，清刻本。

（三）国子监刻书经费来源

清朝国子监刻书经费来源多样，主要有以下几类。

1. 皇帝恩赐

清朝皇帝为施行文治，投入大量资金，用于国子监刊刻书籍，所以"凡本监版刻需用工料，在恩赏银两内支销，按例细加复算，不得听匠役浮开"。[①]最终结算十分谨慎，需要层层把关。必须要说明的是，国子监刻书所用的各种材料等同于或仅次于武英殿刻书材料，价格绝对是私刻和坊刻不可企及的，可见皇帝恩赏的费用成就了国子监刻书的辉煌。恩赏的银两中，书籍所需支用的银两并没有固定的时间限制，可随时支用。

2. 户部支领

国子监刻书还从户部支领经费。乾隆四年（1739），"礼部咨称大学士赵国麟奏准颁发御纂各书，交礼部顺天府收贮。由监将四经刷送，所需工价照例移咨户部支领，又护理湖南巡抚张灿奏准。颁发御纂各书，由监刷给《周易折中》《近思录》《大学衍义》三种，照例咨领工资价"。[②]国子监匠役刻书工价费用按照规定，先报户部备案，由户部进行核算并将钱款下发给国子监典籍厅，厅内再进行详细分配，领取各自工时费。

3. 工部支领

国子监刻书，凡是涉及工料采办的费用向工部请领。清朝工部设于天聪五年（1631），是管理全国工程事务的机关，下设四司、二库和一所，一所为料估所，该所主要负责掌估工料之数及稽核、供销京城各坛庙、宫殿、城垣、各部院衙署等工程。《钦定国子监则例》卷六《临雍》这部分内容中提到"临雍礼成，由本监将刊刻御论刷印装潢本数、工价造具清册，咨明工部请领"[③]，在《钦定国子监则例·典簿厅》也提及：

> 御制碑文奉旨勒石太学，由工部购石建立，御书楼处敬谨镌刻，本监于军机处交出后，即遵例知照各处办理，并行文礼部查照。工竣，本监敬谨摹拓十本咨送武英殿装潢，恭呈御览；其应颁发各直省者，照礼部来文摹拓咨送转发。至摹拓物料、纸张、工食等项价银，行文工部查照给发。[④]

[①]《钦定国子监则例》卷三十三《典籍厅·经理·现行事例·复实工价》，清刻本。
[②]《钦定国子监则例》卷三十三《典籍厅·例案》，清刻本。
[③]《钦定国子监则例》卷六《临雍·礼成经理·刊刻》，清刻本。
[④]《钦定国子监则例》卷二十九《典簿厅·支发·现行事例·咨领摹拓工价》，清刻本。

以上两处内容明显说明了所有涉及装潢、摹拓物料及纸张的费用，均由工部支领，而非户部或其他机构。

三、清朝国子监刻书的价值和意义

随着武英殿修书处的建立，清朝国子监官刻地位逐渐被取代，虽然它的刻书规模较小，但仍刊刻了不少精良之作，其刻书的意义非凡，至今留存的书籍仍具有宝贵的研究价值。

第一，国子监刻书巩固了清政府统治

清朝少数民族武力统一全国，入关后为了巩固政权，稳定人心，缓和民族矛盾，达到兴国安邦的目的，在政治上大力吸收借鉴汉文化，清朝皇帝认为唯有儒家思想才能作为全社会的指导思想，以达到思想上相互融合，稳定治国的状态。书籍作为当时思想文化的传播媒介，受到自上而下的高度重视，国子监作为清政府的重要文化教育机构，所刊刻书籍直接引领和反映统治阶级的主导思想。清朝皇帝通过兴办教育机构，进一步深化清政府在思想文化上的统治地位，达到全国上下思想大统一的良好局面。刊刻书籍和书籍的发行构建了清政府强大的政治传播网络，对其维护稳定的政治局面提供了有力的政治保障。

第二，国子监刻书具有教化人心的作用

自西汉"罢黜百家，独尊儒术"后，儒家思想便成为中国古代重要的统治思想，清朝统治者尤为推崇儒家思想和程朱理学。其教学书籍以儒家和理学的著作、讲义、语录、注疏为主，所刊刻的书籍也都是正经正史，再加上皇帝御论和文学等书籍，便成为清朝国子监教学主要内容。尊儒读经的国策，不仅强烈反映出统治者的治国安邦的政治思想，而且对儒家经典的传播具有重大推动意义，清朝国子监刻书继承和发展了中国古代优秀的儒家文化，有效地推动了儒家学说发展壮大。

第三，国子监刻书传承了传统刊刻技艺

清朝国子监刻书是对历代国子监刻书技艺的传承和发扬，也是官刻书籍印刷史上的难得的一笔。这些留存下来的书籍展现了当时工匠优秀的刻书技艺，包括书版制造、纸墨的挑选、字体的运用都极具历史意义，故宫博物院图书馆善本和古籍库中，仍完好地保存了《乾隆御制石经》拓本、《钦定国子监志》《四书》《五经》等书籍，这些善本和古籍将精湛的刻书技艺经典留存，不仅表现了官刻书籍的审美爱好，而且还蕴含着封建社会的深层心理。清朝国子监刻书技艺用自己特殊的语言，传达出传统文化的内涵和本质。

第四，国子监刻书传承了传统文化

清朝国子监刻书是清朝文化传播的重要活动之一。国子监藏经史类、御制类书籍等，通过不断刊刻传播，保存下来不少珍贵典籍资料，为我国的文化事业发展起到了不可磨灭的作用。正是因为书籍满足了封建皇帝的统治需要，书籍的内容、质量和品质保存了某个时代的文化特点，而完好的将这些书籍保存下来，是对古代文化的敬仰、对古人的尊重以及对后人的激励。

四、余论

康熙朝武英殿修书处的设立使国子监刊刻书籍的职能逐渐被取代，刻书规模渐渐缩小，逐渐成为武英殿书版的储藏地，随着清朝逐渐衰亡，其刻书功能也逐渐消失。直至1905年12月6日（光绪三十一年），清末改革学制，废国子监，设置学部，其教育行政功能并入学部，国子监结束历史使命。总之，清朝国子监刻书是历代国子监刻书的延续，其间通过不断地提升和发展，促进了文化的繁荣，有效地推动了我国雕版印刷事业的发展。

胡一抒，故宫博物院图书馆，助理馆员

唐代国子监与欧洲中世纪巴黎大学的办学比较研究

钟伟春　张传燧

摘要

中国唐代国子监和欧洲中世纪巴黎大学，是两所孕育于不同历史天空下的高等学府，对本国乃至世界的高等教育发展都产生了深远的影响。通过从学科、课程以及办学层次比较唐代国子监与欧洲中世纪巴黎大学，可以发现：两者由于时代的间隔、地域的差别以及培养目标的不同，在办学方面产生了一些不同之处，但也有着许多相似做法，如"预科"制度、专业人才培养制度等。这些既反映了高等教育发展的内在逻辑和客观规律，同时也表明研究应从事物的内在逻辑及其规律出发，摒弃成见，才能真正探寻学校的本质与内涵。

关键词

唐代国子监；巴黎大学；学科；课程内容；办学层次

　　唐代国子监和中世纪巴黎大学是中、西方文明发展历程中所创造的形式不同但实质相似的文明成果。这两所孕育于不同历史天空下的高等学府，对本国乃至世界的高等教育发展都产生了深远的影响，也给我们留下了许多可资借鉴之处。此前，依据现代课程教学理论，从招生制度、课程设置、教学活动、教学管理、教师管理以及学生毕业出路等方面对唐代国子监进行梳理与分析，再现其当年办学盛况，也明晰了其办学功能与办学地位[①]。还通过史料考证，从高等教育理论尤其是综合大学理论的角度论证了唐代国子监的办学性质，证明了它具备综合大学高级性、高深性、专业性、研究性以及文理综合性的五大属性，是我国唐代国家中央综合大学[②]。为深化唐代国子监是综合大学的理性认识，并加深对中西方高等教育发展内在逻辑和客观规律的认识，本文再将它与欧洲中世纪巴黎大学从学科、课程内容以及办学层次三个方面进行办学比较，从而使唐代国子监是综合大学的论证更加严谨、清晰、有力、可靠。

---

① 张传燧、钟伟春.唐代国子监办学盛况实录[J].大学教育科学，2019（02）：77-85.
② 张传燧、钟伟春.唐代国子监是综合大学考[J].教育史研究，2020（01）：57-68.

一、唐代国子监与中世纪巴黎大学的学科比较

在不同的历史时期和不同社会形态下，对于知识内涵和知识作用的理解会有所不同，由此产生了不同的知识分类，"当我们把目光投向高等教育的'生产车间'时，我们所看到的是一群群研究一门门知识的专业学者，这种一门门的知识称作'学科'"[①]。从学科角度出发，将唐代国子监与中世纪巴黎大学作对比分析后发现，它们之间存在着一定的对应关系。如表1所示。

表1 唐代国子监所辖各学校与巴黎大学所辖各学院对应关系表

		所辖学校	对应关系	所辖学院	
太常寺	中国唐代国子监	国子学		神学院	欧洲中世纪巴黎大学
		太　学			
		四门学		法学院	
		律　学			
		书　学		文学院	
		算　学			
		广文馆			
太医署		医学（单独设立）	————	医学院	

（一）儒学教育与神学教育比较分析

自汉代董仲舒"罢黜百家，独尊儒术"以来，儒家思想深刻影响着国家的政治、文化、教育以及社会生活等各个方面。及至唐，君臣都将儒家思想视为维护统治的强大思想武器，李世民曾直言其重要性，"朕今所好者，惟在尧舜之道，周孔之教，以为如鸟有翼，如鱼依水，失之必死，不可暂无耳"[②]。唐朝重臣长孙无忌亦将儒学看作是"王化之本""邦家之基"。在国家的重视下，儒学的地位空前提高，也由此促成了"守成以文"的文教政策与"成圣成贤"教育目标的设定。在此背景下，唐代国子监也逐步形成了由国子学、太学、四门学、广文馆所构成的儒学教育系统，形成了比较完备的经学学科，各学分经进行教学。

在欧洲中世纪，基督教神学有着同样的影响力，它统治着整个欧洲大陆，大学也被置于教会的绝对垄断之下，克里斯托弗·道森说"巴黎大学在中世纪实质上是

---

① (美)伯顿·克拉克.高等教育新论——多学科的研究[M].王承绪等译.杭州：浙江教育出版社，2001：107.
② (唐)吴兢.贞观政要[M].北京：北京燕山出版社，1995：217.

一个教会机构"[1]，布鲁贝克也说"学院和大学基本上都是教会的侍女或附庸"[2]。在巴黎大学中，神学院无疑是最重要的学院，而且它在相当长的一段时间内保持着神学的领先地位，所建构的神学学科和神学理论体系——经院哲学也长期居于学校主导地位，引领着学校师生的教学与研究，直到14世纪中期布拉格大学神学院的建立，它的垄断地位才被打破。

从学科形成背景和学校教育指导思想的角度看，儒学和神学两者具有极大的相似之处。在唐代，儒家思想作为国家根本的政治哲学，直接影响了国家文教政策与教育目标的制定，也促成了以儒学为核心的唐代官学体系。唐代国子监作为"掌邦国儒学训导之政令"[3]的国家最高教育管理机构和最高学府，也在此基础上形成了"三学一馆"（国子学、太学、四门学、广文馆）的儒学教育体系。在中世纪欧洲，基督教神学是官方正统的意识形态，因而教育本身也无处不渗透着神学的性质，神学的影响几乎贯穿于巴黎大学诞生与发展的整个过程。在神学的统摄下，形成了以神学为核心的教育体系，神学也长期占据着学校中心地位。

（二）律学教育与法学教育比较分析

中国最早的律学可追溯至三国曹魏时期，为了重刑法的需要，魏明帝采纳卫觊建议，率先设置了律博士，卫觊奏曰："刑法者，国家之所贵重，而私议之所轻贱。狱吏者，百姓之所县命，而选用者之所卑下。王政之弊，未必不由此也。请置律博士，转相教授。"[4] 出于同样的需求，几百年后的唐朝，也将律学教育列入中央官学教育体系之中，律学学校成为国子监的常设学校，虽偶有废止，但依然保持着常规的律学教育，并设有与之相对应的明法科考试，培养和选聘实用高级律学人才。

欧洲中世纪大学法学教育的兴起，与社会发展需求是分不开的。一方面，"城市生活不可避免地会引起人们对财产权和契约的重视"[5]，法学教育适应了城市发展对完善法律体系和法律人才的迫切需要。另一方面，法学教育的兴起实质上也是为神学服务的，法律教育的目的也是培养教会需要的高级专门人才，从法律和理论上解决不同宗教、教皇与世俗当局的纷争和矛盾，因此又称之为"一门关于实践神学的学问"[6]。中世纪最早的几所大学如博洛尼亚、巴黎、牛津等都开设了法学，形成

---

①（英）克里斯托弗·道森.宗教与西方文化的兴起［M］.长川某译.成都：四川人民出版社，1989：213.
②（美）布鲁贝克.高等教育哲学［M］.郑继伟等选译.杭州：浙江教育出版社，1987：138.
③（宋）欧阳修、宋祁.新唐书［M］.北京：中华书局，1975：1265.
④（西晋）陈寿.三国志［M］.郑州：中州古籍出版社，1996：267.
⑤（美）内森·罗森堡、L·E·小伯泽尔.西方现代社会的经济变迁［M］.曾刚译.北京：中信出版社，2009：41.
⑥贺国庆.欧洲中世纪大学［M］.北京：人民教育出版社，2009：9.

了比较成熟和完善的法学教育体系。在巴黎大学中，法学学科也成为欧洲中世纪大学中历史最悠久和影响最大的学科之一，为新兴的社会培养各类法律人才，满足了社会、国家、教廷对法学专业人才的需求。

由此可见，学校与社会联系的一个重要方面体现在大学系科的设置上。巴黎大学从来都不是一个与世隔绝的机构，它受到了来自社会变化和职业需求的影响，建立新的法学系科正是它回应社会要求的重要举措，具有浓重的"实用主义"色彩。同样的，唐代国子监律学的设置也受到中国传统"经世致用"的影响，它将实践的、实用的国家法律知识纳入正规教育体系，并以此培养相关人才，进而更好地处理国家和社会生活中的实际矛盾，稳定国家管理秩序。

（三）文学教育比较分析

唐代国子监"六学一馆"中并没有以"文学"命名的学校，但中国最早的文学教育可追溯至汉末的"鸿都门学"，它是中国也是世界上最早的文学艺术专科学校。明确以"文学馆"为名的学校出现在南朝刘宋时期，宋元嘉十五年（438年）文帝在京师（今江苏南京）开设儒、玄、文、史四学馆，分别由儒学家雷次宗、玄学家何尚之、文学家谢元、史学家何承天主持。根据中国历来文史哲不分家的说法，唐代国子监中国子学、太学、四门学、广文馆以及书学都有相应的文学教育。其中书学尤其值得一说。唐初，由于唐太宗李世民喜好书法，有力地推动了书学的发展，宋人评论说："唐三百年，凡缙绅之士，无不知书，下至布衣、皂隶，有一能书，便不可掩。"[①] 除统治者喜好书法外，唐朝吏部铨选官员也将"书"作为重要的判别标准之一，《通典》云："其择人有四事：一曰身，取其体貌丰伟；二曰言，取其词论辩正；三曰书，取其楷法遒美；四曰判，取其文理优长。"[②] 由于统治者的推崇和吏部铨选中的"书"的重要性，所以进入国子监书学学习成了很多人的选择，洪迈曾于《唐书判》中如是说："既以书为艺，故唐人无不工楷法，以判为贵，故无不习熟。"[③] 因此，书学与其他三个学馆一道形成了完备的文学教育体系，以培养文字学、语言学、艺术等行业专门人才。

与国子监不同的是，巴黎大学设有文学院。12世纪以来，欧洲古典翻译运动的兴起，导致法兰克地区以外的各种知识迅速传入，极大地拓展了中世纪大学的课

---

① （宋）轶名.宣和书谱[M].顾逸点校.上海：上海书画出版社，1984：144.
② （唐）杜佑.通典[M].北京：中华书局，1984：83.
③ （南宋）洪迈.容斋随笔[M].武汉：崇文书局，2007：93.

程教学内容。巴黎大学文学院趁势兴起，并且其地位不断上升，逐渐在巴黎大学各学院中占据了主导地位。首先，文学院作为学校的基础学院，其学生只有通过文学院的学习，才有资格进入高一级的学科如神学、法学、医学学习。其次，在巴黎和牛津，文学院无论在数量上还是在权力上都是主导因素，并且它们拥有最年轻且最有活力的成员[①]。再者，在人数上，文学院规模庞大，几乎占据整个学校总人数的三分之二。最后，在权力上，文学院凭借自己在人数上的优势主导着大学成员代表大会，它不仅拥有修订大学章程条令、监督校长院长以及其他官员行使自己职责的权力，而且还能够监管院系的内部生活。经过不断地发展，文学院越发壮大，成为巴黎大学乃至欧洲人文学科教育的主阵地。

综上所述，虽然唐代国子监中未单独设立以"文学"命名的学校，但书学学校的设置，使得国子监学科专业趋于多元化，如文字学、语言学、艺术学的兴盛，再加之"三学一馆"儒学系统的文学、史学、哲学等学科专业，使之完全可与巴黎大学文学院的"三艺"（文法、修辞、辩证法）教学相媲美。与书学不同的是，巴黎大学文学院是一个初级学院，相较于其他三个高级学院，它属于预科性质，这与国子监的四门学类似（详见办学层次的比较）。

（四）算学教育与数学教育比较分析

中国传统"算学"教育的历史源远流长，但是"算学"作为学科始于隋朝。《隋书·卷二十八》中才有算学设置的记载："国子寺祭酒，属官有主簿、录事，统国子、太学、四门、书（学）算学，各置博士、助教、学生等员。"[②] 唐代国子监所辖算学于贞观二年（628年）重新设置，《唐会要·卷六十六·广文馆》载："书算学，贞观二年十二月二十一日置，隶国子学（应为国子监）。"[③] 后世算学虽多次存废但并未真正消亡，宋代太史局和明清国子监中都还设有算学，近代清政府设置的京师同文馆中教授推算、格致、制器等西方近代科学技术的馆仍叫算学，直到民国时期算学才被改名为数学。唐代国子监算学的招生对象是"八品以下子及庶人之通其学者"[④]，学生入学年龄在14~19岁之间。学生实行分科教学，"二分其经，以为之业"[⑤]，每科设算学博士进行教授。教育管理上，"凡六学束脩之礼、督课、试举，

---

① （比利时）希尔德·德·里德－西蒙斯.欧洲大学史（第1卷）中世纪大学［M］.张斌贤等译.保定：河北大学出版社，2007：339.
② （唐）魏征.隋书［M］.北京：中华书局，1973：777.
③ （宋）王溥.唐会要［M］.京都：中文出版社，1978：1163.
④ （唐）李隆基.大唐六典［M］.李林甫注.西安：三秦出版社，1991：399.
⑤ （后晋）刘昫.旧唐书［M］.北京：中华书局，1975：1892.

皆如国子学"①，即是说，算学的日常管理制度如束脩礼、督课、试举等都与国子学相同，相当完备。

反观中世纪巴黎大学，虽然其学科设置比较齐全，但是却并未明确设置"算学"学科，只是在文学院的"七门自由艺术"（septem artes liberales）教育中设有算术、几何、天文学等课程。虽然辩证法的讲授在文学院中占据着主导地位，但修辞学和"四艺"并未受到很大的重视。直到14世纪以后，巴黎大学才逐渐重视自然科学的教授，并开始增设一些数学的科目如《普通算术》等。

从学科设置来看，国子监的算学教育与中世纪巴黎大学的数学教育相比，要专门和先进得多，算学已经有了相当成熟的学校教学与管理体制。巴黎大学的数学教育只是大学生基础必修课程之一，尽管它作为通向其他高级系科的基础课程一直存在于文学院的课程中，内涵也在不断地丰富。

（五）医学教育比较分析

唐朝的医学属于太常寺下辖的太医署。早先，太医署与国子监同属太常寺管理，与国子监可谓是同根同源。贞观年间，为了加强其地位，国子监才从太常寺独立。虽然太医署不属于国子监管辖范围，但在众多地方与国子监做法类似。首先，学官命名、教法和考试等都和国子监"六学一馆"类似，《新唐书》有言："太医署……皆教以博士，考试登用如国子监。"②其次，在学习内容上，太医署也需兼习儒家经典《论语》和《孝经》这些通识课程。最后，太医署学生待遇与国子监学生类似，都享受免课役、免费食宿等特权。据《新唐书》记载，唐朝太医署有医师、针师、按摩师、咒禁师"四科"及药园局"一局"；太医署有着浓厚的"政教合一"的特点，既是一个医疗行政机构，同时也是培养医生的医学院，同国子监一样，同属于中央大学的性质。熊明安先生评论说："唐朝的太医署，可以说是世界上最早的医学院，它比意大利于公元872年建立的萨拉诺医学院要早二百多年。"③由此可见：当时的太医署已经形成了独立设置的，并兼具管理、教育与临床的医学教育体系，医学教育专业化程度较高。

与唐代国子监不同的是，欧洲中世纪大学中设置有医学院，但是欧洲最早的医学院并非出现于巴黎大学中，而是公元872年意大利建立的萨拉诺医学院。之后在

---

① (宋)欧阳修、宋祁.新唐书[M].北京：中华书局，1975：1244.
② (宋)欧阳修、宋祁.新唐书[M].北京：中华书局，1975：1244.
③ 熊明安.中国高等教育史[M].重庆：重庆出版社，1988：190.

博洛尼亚、蒙彼利埃、巴黎、帕多瓦先后出现医学馆，后来逐渐发展到各个大学里面，成为正式的大学组织之一，巴黎大学则更是到1231年才有了医学教师和学生的正式记录。与其他医学院相比，巴黎大学医学院并没有取得像博洛尼亚大学、蒙彼利埃大学以及萨拉诺大学医学院那样的学术名声，但作为法国首都的医学学校，它为整个欧洲提供了可遵循与复制的大学医学院发展模型，也为欧洲医学职业化的发展做出了重要的贡献。

从医学教育本身而言，太医署的医学教育虽然基本具备了同时代国子监教育的所有要素，但唐朝的医学教育并未纳入国子监系统中，这也使得它从未取得与国子监一样的地位。同样的，巴黎大学医学院也有着相同的尴尬地位：就学校内部而言，它没有取得与神学院等高级学院一般的地位；就学校外部而言，它也从没有取得过像蒙彼利埃大学、萨拉诺大学等学校的医学院那样的学术名声。但不可否认的是，唐朝太医署和巴黎大学医学院都为医学的专业化发展做出了重要贡献。

二、唐代国子监与中世纪巴黎大学的课程内容比较

课程内容是基于学校办学理念和培养目标所设定的，作为反映学生知识、技能等方面要求的载体，其中教材是课程内容的具体反映。作为学校教学的重要组成部分，课程内容的设置应适应不断发展变化的社会需求和人才培养需要。通过唐代国子监和巴黎大学的课程内容比较（见表2），可以更加清晰地把握两者办学的异同。

表2 唐代国子监与巴黎大学课程内容比较表

课程 学科	唐代国子监主要课程内容	巴黎大学主要课程内容
儒学/神学	大经：《礼记》《春秋左氏传》 中经：《诗》《周礼》《仪礼》 小经：《易》《尚书》《春秋公羊传》《春秋谷梁传》 通识课：《孝经》《论语》等	《圣经》《格言大全》《论辩证法》《论理性灵魂》《反异教大全》《自由论辩集》《神学大全》等
律学/法学	专修课：律令如《永徽律》等 兼习课：格式、法例	教会法：《教会法大全》、教令集、教皇法规等 民法：《民法大全》等
书学/文学	专修课：《石经》《说文》《字林》， 兼习课：《国语》《三苍》《尔雅》、时务策	自由七艺课程：《初级文法》《高级文法》《文法汇编》《修辞学概论》《解释篇》《范畴篇》等 哲学课程：《伦理学》《形而上学》
算学/数学	专修课：《孙子》《五曹》《周髀》《五经算》《张丘建》《夏侯阳》《九章》《海岛》《缉古》《缀术》 兼习课：《记遗》《三等数》	算术、几何、天文学（后加上《普通算术》《论宇宙的区域》）等
医学	《本草》《甲乙脉经》《经脉》《孔穴》，导引之法、咒禁之法、以时种莳、收采诸药等	希波克拉底论文、《医学论》《医学资料》《医典》，疾病类型、治疗方法、外科医学等

（一）儒学课程与神学课程的比较

在国子监儒学教育系统中，学生学习实行"分经授业"，包括大经（《礼记》《春秋左氏传》）、中经（《诗》《周礼》《仪礼》）和小经（《易》《尚书》《春秋公羊传》《春秋谷梁传》）[①]，学生任选一经修习，主要教材包括儒家经典著作和《孝经》《论语》两本通识教材。修习过程中，每经设有相应的学习年限，一般来说，大经中的每经需修习3年，中经中的每经需修习2年，小经中的每经需修习1年半，而通识课《孝经》《论语》则共需修习1年。在唐代，学生学有成就的称为"业成"，有通二经、通三经和通五经3种情况，通二经为最低限度，直到"知类通达，强立而不反（返），谓之大成"[②]，而根据《大唐六典》中"凡六学生……九年在学及律生六年无成者，亦如之"[③]的规定可知，国子监儒学教育的在学时间最长为9年。

而在基督教神学的影响下，神学课程成为巴黎大学最重要的课程之一，形成了以基督教神学为核心的课程体系。亚里士多德的学说也被教会加以改造并成为维护神学统治地位的精神支柱，如巴黎大学章程所规定的大学教科书中，正式教材中就有13部亚里士多德的著作，选修教材中有8部，主要分为逻辑论文，道德、宗教哲学，自然哲学和推理哲学4部分内容。[④]具体而言，神学院主要神学教材包括基督教经典教义《圣经》、彼得·隆巴德（Peter Lombard）的《格言大全》、阿伯拉尔（Abelard）的《论辩证法》和《论理性灵魂》、托马斯·阿奎那（Thomas Aquinas）的《神学大全》和《反异教大全》、威廉·奥卡姆（William Occam）的《逻辑大全》和《自由论辩集》以及神学相关的箴言等。进入神学院学习的学生，除之前在文学院的相关基础学习年限外，每一位学生必须要听讲《圣经》和《格言大全》这两门科目达到规定的年限（在巴黎从5年到7年不等）[⑤]，才成为一名圣经或者神学学士。此后，再用2年的时间独立讲解《圣经》，获得相关许可后方可成为一名神学博士，并正式获得独立开设讲座的许可。

由上看来，为贯彻国家教育指导思想和培养目标，唐代国子监通过"三学一馆"（国子学、太学、四门学、广文馆）所建构的儒学教育体系，将儒家完整思想体系以"经书"的方式向学生传递。而巴黎大学则在基督教神学的统摄下，形成了以神学为核心的教育体系，使得神学课程长期占据着学校的中心地位，并成为学校

---

①（宋）欧阳修、宋祁.新唐书[M].北京：中华书局，1975：1160.
②陈戍国.礼记校注[M].长沙：岳麓书社，2004：265.
③（唐）李隆基.大唐六典[M].李林甫注.西安：三秦出版社，1991：395.
④（美）克伯雷.外国教育史料[M].任宝祥，任钟印主译.武汉：华中师范大学出版社，1991：150-151.
⑤（比利时）希尔德·德·里德－西蒙斯.欧洲大学史（第1卷）中世纪大学[M].张斌贤等译.保定：河北大学出版社，2007：465.

教师和学生学习与研究展开的基础。

（二）律学课程与法学课程的比较

在国子监律学学校中，学生"以律、令为专业，格式、法例亦兼习之"。[①]也就是说国子监的律学生以律令作为主要修习内容，并兼习格式、法例等，律令内容主要以当时颁布的法律为准，如贞观时期，律学所使用的教材为《贞观律》，到永徽年间，律学所采用的教材当为《永徽律》[②]；而格式是指法律文书书写规范与格式，法例则指具体的法律条款与典型法案。据《大唐六典》中规定：国子监律学一般招收18岁以上，25岁以下的学生，学制为六年，学生毕业后一般从事法律诉讼、法律典籍编撰等工作。

中世纪最早的几所大学如博洛尼亚大学、巴黎大学、牛津大学等都开设了法学，但在不同大学中，所教授的法学内容并不完全一致，其主要的学习内容是教会法和民法（罗马法）两类。由于教皇对巴黎大学的严格控制，教皇霍诺留三世甚至于1219年颁布禁令，宣布巴黎不得在巴黎教授罗马法，因此巴黎大学在教会法教授上享有盛誉，成为当时教授教会法最出名的学校。在巴黎大学法学院中，师生研习法律的基本教材为《教会法大全》。《教会法大全》收录了格拉蒂安的著名教会法规《教会法汇要》以及不同时期教皇的教令集、教皇法规等。直到后来，世俗力量不断兴起并占据一定社会地位后，民法才得以在巴黎大学中教授。一般来说，学生需要在法学院接受漫长的教育后才能毕业，成为一名掌握法律知识并能够在实践中熟练运用的实用型人才，比如成为一名教会律师或法官等。

综上，唐代国子监律学与中世纪巴黎大学法学教育的实施，体现了一定时期学校教育与社会发展要求之间的良性互动。一方面，社会发展直接影响学校教育内容的变更：唐代国子监律学教育内容的规定和变动，反映了唐朝时期国家和社会发展对它提出的新要求，比如律令内容由《贞观律》到《永徽律》，再到《唐律疏议》中律、疏的结合，这些变动与唐朝重法度精神和实际诉讼的需求是分不开的。与国子监类似，巴黎大学法学教育学内容起初只限于教会法，到后来教会法和民法并存教授的局面，这也与世俗力量、教会之间的斗争分不开，在基督教教会对大学教学内容管控放松后，巴黎大学迅速增加了民法的教育内容。而另一方面，学校教育为

---

①（后晋）刘昫. 旧唐书[M]. 北京：中华书局，1975：1892.
②唐统治者为了确保法律适用的统一，使执法官吏懂得每一条文的精确含义，发挥法律的效能。永徽三年，又诏长孙无忌等人撰写《疏议》，对《永徽律》逐条逐句进行解释。永徽四年撰成奏上，共30卷，附于律文之后，同时颁行，与律文具有同等效力。律与疏合在一起，称《永徽律疏》，后世称《唐律疏议》。

推动社会发展提供了人才的保障，并以此促进社会的进步与发展：国子监律学教育的兴起为唐代法律编订、基层诉讼等部门培养了一批专门人才，对于加强国家管理具有重要的推动作用。巴黎大学法学院的法学教育不仅为教会补充了大量的从业人员，也改变了基督教教会传统的管理系统，更使教会法演变成了一套系统又理性化的法律体系。

（三）书学课程与文学课程比较分析

唐朝时期，由于统治者的推崇和吏部铨选中的"书"的重要性，国子监书学形成了较为完备的课程体系，其课程主要可分为专修和兼修两种，《旧唐书》载："以《石经》《说文》《字林》为专业，余字书兼习之。"[1]另据《新唐书》记载，学生还应"日纸一幅，间习时务策，读《国语》《说文》《字林》《三苍》《尔雅》"[2]。书学专修课和兼习课的实施，使书学学生不仅能够掌握很多文学、艺术原理，也具备了相应的实践技能，为国家培养了一大批从事艺术、文秘等行业的高级专门人才。

巴黎大学文学院经过不断地发展，越发壮大，逐渐成为学校乃至欧洲人文学科教育的主阵地，课程内容也随之不断丰富，由以前的"三艺""四艺"，到后来亚里士多德哲学著作的引进，文学院逐渐形成了以"自由七艺"和亚里士多德哲学为基础的课程体系，主要学习《初级文法》《高级文法》《文法汇编》《修辞学概论》以及亚里士多德的《伦理学》《形而上学》等课程。在招生方面，巴黎大学文学院一般招收年满14周岁、掌握基本的拉丁语者入学学习，学习年限为六年左右，学生在文学院打下坚实基础后升入神、法、医学院。

统上，国子监积极回应了统治者与国家、社会的需求，于国子监中设置了书学学校，并形成了较为完备的课程体系。而在巴黎大学中，文学院的设置也同样如此，既顺应了文艺复兴的文化洪流，又借机发展壮大了自身，使自己成为学校中的基础系科，还成为人文教育的主阵地，并逐渐占据主导地位。

（四）算学课程和数学课程比较分析

据《新唐书》和《旧唐书》记载，国子监算学的课程主要分为专修和兼习两种，专修课包括《孙子》《五曹》《周髀》《五经算》《张丘建》《夏侯阳》《九章》《海

---

[1]（后晋）刘昫. 旧唐书 [M]. 北京：中华书局，1975：1892.
[2]（宋）欧阳修、宋祁. 新唐书 [M]. 北京：中华书局，1975：1160.

岛》《缉古》《缀术》等十部算经，每门课的学习年限为1至3年不等，兼习课包括《记遗》《三等数》等①。学校延聘了较高水准的教师从事教学工作，中国古代著名数学家刘孝孙、王孝通、梁述、张元贞②等人都曾为算学博士。此外，书学教学所使用的教材——《算经十书》，集汉唐千余年数学研究之大成，尤其是《缀术》和《缉古》两部教材，是最新的数学研究成果进学校、进课堂的反映，更体现了国子监算学教育的专业化。而且，国子监这种官办算学的教育制度还先后为朝鲜、日本等国家所效仿，《算经十书》也随之东传。由此可见：唐代的算学教育制度已基本实现规制化，学术水平和教育水平都比较成熟和先进。

而巴黎大学中的数学教育，主要包括文学院的"七门自由艺术"（septem artes liberales）教育中的算术、几何以及天文学课程。但根据红衣主教库尔松·德·罗伯特（Robert de Courcon）1215年所颁布章程中艺学和神学的讲授书目中可知，辩证法的讲授占据着主导地位，修辞学和"四艺"并未受到很大的重视。直到14世纪以后，巴黎大学逐渐重视自然科学，在数学方面新增了萨克罗博斯科的《普通算术》和《论宇宙的区域》（De Sphaera）。③此外，在巴黎大学文学院中，学生通常需要经过三个阶段的学习：第一个阶段是单独学习时期——学徒期或大学生时期（undergraduate）；第二个阶段是在教师的监督下，进行讲课——帮工期或准教师期（bachelor）；完成这两个时期，学生将会被授予执教资格证或硕士学位，成为一名正式的艺学系教师（master）④，或者选择到高级系科神学院、法学院、医学院任一学院学习。

从学校发展和课程内容的角度来看，由于唐代国子监算学中引入深奥数学研究成果，导致出现"代乏知音，终成寡和"⑤的局面，再加上科举制度框架下算学人才录用受限，使得唐代数学专业化教育并未就此走向繁荣，反而走向了衰败。而巴黎大学文学院却迥然不同，它在吸收亚里士多德著作的同时，并未排斥自由七艺，而是将"自由技艺与亚里士多德主义有了某种整合"⑥，七艺由此被纳入了一个更广阔的知识范围之中，它的数学和其他自然科学方面的教育内容也因此获得了长足的发展。

---

①（后晋）刘昫. 旧唐书[M]. 北京：中华书局，1975：1892.
②李俨. 中算史论丛 第5集[M]. 北京：科学出版社，1955：31.
③Arthur O. Norton. Readings in the History of Education: Mediaeval Universities [M]. Massachusetts ：Harvard University Press，2013：138–139.
④Weisheipl James A .The Structure of the Arts Faculty in the Medieval University [J]. United Kingdom :British Journal of Educational Studies, 1971:267.
⑤周绍良. 全唐文新编[M]. 长春：吉林文史出版社，2000：1509.
⑥（美）戴维·L. 瓦格纳. 中世纪的自由七艺[M]. 长沙：湖南科学技术出版社，2016：272.

（五）医学课程比较分析

由于医学具有很强的专业性，因此太医署的课程设置非常凸显本专业的专业特性。根据《新唐书》的记载，"医博士……掌教授诸生以《本草》《甲乙》《脉经》，分而为业：一曰体疗，二曰疮肿，三曰少小，四曰耳目口齿，五曰角法。针博士……掌教针生以经脉、孔穴，教如医生。按摩博士……掌教导引之法以除疾，损伤折跌者，正之。咒禁博士……掌教咒禁祓除为厉者，斋戒以受焉。"[①] 即太医署中的医师科、针师科、按摩科、咒禁科以及药园局都根据本专业的特点而单独设置了相应的专业课，如医师科《本草》《甲乙脉经》《明堂》等专业课；针师科的《经脉》《孔穴》《赤乌神针》等专业课；按摩科的消息导引之法、正骨术等；咒禁科的"咒禁五法"，即存思、禹步、营目、掌诀、手印等；以及药园局的《名医别录》《本草》《唐本草》等。一般来讲，太医署招收学生注重家传和习学基础，而几乎无门荫要求，程锦《唐医疾令复原研究》载："诸医生、针生、按摩生、咒禁生，先取家传其业，次取庶人攻习其术者为之。"[②] 根据规定，太医署医学生在学最长时间为9年左右，学成后的学生首先要通过尚书省的选拔考试来获得出身，然后再参加吏部的铨选，才能正式授官。由此可见，太医署既有着丰富的理论课程，又有相应的实践课程，形成了比较完善的、专业的医学课程体系。

而巴黎大学的医学教育主要以书本知识为主，较少涉及实践知识，教学教材主要包括希波克拉底的一些论文，如康斯坦丁在11世纪编著的论文集《医学论》，以及后来加入的迪奥斯克里德斯的《医学资料》以及阿维森纳的《医典》等等。直到1407年，巴黎大学才有了第一次解剖的记录，到1494年，解剖学才成为了医学课程的正规部分。学生要想进入巴黎大学医学院学习，首先要取得文科硕士学位，然后进行三年的医学学习并通过考试，这才取得正式的医学学士学位；如果要成为医生则需要进行更多更为烦琐的学习和程序，如进行医学演讲、教授医学理论和实践课以及进入教师行会等等，是一个相当长的过程。

综上，由于医学教育的专门性、定向性以及实践性的特点，为了保证医学生的培养质量，太医署和巴黎大学医学院都采取了很多相似的做法，如制定完善的课程体系，以及漫长的学生培养过程等。但在教学过程中也各有侧重，比如巴黎大学医学院就侧重于医学理论的学习，而太医署则注重将理论教育和临床医学实践相

---

① （宋）欧阳修，宋祁. 新唐书[M]. 北京：中华书局，1975：1245.
② 天一阁博物馆，中国社会科学院历史研究所天圣令整理课题组. 天一阁藏明钞本天圣令校证 附唐令复原研究 下[M]. 北京：中华书局，2006：577.

结合。

三、唐代国子监与中世纪巴黎大学的办学层次比较

学校办学层次是指学校内部因教育程度及其培养目标等差异而设置的不同阶段的教育，如预科教育、本科教育、研究生教育等。考察史料发现，唐代国子监下辖学校四门学、太学、国子学是纵向递升的关系，存在办学层次及其培养目标的差异。这一点与中世纪巴黎大学初级学院、高级学院的设置有一定的相似性。为了更好地揭示两者的发展逻辑和办学规律，特从办学层次的角度对其进行比较。如图1所示。

源于巴黎大学的、由四所学院构成的大学模式，它由一个低级学院（即文学院）和三个高级学院（神学院、医学院、法学院）构成[①]。也就是说，文学院的学生要进入更高级的三个学院继续学习，必须先通过文学院"自由七艺"（文法、修辞、逻辑、算术、几何、天文和音乐）的学习。

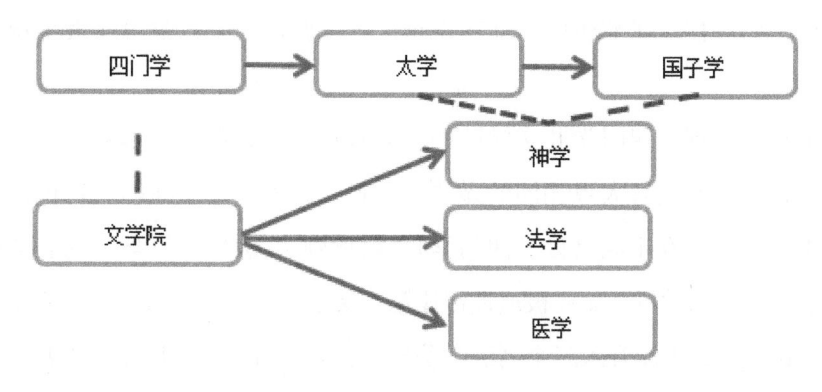

图1 唐代国子监"三馆"和中世纪巴黎大学"四院"关系图

无独有偶，考察史料发现，唐代国子监的四门学、太学、国子学"三馆"之间也存在巴黎大学"四院"这种纵向递升的办学关系。据《新唐书·选举志上》载："诸学生通二经、俊士通三经、已及第而愿留者，四门学生补太学，太学生补国子学。"[②]即国子监中的四门学、太学以及国子学三个学馆的学生，若能够按期修完规定的课程、通过相应的考试，并有继续求学的打算，那么可按照四门学升太学，太学升国子学的顺序依次升入高一级的学馆学习。反之，若学业考试成绩不达标，则会降到低一级的学馆学习，直至退回原籍。《旧唐书·归崇敬传》载："旬省月试，

---

①（比利时）希尔德·德·里德－西蒙斯. 欧洲大学史（第1卷）中世纪大学[M]. 张斌贤等译. 保定：河北大学出版社，2007：125.
②（宋）欧阳修、宋祁. 新唐书[M]. 北京：中华书局，1975：1160.

时考岁贡：以生徒及第多少，为博士考课上下；其有不率教者，则檟楚扑之；国子不率教者，则申礼部，移为太学；太学之不变者，移之四门；四门之不变者，归本州之学；州学之不变者，复本役，终身不齿；虽率教九年而学不成者，亦归之州学。"[1]即由国子生黜为太学生，太学生黜为四门学生，四门学生黜为州学生，州学生黜回原籍。

　　根据现代学制，学生一般在中学层次的学校学习后，依次升入本科阶段和研究生阶段进行学习。若无法达到升入本科的要求，会设置预科层次的学校供学生修习，待预科生学习期满、成绩合格，方可正式升入本科成为正式的本科生。按照这种做法，唐代州学即类似中学性质的地方学校，"四门之不变者，归本州之学"，亦即退回原州学继续学习。这与现代大学制度中的预科制度非常接近，所以说四门学是国子监的预科学院（部）无疑。这种做法与欧洲巴黎大学文学院与其他三个高级学院之间的关系极为相似，文学院为普通（基础）教育阶段，也具有预科教育的性质。所不同的是，巴黎大学只有预科和本科两个层次，国子监则有三个层次，即是说，国子监的四门学、太学、国子学类似于现代大学的预科、本科和研究生，即国子学类似于研究生院。如实说来，国子监比巴黎大学更接近于现代综合大学。

　　以上比较发现，四门学和文学院两者有着很大的相似性。远隔重洋、不同时代的东、西方学校具有大致相同的做法，反映了高等教育发展的内在逻辑和客观规律。但二者也存在不同之处：四门学是预科性质，学生预科学习期满考试不及格则不能升入太学学习，而要被遣返回原籍；文学院是基础教育性质，学生预科学习期满考试不及格不能升入三个高级学院学习，但是否会被遣回原籍不甚清楚；四门学、太学、国学之间是纵向递升的关系，与神学、医学、法学的横向并列关系不同；国子学类似于研究生院，巴黎大学则没有这个层次的教育。

四、结论与反思

　　通过上述唐代国子监与中世纪巴黎大学的比较可以看出，两者由于时代的间隔、地域的差别以及培养目标的不同，在办学方面存在一些不同之处，但也有许多相似做法，如"预科"制度、专业人才培养制度等，这些反映了高等教育发展的内在逻辑和客观规律。同时也表明：世界文明存在多个源头，各种文明在其发展过程

---

[1]（后晋）刘昫.旧唐书[M].北京：中华书局，1975：966.

中，创造出了很多形式（名称）不同但实质相似的成果，教育也是如此。研究只有从事物的内在逻辑及规律出发，摒弃成见，才能真正了解其本质与内涵。

首先，从史实看。那种认为"中国近代以前只有高等教育而没有大学，更谈不上所谓综合大学""中国现代大学完全是舶来品"的观点是值得商榷的。中国早在西周就有名为"大学"①的教育机构产生，汉代也有"太学"②建立的确凿记载。就唐代国子监而言，虽不叫大学，但它是由学校（太学、国子学）发展而来，兼具教育与管理双重职能。这一点与欧洲法国的情形非常类似，法国巴黎大学在其发展过程中，也是由学校发展成为具有教育与管理双重职能的机构。而且通过考证与比较，它不仅具备综合大学高级性、高深性、专业性、研究性以及文理综合性的本质特性，与欧洲中世纪巴黎大学相比不仅毫不逊色，甚至还高出一头，比欧洲中世纪同类型的大学要早近五个世纪。

其次，从文化传承角度来看。当前传统文化比任何时候都受到高度重视，在这种背景下，我们应运用传统与现代相结合的方法，依据高等教育学的科学理论，加强对唐代国子监等传统教育的发掘、归纳、提炼研究，认识和把握它发展的真实状况及其内在规律，并汲取它的教育智慧与营养。此外，唐代国子监无疑是唐代国家最高水平或曰一流水平的高等学府。当前中国高等教育"双一流"建设不能完全模仿甚至照搬西方一流大学的发展模式，应当从中国文化教育的传统和历史中寻求智慧和营养，应当立足中国文化传统、扎根中国教育大地，这样才能增强中国一流大学建设的历史厚重感和民族特色。

最后，从文化复兴来看。当前举国上下正在为实现中华民族伟大复兴的中国梦而努力奋斗。中华复兴本质上是文化复兴，特别是中国传统文化的主流儒家文化的复兴。唐代国子监是当时儒学最高学府，国子监师生研习的主要是儒学（当然不只是儒学，还有算学和书法艺术等），中国复兴最核心的是以儒学为代表的中国文化的复兴，服务中华民族伟大复兴是教育尤其是高等教育最伟大而重要的神圣使命，因此重视对传统儒学教育的研究是时势所趋。

钟伟春，浙江大学教育学院，博士研究生在读
张传燧，湖南师范大学教育科学学院教授

---

① 虽然严格地说它还不是真正意义上的大学，但至少应当承认它是大学的萌芽。
② 太学是中国古代的一种大学。汉武帝采纳董仲舒"兴太学，置明师，以养天下之士"的建议，于元朔五年（公元前124年）在京师长安设立太学，置《诗》《书》《礼》《易》《春秋》五经博士，招收弟子五十名。是为太学之始。西晋在太学外另设国子学，隋以后改国子学为国子监，内设国子学、太学、四门学等进行教育活动，兼行教育行政事务。

博物馆探索与实践

数字技术在博物馆的建设及管理中的应用研究

杨 晶

摘要

在信息化时代,博物馆的数字化已经成为博物馆现代信息化发展的一个重点课题。本文结合我国数字博物馆建设实践,从研究背景出发,结合运用多种研究方法,阐述了博物馆数字化建设的必要性,以及博物馆数字化建设相关策略。为博物馆数字化建设在实际中应用提供了借鉴,也为相关管理描绘了方向。

关键词

博物馆;数字化;数字技术

一、绪论

(一)研究背景与意义

我国拥有悠久的历史文化,在漫长的历史当中留下了许多珍宝,如今被置于博物馆中珍藏并展示给世人。博物馆是向公众开放的非营利性永久机构,它具有研究、教育、娱乐、传播、展示等功能。同时,博物馆还是传播文化、进行社会教育的场所,在一定程度上保存着特定社会群体的"集体记忆",承担着维护这一群体"文化身份认同"的职能。我国在积极建设实体博物馆的同时,对于数字博物馆的建设也在进行不断地探索。2003年成立了中国博物馆学会数字化专业委员会,经过十余年的努力取得了一些较为显著的成果。

数字技术就是通过大量的数据采集、存取、分析、挖掘、预测和处理,显示资料的方式与方法。其变化对当今的社会发展产生了巨大的冲击。习近平总书记在首届数字中国建设峰会上指出:当今世界,信息技术创新日新月异,数字化、网络化、智能化深入发展，在推动经济社会发展、促进国家治理体系和治理能力现代化、满足人民日益增长的美好生活需要方面发挥着越来越重要的作用。近年来，国家文物局高度重视科技创新的支撑作用，积极推动文物保护与科技的深度融合，努力探索博物馆数字化的路径，将数字化技术应用于博物馆的管理实践中。

（二）国内研究现状

我国博物馆的数字化起步相对较晚，早期学者对于博物馆数字化的研究主要集中于对博物馆数字化进行概念的界定。朱学芳将博物馆的数字化分为数字博物馆、虚拟博物馆、电子博物馆三个类别，并对这三个类别做出了界定。高建国认为，数字化博物馆的建设核心是数据库的构建，其系统架构主要包括展品信息加工平台、存储与安全管理平台以及信息传播与互动平台。博物馆的数字化建设涉及了多行业的共同协作，包括文博、计算机技术、信息技术、网络技术等方面。对于数字博物馆的出现是否会取代实体博物馆，学者们普遍认为，数字技术与博物馆的结合是时代发展的必然趋势。张小李认为，实体博物馆与数字博物馆二者是"虚实相生"的关系，两者相辅相成，数字博物馆的建设有助于传统博物馆的发展。

目前相关研究多集中于博物馆的数字化建设以及数字化传播方面。有关于博物馆数字化传播的研究主要包括：博物馆的数字化展示以及新媒体背景下博物馆的数字化传播策略。通常运用的技术手段有：柔性显示技术与可穿戴设备、全息投影技术、移动互联技术与社交网络技术以及大数据与云计算技术。对于这些新技术的应用实践，学者也展开了相关的讨论。普遍认为，相较于传统博物馆，数字博物馆具有感官的交互性、丰富的传播手段、拓展传播渠道以及满足个性化需求等优势。许冰彬（2018）[1]认为，观众是博物馆的核心，服务公众是博物馆的重要责任与使命，要充分发挥新媒体的优势作用，改善受众的参观体验，拉近受众与博物馆间的距离。冀佳伟等人（2019）[2]以吉林省博物馆的"文明曙光"展为例，通过对观众的参观时间、参观行为、停留时间等数据的计算，获得博物馆的吸引力指数和持续力指数，发现能够吸引受众的多为包含了多媒体设计的区域。此外，国外学者更专注于研究数字博物馆建设的关键技术，并针对其应用加以分析。Ailsa Barry、Thomas Graham（2012）[3]等人提出，嵌入式技术以及虚拟与现实的模糊丰富了参观者的感

---

[1] 许冰彬：新媒体时代博物馆的线上展示与公共服务［A］。
[2] 冯楠、张文立、孙卓钰、冀佳伟：博物馆非观众的开发策略研究［J］。中国博物馆，2019（03）。
[3] Barry A，Thomas Graham，Debenham P.Augmented Reality in a Public Space：The Natural History Museum，London［J］.Computer，2012（45）。

官体验。Maria Shehade、Theopisti Stylianou-Lambert（2020）[①]提到，未来数字博物馆的设计应该聚焦于博物馆以及受众的需求，为参观者提供真正有意义、能够沉浸其中的体验。Zidianakis Emmanouil、Partarakis Nikolaos（2021）[②]等人指出基于Web技术的3D、VR沉浸式展览，创造了以用户为中心的协调统一的操作环境，提供了高质量的参观体验。

（三）研究方法

文献研究法。首先参考了国内外数字化服务体系建设、博物馆数字化等相关文献，在知网、百度学术等网站查询了数字技术的实施案例，了解到相关领域的最新成果及经验，再对博物馆数字化建设的形式、特征等方面进行分析，经过系列研究发现数字技术对博物馆数字化建设能力有极大的促进作用，这为文章主体部分的实证内容提供了有效的理论支撑，进一步强化了其研究意义。此外，本文研究还查阅了如"十四五"规划，《关于推进博物馆改革发展的指导意见》等政策文件以及相关学术机构发表的资料，并查阅博物馆学方面的相关书籍，夯实了研究的理论基础。

比较研究法。通过梳理各类信息技术、数字化在博物馆领域的应用，对国内外典型的博物馆数字化实践案例进行比较分析，深入探索了数字化技术在博物馆建设及应用上的效用提升，并对国内外数字化实施进程中的成功经验与不足之处进行了总结。

一、数字化博物馆建设相关理论概述

（一）信息技术的概述

信息技术（Information Technology，简称IT）指的是利用互联网和计算机的硬件设备结合软件以及科学的方法，对各类信息进行获取、加工、存储、传输等方式

[①]Maria Shehade, Theopisti Stylianou-Lambert.Virtual Reality in Museums: Exploring the Experiences of Museum Professionals [J] .Applied Sciences, 2020, 10 (11)。
[②]Zidianakis Emmanouil, Partarakis NikolaosZidianakis Emmanouil, Partarakis Nikolaos, Ntoa Stavroula, et al.The Invisible Museum: A User-Centric Platform for Creating Virtual 3D Exhibitions with VR Support [J] .Electronics, 2021, 10 (3)。

处理加工的各类技术的概括。信息技术主要包含计算机技术、智能技术、通信技术，也包括传感技术和控制技术。微电子技术主要体现在芯片的集成度和运算力上，目前朝着小型化和低功耗等方面的要求发展。信息技术是人类社会发展中的产物，主要用作积累信息和传递信息，同时将信息进行储存和处理，从而使信息标准化，最终让信息成为有效的知识、经验、技能等。目前信息技术在全球的普及程度非常广泛，人们对信息技术的需求也日益增长，信息技术服务和产品已经进入世界上绝大部分国家的人们生活，并且投入到各个领域，成为现代人生活中不可或缺的组成部分。此外，互联网的应用也是信息技术发展的另外一个全新领域，人们可以通过 PC 机、移动设备接入互联网，再进一步进行深层次的应用满足多样化的需求服务。

数字技术是与信息技术相伴相生的科学技术，狭义来看，数字技术是通过借助一定的设备将各类信息，包括文本、图像、声音等转换为计算机可以识别的二进制数字。然后对其进行运算、加工、存储、传输、还原等。数字技术将复杂的信息利用数字模型重组，结合计算机和信息技术可以实现信息的采集分析、海量存储、极速传输和共享应用，可以对各类组织和系统进行赋能重塑，在社会各个领域产生了深远影响。广义来看，数字技术是多种数字化技术的统称，包括大数据、云计算、人工智能等新一代技术，在未来有着极其广阔的应用前景。本文是在广义层面上研究数字技术在博物馆领域的各项应用，利用信息技术、数字技术构建多样化的应用场景，将博物馆所蕴含的丰富文化进行数字化展示、数字内容开发和数字平台建设，推动公共文化产品的输出供给和服务水平的全面提升。

（二）数字博物馆的含义及特点

博物馆通过数字化和信息化手段的综合运用，升级变革传统的展览展陈和文化传播方式就是博物馆数字化的过程。利用一系列先进的信息技术将实体博物馆呈现在互联网上，借助这些手段完成创新升级的博物馆就是数字化博物馆。随着我国博物馆信息技术的飞速发展，博物馆管理的方式也在不断变化。在信息社会，利用信息技术展示是当前博物馆发展的一个重大方向，同时也是提高博物馆游客数量的一个主要保证。在国家对文化发展的高度关注下，数字化公共服务系统的构建显得越来越重要。数字化展览厅作为国家文博界的一项重大项目，应当列入国家数字文化公共服务系统的一个主要内容。它的作用已经由单纯的以文物信息为主，到了更加广泛的以文化信息为主。同时数字化博物馆也从单纯的以文物收藏为主的资讯展览转变为以文物与观众为中心的文化服务组织。

三、博物馆数字化建设的必要性

（一）传统博物馆展示的弊端

对传统的博物馆来说，以馆藏和陈列为其核心功能，在环境、场所、设备等方面都有着特别的需求，需要大量的人力、物力和资金。比如藏品鉴定资料、影像资料、文物简介等一批资料全靠手工完成，这种方式限制了馆内主要资料的交流；而且由于诸多的客观原因，有些馆内的藏品不能陈列，这必然切断了研究者与公众的联系；由于博物馆场地相对比较固定，展示手段比较陈旧，不能很好地吸引公众，因而藏品的文化遗产功能受到制约；由于材料、工艺和空间的限制，使得藏品也不能满足时间的需求，而且展后的维修和升级也很困难。

（二）数字化建设优势

在数字技术上，通过对数字媒体的复制、描述、记录和加工，运用三维空间、超文本链接、虚拟现实、声音、图像等多种形式，实现了传统的博物馆所不具备的功能，从而可以很好地解决了空间、环境等方面的不足。同时，数字博物馆展示的方法更加新颖，采用 VR 技术、AR 技术、智能导览技术、3D 虚拟漫游技术，为游客提供人性化和智能化的参观感受，让文物真正地活起来。此外，博物馆的行政管理体系和海量信息资料库，可以进一步精简工作程序，并对观众的观展状况进行自动甄别与剖析，不但可以节约大量的人工费用，还可以提供更准确、更直观的资料，以便根据游客的喜好，对展品的陈列进行适当的修改，让博物馆真正发挥展现经典、传播文化的作用。

四、博物馆数字化建设策略

当前，尽管博物馆的数字化还处在起步阶段，但仍有很大的发展潜力。数字博物馆的建设，既可以有效地提升博物馆的经营质量和效益，又可以增加其吸引力和趣味，使其具有较大的社会教育功能。数字馆藏的发展要以游客的需要为基础，通过现代科技手段，走出一条具有鲜明特点的发展之路。

（一）利用多媒体技术优化博物馆的陈列展览

为使游客了解有关收藏品的信息，博物馆应该大力发展多媒体导览，让游客可以透过触摸屏幕，了解感兴趣的收藏品。多媒体触摸屏幕，游客可以更加方便快捷地获取资料，同时也能了解博物馆的设置、陈列和展览的详细内容，并据此设计出一条较为科学的游览线路。

就博物馆的工作来说，展览和展示是其工作的重点。传统的展览是指在特定的时间内，以实物为依据，再加上相应的辅助品，以艺术形式、顺序和主题之间的有机组合来传播知识、教育和美学欣赏。随着社会经济的发展，这种传统的旅游营销方式越来越不能适应新时期游客的审美要求。在建设数字博物馆时，要主动进行展示方式的改革，充分运用多媒体技术。比如，利用3D立体动画技术进行相关图像的显示，这种技术可以营造出立体感强和视觉冲击强的视频图像。利用该技术，观众可以全面地获取有关的文物资料，并利用计算机显示屏，从影像资料中提取有关资料，同时筛选出自己感兴趣的信息。这一套数字化的展览活动更有助于展览的进行，让更多的观众通过新技术亲身体验到展品独特的艺术魅力。由于资金和展厅等因素的限制，馆内收藏的大部分文物都只能存放在仓库里。因此，在馆藏展示的数字化构建中，应该利用多媒体技术在网上对收藏进行虚拟展示，把立体的声音和影像进行巧妙的结合，让尘封多年的文物焕发新的光彩。

（二）利用数字化技术建设网络虚拟数字博物馆

传统的实体博物馆优势，是将真实的文物进行展示，面对面让观众感受其悠久的历史和艺术魅力。但是，由于受到空间和时间等客观条件的限制，人们很难在任何时间、任何地点来访问。观众不能随时进行实地考察，这也就是传统的博物馆的不足之处。但是，通过数字化技术可以有效地克服这种不足，它将有关文物的相关信息和数据传输到网上，全方位、立体式地展示文物，打破时空的局限，使观众可以"适时实地"游览，更全面地了解文物的历史、文化和背后的故事。

通过建构数字魔墙，以更为动态的界面同时呈现多件文物，可供多位参观者同时观赏。比如，在博物馆内，观众可以通过扫描所选藏品的条形码，获得相关的简介，并且可以拓展链接更多资料，增加对这些藏品的了解，进而判断是否有必要再去实地参观和考察。将 AR 观影技术、全息投影技术、智能导航技术等数字技术运用到数字博物馆中，还可以获得更为直观、立体的观影效果，为参观者带来更有冲击力的视觉感受。比如，利用 AR 三维图像技术，可以让参观者通过移动相机瞄准展示柜内的展品，获得相关的文物资料。博物馆还可以给观众配备 AR 虚拟现实头盔，利用虚拟现实切换时空，让参观者亲身体验到遗址所处的时代和考古发掘的场景。采用虚拟现实技术，突破了传统的展示形式，提高了观赏性，给观众带来了极大的吸引力。

（三）利用互联网和 VR 技术建设移动数字博物馆

人们身处互联网+的年代，信息、通信和网络技术越来越普遍，通过各种功能的智能设备（移动电话），可以随时查看各种信息，智能让我们的学习、生活与工作更加便捷。随着网络与虚拟现实技术的不断发展和应用，博物馆的数字化已经是大势所趋，建立一个以手机为基础的数字博物馆系统是一个值得深思的课题。而手机博物馆，就是利用网络技术和通信技术，将网络上的虚拟博物馆安装在手机和 VR 装置上，形成一个可以自由活动的博物馆。随着互联网的不断发展，大部分地方都可以使用 WIFI，加上智能电话的普及，这些都为建立移动博物馆创造了良好的环境。在手机数字化博物馆内，观众可以根据个人的兴趣选择阅读文物相关的文化背景和历史，并可以主动参加互动问答，让平日里没有机会或时间进入博物馆的人们，只要动一动手指头，就能够切身感受到历史文化与现代科技的融合，拉近了观众与历史之间的距离，真正达到互动共享体验。

（四）优化交互设计，提升用户体验

数字化博物馆在发展过程中，越来越多的人开始认可数字化博物馆。在数字化博物馆交流过程中，受众对信息的操控感受是很重要的，所以要对其进行有效的优化。界面布局等都会对受众的浏览感受产生一定的影响。在用户的交互界面上，浏览操作方式应简便、流畅，而且要尽可能地满足用户的个性化需求，增加其访问量，这样才能产生更加长久的效果。另外，利用数字化技术可以构建出一个虚拟的三维空间，并作用于人们的视觉、听觉、触觉等感官，使得人们处于一种拟象环境当中，随着人们的位置和姿势的改变，他们的身体会自动将其身体信号传递给电脑，并分析他们的想法，让沉浸环境更加接近现实，增加体验乐趣。

五、结语

在这个信息数据爆炸的年代，人们接受事物的方式越来越多样、越来越方便，个人的需求也越来越高。博物馆是一个面向大众的公共文化机构，要实现其应有的作用，必须使其具有一定的社会意义。因此，信息化、数字化势在必行，可以有效地解决上述问题。信息化，在资源非常有限的情况下，可以有效地提高博物馆的资源使用，并将其转化为高质量的文化产品，能够极大地满足观众的需求。因而数字技术如何精准地帮助观众们筛选出最感兴趣的展览、文化活动文物以及文化产品，并全方位立体式地展示就成为博物馆工作者需要思考的重要问题。在数字化时代，博物馆在建造过程中，要把有形和无形的两种形式相融合，让最尖端的科技发挥出最大的作用，让大众拥有更好的观赏感受与体验，需要我们在实践中不断探索。

杨晶，孔庙和国子监博物馆文化活动部，主任，副研究馆员

浅谈博物馆文创开发工作的有效途径
——以孔庙和国子监博物馆文创开发工作为例

燕 京

摘要

博物馆文创开发是当今博物馆事业发展的一项重要工作，对传播博物馆文化，提升博物馆品牌价值有着重要意义。本文以孔庙和国子监博物馆文创开发工作为例，对文创工作思路、特色文化资源的整合、特色文化 IP 的提炼、文创工作的创新实践等进行了阐述，力求通过实例总结实践经验，启发创新思路，取得更多成果。

关键词

博物馆；文化 IP；文创开发

新时期随着公众对文化生活需求的不断提升，社会文化服务机构的服务功能稳步增强。其中，博物馆文创工作发展势头迅猛，前景广阔，备受关注。2016 年 5 月《国务院办公厅转发文化部等部门关于推动文化文物单位文化创意产品开发若干意见的通知》；2019 年 9 月国家文物局《博物馆馆藏资源著作权、商标权和品牌授权操作指引（试行）》发布；2021 年 8 月八部委联合印发《关于进一步推动文化文物单位文化创意产品开发的若干措施》；2022 年 3 月北京市文物局《关于进一步推动局属博物馆文博文创工作的实施意见》发布。相关文件的出台，有效地激发了文博行业文创开发工作的创新活力，使博物馆文创开发工作进入高质量发展阶段。

文创开发工作是博物馆文化资源保护与利用、传统与创新的重要形式和内容之一。目前，博物馆的文创产品也从最初的文具、冰箱贴，到各类盲盒、文创冰棍，再到数字文创、视听体验等。各类层出不穷的文创爆款使观众对于文创产品的关注度和购买需求也持续高涨。如何在对博物馆文化内涵有效地挖掘和提炼的基础之上，探索适合博物馆文创开发工作的有效途径，已成为博物馆文化产业的核心课题之一。

近年来，孔庙和国子监博物馆基于自身传统文化资源优势，不断加强博物馆文物"活化"利用，努力实践文博单位文创开发工作的形式和方法，并取得了一定的成绩。作为我馆文创工作部门的负责人，通过我馆文创开发各项工作的具体执行，在逐步积累相关工作经验的同时，也对博物馆文创开发工作进行了细致的总结和深入的思考。

一、文创工作总体思路

孔庙和国子监博物馆作为北京市文物局文创工作试点单位，在市文物局的统筹指导下，积极探索适用于博物馆文创开发工作的有效路径。我馆文创工作坚持以博物馆为主导，以企业为主体，以授权为途径，以打造博物馆文化独特文化IP为方向的文创工作思路。通过深入挖掘、提炼博物馆文化内涵，健全文创工作机制，以文化资源授权的形式吸引优秀的专业文创团队进行合作，努力推进我馆文创工作开展，并取得了初步的成绩。我馆文创工作由馆领导亲自主抓，由社教部负责实施。在文创开发工作开展的过程中始终秉持"四度""四化"的准则，即厚植文化历史的厚度；拓展文化创意的高度；拓宽文创产品的宽度；延伸文创传播的广度。以及文创产品开发生活化，即让文创产品融入人们的生活；产品化，即开发群众喜闻乐见的产品；场景化，即要将现代科技融入文创开发设计中，营造场景化的氛围；以及国际化，即要研究以文创产品走向国际的路径为标准，使文创产品成为广大人民群众感悟中华文化、增强文化自信的重要载体，并以此强化文创工作的三大功能，即研究功能，传播功能和教化功能，使孔庙和国子监成为传播和弘扬社会主义核心价值观的阵地，努力为博物馆之城建设发挥作用。

二、整合特色文化资源

北京国子监始建于元代，迄今已有700多年历史，是我国唯一保存完整的最高学府兼教育管理机构，又称为"太学"，于1961年被国务院公布为第一批全国重点文物保护单位。北京孔庙是国子监的组成部分，依古制"庙学合一"而建，是皇家祭孔的重要场所，于1988年成为第三批全国重点文物保护单位。在这两组国宝级建筑群中，既有形式独特、气势恢宏的皇家规制建筑，也保存有众多碑刻古迹，以及这些不可移动文物背后所蕴含的深厚的传统文化内涵。孔庙和国子监博物馆于2008年6月正式对外开放。目前开设有《大哉孔子》《北京孔庙历史沿革》《中国古代科举制度展》《国子监原状陈列》《中国古代官德文化》等常设展览，并定期举办"国学文化节""太学寻迹"主题社教活动及《莘莘学子 悠悠太学》主题巡展等品牌活动。

三、提炼特色文化 IP

孔庙和国子监博物馆是以元明清"国子监"为馆址的古建类博物馆，主要的文物资源以不可移动文物为主。我馆文化 IP 主要对古建及文物在传统文化价值体现方面进行深入挖掘，最具代表性的内容包括：

1. 国子监的特色文化："监学合一"，具有两种重要职能，既是国家管理中央官学的行政机构，同时也是国家最高学府，担负着培养国家优秀人才的重任。辟雍，是专供清朝皇帝讲学的宫殿，四周环水，建筑独特，是世界上唯一的国家最高学府礼制建筑。琉璃牌楼，是北京唯一为教育所建的琉璃牌楼。

2. 北京孔庙的特色文化：北京孔庙是元明清三朝皇帝举行国家祭孔的重要场所，在全国所有孔庙中建筑等级最高。"庙学合一"是中国古代教育的一个重要特征。北京孔庙是国子监的重要组成部分，与太学形成"左庙右学"的建筑规制。

3. 孔庙国子监的特色匾联：孔庙国子监与故宫、颐和园等皇家之地大为不同，这里的匾联大多为皇帝御笔或御制，不仅有体现儒家思想的内容，或劝解国子监师生的御匾，还有要求官师严格教学、学生勤奋求学的谕旨匾。

4. 孔庙国子监的特色石刻：孔庙国子监保存历代石刻约五百块，不仅数量庞大，而且自成体系。其中，十三经是研究儒学的珍贵史料。"十三经刻石"亦称"乾隆石经"，是我国迄今保存最完整、体量最大的一套官刻儒家石经；进士题名碑自元代起刻立于国子监成为定制，是元明清三代科举取士制度最真实的历史见证。

需要注意的是，博物馆藏品并不等于博物馆 IP。文创开发是把这些具有代表性的博物馆文化资源通过二次创作等方式转化为符合市场需要的博物馆文化 IP。

四、文创工作的创新实践

孔庙和国子监博物馆作为一座集古代教育与儒学传承为一体的博物馆，一直以来坚持以习近平新时代中国特色社会主义思想为指导，以学术研究为基础，以推动中华优秀传统文化创造性转化、创新性发展为方向，积极推进我馆文创工作落地展开。近年来，博物馆文创工作发展以《孔庙和国子监博物馆文化创意产品开发工作实施方案》为依据，并结合我馆工作实际相继制定的《文创工作委托授权管理办法（讨论稿）》《文创空间管理办法（讨论稿）》《文创设计图样审核表》等相关工作机制和流程，通过挖掘研判博物馆独有文化 IP，以文化资源授权的形式吸引优秀的专业文创团队进行合作，打造特色文化 IP，并取得了一定的社会效益和经济效益，并通过文创产品开发、文创空间设立等相关工作落地，在拓展博物馆文化宣传途径的同时，实现观众"把博物馆文化带回家"的文化需求。

（一）馆藏元素创新开发：

1. 文创设计突出创意性。通过对博物馆文化元素中具有辨识度的造型特征、特色纹饰、图案与色彩组合的精确提炼，以元素整体、局部截取和提炼整合等方式，结合专业文创团队进行二次创作所呈现的文创产品设计，由博物馆依照审核流程逐级填写《文创设计图样审核表》意见，严格进行意识形态把控，以确保每项文创设计都能够正确、正向的传达文物和建筑所蕴含的历史知识、审美情趣与文化内涵。例如在与工行联名开发的"锦绣前程"祝福金卡产品中，鹭鸶的元素便提取自状元服鹭鸶补子。该元素并没有简单进行移用，而是通过设计人员的再次创作，使其与莲花元素有机组合，再现古人将鹭鸶和莲花组合在一起的"一路连科"的寓意，使产品充满了传统文化内涵，同时也契合了产品主题。该产品荣登2021年北京消费品牌榜，被评为年度"十大文化创意产品"；并凭借鲜明的博物馆文化特色及精美的创意设计，获得2021年北京文博创意设计大赛第二名的优异成绩。

"锦绣前程"祝福金卡

2. 文创产品注重功能性。孔庙国子监在注重博物馆IP创造性转化的同时，注重产品的功能性设计，做到贴近市场需求、贴近日常生活，使形式与功能相得益彰；同时，高度重视产品品控，打造高品质文创产品，实现生活化、产品化的文创开发。我馆推出的"鱼跃龙门"主题便携茶具，紫藤花主题团扇、文具系列，以及"森马""乔丹儿童"服装系列等产品，就是功能性与实用性的具体体现。

鱼跃龙门瓷器套装

前程似锦茶具套装（藏青色）

紫藤花主题团扇

3. 文创开发强调互动性。相较于单纯的视觉表达，互动体验往往可以让消费者对博物馆的文化内涵留下更为深刻的印象。特别是针对青少年群体，互动体验可以更好地调动青少年的积极性与探索欲。我馆开发的辟雍建筑拼插模型，可以让青少年在动手搭建的过程中感知中国古代建筑的结构知识与造型之美；孔庙国子监与酷儿饮料联合推出的"穿越国子监"H5互动视频，让小朋友在互动儿歌中形象地学习和了解古代"六艺"的相关知识。

辟雍拼插模型　酷儿"穿越国子监"

（二）授权形式及产品

由于此前我馆未正式开展过文创开发合作，各项文创合作在上级单位指导下探索性推进。为更好地规范我馆各项文创委托授权合作的开展，健全博物馆文创工作规范机制，在馆领导的指导下，结合博物馆文创开发工作的具体要求和我馆实际工作需要，由本人负责编写《孔庙和国子监博物馆文创工作委托授权管理办法（讨论稿）》。管理办法中明确规定了授权方职责、被授权方应具备的条件、被授权方选择流程、授权费收取以及文创设计审核流程等内容。（《孔庙和国子监博物馆文创工作委托授权管理办法（讨论稿）》附后）

孔庙国子监文创开发合作以直接授权和委托授权两种模式开展，产品开发主要以品牌联名和原创产品两大类开展。在确认合作方专业资质的前提下，我馆在合作方的选择上以是否秉承传播中华优秀传统文化为理念作为首要考量的标准，其次是考虑合作方的开发思路是否与博物馆文化特征相匹配，同时保证对博物馆文化的积极正向传播。截至2021年底，我馆已与中国工商银行等4家优秀专业团队开展了文创产品开发合作，已完成及执行中的项目包括：品牌联名产品6项80个SKU；原创产品4个系列近40个SKU。其中，品牌联名项目合作实现了优秀传统文化IP与本土品牌的强强联手，借助企业已有知名度和成熟的市场运作模式，扩大博物馆文化宣传，助力优秀传统文化普及。在提升社会效益的同时，也为馆里带来了一定的经济效益。

（三）知识产权保护

博物馆知识产权是博物馆向社会提供文化服务的基础之一，博物馆维护知识产权有利于促进博物馆履行社会职责。孔庙国子监在积极推进文创工作落地的同时高度重视知识产权保护工作同步推进，为我馆文创开发过程中在授权合作、版权保护、文创品牌建设等方面逐步筑牢法律屏障。

目前，孔庙国子监已有相关知识产权包括：著作权1项、商标权3项，可用于相关授权合作。此外，我馆近年陆续开展知识产权保护工作包括：提交馆名馆标的全品类注册申请待国家商标处理；"集贤学堂"商标第41类注册处于审定公示期；"太学有礼"商标第14、16、21类注册处于复审阶段。通过知识产权保护相关工作的开展，孔庙国子监在明确自身权利的基础上，以签订书面合同的形式细化明确授权元素、使用范围、授权期限等相关内容，在文创授权合作全过程履行馆方监督责任，保证文创产品开发与博物馆文化内涵契合、维护好博物馆品牌形象，履行好博物馆公共文化服务职能，实现文创开发社会效益与经济效益双赢。

（四）设立文创空间

在前期文创产品开发的基础上，我馆于馆内开设文创空间，针对文创产品进行场景化营销，打造集文创休闲、观众服务、文化互动为一体的"博物馆最后一个展厅"，使观众在深度感受博物馆文化的同时，实现"将博物馆文化带回家"的文化需求。空间划分四大功能区，分别为：文创产品展销区、传统文化技艺体验区、图书阅览区、休闲服务区。文创空间的设立在完善公共文化服务职能的同时，也激发了博物馆文创开发工作新的活力，从而更好地为新时期社会文化需求服务。

局领导为我馆文创空间揭幕　　　　　　　　　　　　文创空间对观众开放

（五）数字文创开发

随着数字化科技的发展，观众对于文博数字化的需求也日益增长。通过数字科技推动文化遗产的保护与活化利用，为博物馆文创工作赋能，在促进传统文化与科技创新有机融合的同时，也为中华优秀传统文化的传承、传播提供了有效途径。在这样的时代契机和市场氛围下，孔庙和国子监博物馆于2022年8月8日成功首发了数字文创"国子监－琉璃牌楼"，共计发行8000份，产品于2022年8月8日12：30发行，正式开售后15分钟内全部售罄。

作为我馆推出的首款数字文创产品，"国子监－琉璃牌楼"是以我馆代表性建筑的主体元素为设计依据，通过现代3D技术和数字技术进行二次创作及渲染，使建筑在春、夏、秋、冬四季场景的映衬之下，呈现出中国传统古建的独特魅力。同时，依托互联网与区块链技术手段，加强数字赋能，增加文化传播深度、扩大受众范围，培育相关文化消费新业态，是我馆文化创意产品开发的一次有益尝试。利用数字化创意表达博物馆的文化内涵，用观众易于接受的方式讲述中国故事，从而推动中华优秀传统文化教育的普及，让文物真正"活"起来，助力北京博物馆之城建设。

数字文创——琉璃牌楼（秋）

五、对文创工作的思考

随着我馆文创工作的有序推进，我在关注文博文创工作发展状况的同时，也有了更多关于文创工作学习和交流的机会，在逐步积累和总结的同时也引发个人对于未来博物馆文创工作开展的一些思考：

1. 以政策为保障

文创开发工作是博物馆让"文物活起来"的重要途径之一。近年来博物馆文创工作处于前所未有的发展时期，陆续出台的鼓励和支持的相关政策和实施意见，进一步有序推进博物馆文化创意产品开发工作的开展，促进博物馆多元化发展，在不断提升品牌和社会影响力的同时，有效地增强社会效益。期待未来在授权合作、知识产权保护、开发经营等方面，有更多的落地政策出台，从而指引和强化博物馆自身文创工作机制建设，为促进文创工作良性发展提供更为完善的政策环境。

2. 以需求为目标

文创开发工作始终坚持"以人民为中心"，观众的需求是我们工作的目标。从观众对于美好生活的需求出发，聚焦观众对博物馆的文化服务需求，通过日常与观众交流、问卷调查以及复盘销售反馈等方式，在更多地了解观众对于博物馆文创产品需求的基础之上，明确市场定位，结合博物馆文化内涵，侧重目标内容进行开发。如现阶段，各年龄层观众均对博物馆文创集章活动较为关注。印章起源于商周时代，曾用作身份凭证和行使职权的工具，是我国特有的历史文化产物。通过文创团队二次设计开发，将博物馆文化内涵浓缩于一枚小小的印章之上，形成集文化性、艺术性、纪念性于一体的博物馆特色图标，以此来传承传统文化，讲述中国故事。

3. 以情怀为动力

文创工作开展以来，有很多对孔庙国子监文化和传统文化满怀热爱的文创团队找到我们，沟通思路，寻求合作。对传统文化的了解和热爱是我们开展文创工作共同的动力。以情怀作为文创设计的切入点，扩展开发思路，加大与本土优质品牌的联合力度，将孔庙国子监文化以不同的形式，不同的视角展现给大众，使博物馆文创产品成为满足观众情感体验和精神需求的形式和载体。

4. 以专业为核心

文创工作是否能够成功开展，"文"是根本，"创"是核心。博物馆做好文化的解读和审核，具备专业素养的文创团队通过精准提炼文化IP，做好产品设计与开发，双方需要深度融合，紧密支撑。通过文创工作提升博物馆社会效益和知名度，吸引更多优质团队参与到博物馆文创合作中来，盘活文化资源，形成良性合作氛围，促进博物馆文创工作高质量发展。与此同时，进一步完善知识产权保护登记和管理，加强数字版权保护，守护好馆藏文化资源。此外，博物馆文创工作人员也需要加快相关工作的经验积累，加强对于文创政策、知识产权保护、市场经营、产品营销等内容的学习，充实自身从事文创开发工作的专业程度。

随着文博事业的发展以及文化技术的创新，文创已经成为观众与博物馆间的重要桥梁，使两者间有了更多的互动与联通。博物馆文创工作的开展，一方面有助于加深公众对于传统文化的认知和理解，增强文化自信，同时也为博物馆更充分地发挥文化宣传职能提供了更多的渠道和空间。

燕京，孔庙和国子监博物馆社教部，主任

附：

孔庙和国子监博物馆
文创工作委托授权管理办法
（讨论稿）

博物馆文创工作在更好地挖掘博物馆文化资源优势的基础上，创新博物馆文化的"活化"利用，增强博物馆文化传播职能。为进一步规范我馆文创产品开发委托授权机制，积极推进孔庙和国子监博物馆文创开发工作良性开展，特制定以下办法。

第一条　授权方职责

孔庙和国子监博物馆为我馆文创工作授权方。

1.在指导被授权方准确解读博物馆文化内涵的基础上，严格把控及审核文创产品开发过程中所涉及的意识形态工作，避免因产品设计等原因造成对博物馆文化的曲解或引发社会舆情。

2.为被授权方进行文创产品设计提供授权元素相关的资料支持。

3.博物文化资源授权不采用独家授权的合作形式。我馆可同时与多家企业（团队）以委托授权形式合作开发不同类别的文创产品。

4.授权方委托开发文创产品，原则上：同一时期内同一类别产品仅委托授权一家被授权方进行开发，同一时期内同一类别产品不重复授权开发。

5.我馆以委托授权形式委托被授权方开发文创衍生品，原则上双方合作期间，相关知识产权归双方共同所有。合作期满后，双方均不再使用。

第二条　被授权方条件

授权企业（团队）为我馆文创工作被授权方。根据文创企业（团队）的工作资质、工作业绩、行业反馈等信息，经前期沟通，依照博物馆工作流程，选定文创产品开发合作企业（团队）为被授权方。被授权方在经馆方授权的前提下，按授权协议约定围绕我馆文化元素开发文创产品。被授权方需具备以下条件：

1.为正规注册成立的独立企业法人或其他组织机构。

2.拥有专业文创开发团队，具有一定文创开发工作基础。与有博物馆文创产品开发成功案例的企业优先合作。

3.具有良好的企业形象和商业信誉，无行业不良记录。在文创产品开发和经营活动中无违反国家法律法规行为。

4.在与馆方充分沟通的基础上，开发文创相关产品。产品需符合社会主义核

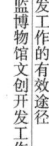

心价值观，具有正确解读和传递博物馆文化内涵的能力，符合国家相关法律法规要求和意识形态要求。

5.认同博物馆文创工作理念。文创开发工作以博物馆文化的正确解读为根本出发点。

6.文创产品开发流程需符合博物馆工作具体要求。

第三条　文创授权合作被授权方的确定

拟与我馆开展文创合作的企业（团队）应具备本管理办法第二条所要求的各项条件。经与我馆文创主责部门及文创工作主管领导前期沟通及初审后，由馆班子会讨论审议。经馆班子会同意文创开发合作意向后，我馆与该企业（团队）签订《文创开发委托授权协议》。协议签订后，该企业（团队）正式成为我馆文创开发工作被授权方。具体流程：

1.文创企业（团队）与文创主责部门进行前期沟通。

2.文创企业（团队）提交与我馆合作开展文创开发的工作方案。方案内容包括相关资质、主要业绩、合作目的、合作内容、合作形式、合作周期、授权费、初步设计方案等。

3.文创主责部门将上述方案向文创工作主管领导进行汇报。

4.如汇报通过，由文创主责部门提请馆班子会讨论审议。

5.经馆班子会审议同意我馆与该企业（团队）进行文创开发合作意向后，按博物馆内控制度流程要求，由文创主责部门落实与该合作方签订《文创开发委托授权协议》。协议中需明确该项文创开发合作的合作理念、开发产品类别、开发款式（件数）、文化元素授权范围、授权期限、分润方式、知识产权归属等相关问题。

6.由文创主责部门依照签订的《文创开发委托授权协议》内容具体落实合作项目。

7.我馆为已签订《文创开发委托授权协议》的被授权方依照协议内容提供文创展示销售空间。

第四条　文创授权费收取

被授权方依照与我馆签订的《文创开发委托授权协议》使用我馆相关文化元素进行博物馆文化品牌推广及文创衍生品开发、销售等工作，并支付我馆委托授权费。委托授权费收取标准依照所开发产品的行业标准、市场规律、双方协商等形式商议决定。同时，须由被授权方提供相应的授权费或分润比例的参照材料，由文创主责部门报馆班子会审议，通过后执行。

第五条　文创产品设计审核流程

1.被授权方依照《文创开发委托授权协议》进行文创产品开发，应以文创产品设计申报文件形式（纸质）递交我馆审核。

2.我馆委托授权开发的文创产品包括：联名产品及原创产品。文创产品设计申报文件内容包括：联名品牌方介绍、拟选用文化元素、拟开发产品类别（数量）、初步设计样图、销售形式、分润方式、上市周期、销售渠道等相关内容。

3.由文创主责部门对文创产品设计申报文件进行初步审核，并在《文创设计图样审核表》上填写审核意见，主责部门负责人签字。

4.在收到申报文件后3个工作日内，文创主责部门将申报文件上报文创工作主管领导及馆长审核。

5.由文创主责部门汇总馆领导意见并填写《文创设计图样审核表》后，文创主管领导及馆长确认签字。

6.由文创主责部门将设计图样的修改意见与被授权方进行沟通，被授权方在3个工作日内按馆方的修改意见调整申报文件后再次申报。

7.收到调整后的申报文件后，由文创主责部门将文创产品设计申报文件报馆班子会审议，通过后由文创主管领导及馆长审定文创产品设计申报文件终稿，签字确认后返还被授权方。

8.以上工作依照各项目委托授权协议规定日期内完成，并在规定日期内由文创主责部门将文创产品设计申报文件确认信息回复被授权方。如因实际情况未能按规定日期完成，由文创主责部门及时与被授权方沟通，并尽快完成确认。

第六条 文创产品版权归属

1.我馆就文创产品开发工作向被授权方提供的所有涉及我馆文化元素的图片、文字资料等内容的版权归博物馆所有。

2.在委托授权期间，被授权方设计开发、或被授权方联合其他合作方围绕我馆文创资源进行二次设计开发的文创产品的版权，原则上为授权方、被授权方及被授权方之联合方共同所有，但不可用于该合作项目所签订的《文创开发委托授权协议》中约定的使用范围之外另行使用，且不可以单方面注册相关知识产权。委托授权期满后，所有于合作项目授权期内的文创产品设计及产品的版权原则上各方都不可再使用。如需使用应以授权方、被授权方或授权方、被授权方及被授权方之联合方就具体委托授权开发内容另行签订的协议为准。

《文创工作委托授权管理办法》解释权归孔庙和国子监博物馆所有。

孔庙和国子监博物馆

2021年12月

新媒体时代下的博物馆公众号传播探析

——以孔庙和国子监博物馆为例

张 磊

摘要

随着新媒体的不断发展,越来越多的博物馆选择利用新媒体作为博物馆宣传与传播的平台,在众多的新媒体平台中,微信公众号是时下最火热的平台,被许多博物馆作为传播平台的首选。本文通过对孔庙和国子监博物馆微信公众号的构架、推送内容、传播效果进行分析,探讨如何更好地利用新媒体平台提升博物馆传播力。

关键词

新媒体;微信公众号;传播

"当今世界,信息技术革命日新月异,对国际政治、经济、文化、社会、军事等领域发展产生了深刻影响。信息化和经济全球化相互促进,互联网已经融入社会生活方方面面,深刻改变了人们的生产和生活方式。我国正处在这个大潮之中,受到的影响越来越深。"党的十八大以来,习近平总书记以马克思主义政治家的深刻洞察力,就信息化工作作出一系列重大决策、提出一系列重大举措,形成了关于网络强国的重要思想。2016年末,国家文物局制定《互联网+中华文明三年行动计划》,把互联网的创新成果与中华传统文化的传承、创新与发展深度融合,成为近几年文博行业开展智慧博物馆工作、文物信息资源深度开发利用服务工作的纲领性文件。近年来,随着数字技术的不断发展和广泛应用,以手机、平板电脑为代表的移动设备广泛普及,使得观众获取博物馆信息的渠道方式和时间越来越多样,相对于传统媒体,新媒体以其独特的融合性、自主性、快捷性、跨域性的特点,降低了传播成本,拓展了传播内容的广度与深度,扩大了传播的受众人群。微信、微博、抖音等新媒体平台凭借其快速的传播速度,丰富的受众群体,平等的交流形式,成为大众获取信息的主要途径,成为国内各类博物馆传播、开放、社会教育的主要阵地。因此利用好新媒体技术,使博物馆信息传播更加便捷、高效,拉近博物馆与观众之间距离，扩大博物馆品牌影响力，将是未来博物馆信息化工作的趋势。本文以孔庙和国子监博物馆微信公众号为例，从构架、运营分析，对博物馆微信公众号的传播模式进行探析。

一、孔庙和国子监博物馆新媒体平台介绍

北京孔庙、国子监是元、明、清三代皇家祭祀孔子的场所和国家最高学府兼管理国家教育的行政机关，国子监和孔庙分别为第一批、第三批全国重点文物保护单位，具有重大历史、艺术、科学价值。2008 年，孔庙和国子监博物馆正式挂牌成立，两组国宝级文物建筑群摇身一变，成为北京市传播传统文化，弘扬国学的重要基地。为了更好的传播孔庙、国子监的传统文化底蕴，2012 年博物馆正式开通官方网站，为博物馆的宣传、文化传播、日常开放增加了一条新的途径，是博物馆第一个可以自行编辑、自行主导的传播媒介，成为博物馆对外发布资讯、传播文化、分享馆藏文物的主要平台。近年来，随着博物馆信息化建设的不断深入和发展，孔庙和国子监博物馆紧跟新媒体蓬勃发展的趋势，抓住新媒体的发展机遇，先后在微博、微信公众号、抖音、一直播等用户基数大、传播力强、活跃性高的新媒体平台开通了官方账号，实现了从单一的照片文本到多媒体结合、从单一的现场参观到多元多视角实时展示、传播博物馆文化资源和文物资源的传播转变，而新媒体平台也快速成为孔庙和国子监博物馆传播传统文化和发布信息的主要阵地。在孔庙和国子监博物馆的新媒体平台中，微信公众号是用户最多、发布信息最频繁、传播效率最好的新媒体平台。

二、孔庙和国子监博物馆公众号分析

微信公众号是面向社交平台——微信的所有用户，基于群发推送、自动回复、实时交流等功能设定，实现与特定群体的多媒介沟通、互动的传播方式。

1. 孔庙和国子监博物馆公众号构架

2015 年，孔庙和国子监博物馆正式开通官方微信公众号，并逐步形成了以此为主的新媒体宣传矩阵。孔庙和国子监博物馆官方微信定期推送馆内开放信息、文化活动信息、社教活动信息、文化知识等，观众可以通过关注公众号，实时了解以上信息和相关知识，同时也可以通过微信公众号与博物馆工作人员进行交流。随着平台的不断开发，微信公众号也在不断进步，近年来已经成为博物馆开放服务的主

要平台。孔庙和国子监博物馆微信公众号从功能上可以划分为两个部分，一部分是日常推送的传播内容，主要以群发推送功能为主，实现博物馆信息对平台用户的直接传播，即向关注博物馆公众号的用户推送博物馆展览信息、社教活动信息、科学文化普及、新闻公告和公益宣传。在推送的同时，提倡用户利用微信公众平台的分享功能，将博物馆所推送信息分享至个人微信朋友圈，从而实现博物馆信息的所有人对所有人的二次裂变传播。另一部分是以实用功能为主的功能栏，相比推送内容，这部分更注重面对面传播，即直接参观博物馆时提供更加便捷的服务，功能栏位于公众号页面底部，分为"参观指南""景区服务""预约参观"三个板块。"参观指南"板块主要向有参观意向的观众介绍博物馆情况，使观众对博物馆形成初步了解，并根据博物馆开放情况合理安排参观计划，包括"开放时间""购票须知""参观须知""预约流程""交通指南"五个栏目，以自动回复的形式实现功能。"景区服务"板块主要向参观中的观众提供导览、讲解、无线网络等便捷服务，包括"免费服务""免费讲解服务""微信导览""免费WIFI"四个栏目，以跳转相关功能页面的形式实现功能。"预约参观"板块是2020年新冠疫情出现后，博物馆为做好参观时的疫情防控，营造安全的参观环境，所推出的实名制分时段预约参观系统，并将此系统内嵌于官方微信公众号，是博物馆现阶段唯一的官方预约参观方式，此板块以跳转至预约程序实现功能。

图1　孔庙和国子监博物馆微信公众号界面

2. 孔庙和国子监博物馆公众号推送内容分析

孔庙和国子监博物馆自 2015 年开通以来，推送信息量逐年递增，2018 年起，形成了以微信公众号为主，微博、网站为辅的新媒体宣传矩阵，微信公众号也成为孔庙和国子监博物馆新媒体平台中推送信息量最大，关注用户最多，传播力最强，互动效果最好的流量平台。为便于统计，本文只要对 2021 年的推送数据进行分析。

表 1 孔庙和国子监博物馆 2018—2021 年微信公众号推送数据

年份	推送数量	关注用户	阅读量
2018 年	32	4.1 万	1.9 万
2019 年	52	6.1 万	6 万
2020 年	60	14.4 万	16 万
2021 年	66	38 万	38 万

2021 年，孔庙和国子监博物馆微信公众号共推送信息 66 条，按照内容划分，可分为开放公告、活动信息、社教信息、博物馆动态、博物馆风光、公益宣传六个栏目。博物馆公众号所推送内容涉及博物馆工作的方方面面，其中推送量最多的是社教信息，其次是博物馆动态、开放公告、活动信息。由此可见，2021 年博物馆微信公众号的传播重点是社教活动及博物馆开放、动态这几个方面，很显然，这与孔庙和国子监博物馆传播中华民族优秀传统文化的社会定位是相符的，也与当下新冠疫情的反复对博物馆开放有所影响的态势是相符的。

表 2 2021 年各栏目发送量、阅读量

栏目	推送信息数量	总阅读量	平均阅读量
社教信息	26	11.03 万	0.42 万
开放公告	12	17.04 万	1.42 万
活动信息	7	2.77 万	0.40 万
博物馆动态	12	4.53 万	0.38 万
公益宣传	6	1.03 万	0.17 万
博物馆风光	3	3.26 万	1.08 万

从表 2 可以看到，虽然社教信息在全年的推送数量最多，但是从阅读量上来看，却是"开放公告"栏目的阅读量最高，其中 2021 年 5 月 1 日所推送的《预约参观指南》一文，阅读量达到了 5.7 万人次，远超同年的其他信息。这是由于"开放公告"栏目的信息推送往往在节假日、寒暑假等参观高峰时段，而这类信息往往直接影响大众的参观计划和节日安排，因此更受大众所关注。而关注博物馆相关业

务信息的往往是具有一定的专业知识背景、规模较小且比较稳定的群体，所以这类信息的阅读量比较平稳。另外，值得关注的是博物馆风光一栏，虽然全年只推送了三条信息，但是平均每条的阅读量都可能达到万次以上，这是由于所推送内容均与博物馆春、秋的网红景观——紫藤、银杏有关，迎合了时下大众网红打卡的大众参观理念，同时推动了博物馆文化的传播。

3. 孔庙和国子监博物馆公众号传播效果分析

关注用户数量是微信公众号传播力的基础，孔庙和国子监博物馆微信公众号关注用户数量呈逐年增长趋势。截至 2021 年 12 月 31 日，孔庙和国子监博物馆微信公众号关注人数共 38 万人，其中 2019 年新增关注用户 2 万人，2020 年新增关注用户 8 万人，2021 年新增关注用户 24 万人，随着关注用户的逐渐增长，使博物馆的品牌形象稳步提升。

当公众号所推送的信息引起用户的关注和兴趣后，用户即可将这条信息通过分享功能发布至个人朋友圈，从而引起更多的用户的关注与分享，形成一种持续性的扩大式裂变传播，这也是新媒体时代最主要的传播方式。因此分享量对于一个微信公众号的传播力来说是至关重要的。孔庙和国子监博物馆微信公众号所推送内容分享量逐年增长，可以说近年来孔庙和国子监博物馆微信公众号充分利用了网络传播快速、便捷、局限性小的优势，在孔庙和国子监文化宣传和传播工作方面起到了至关重要的作用。

图 2 是孔庙和国子监博物馆微信公众号用户的年龄分布和地域分布，由图可以看出，孔庙和国子监博物馆微信公众号的传播区域主要以北京市为主，再逐渐向外扩散，覆盖周边各省市，传播人群主要以 26~45 岁年龄段的为主，其次是 18~25 岁年龄段的学生群体。

年龄分布

年龄	用户数	占比
36岁到45岁	139,944	31.03%
26岁到35岁	129,586	28.73%
46岁到60岁	81,099	17.98%
18岁到25岁	77,496	17.18%
60岁以上	18,046	4.00%
18岁以下	4,819	1.07%
未知	61	0.01%

地域	用户数	占比
北京	247,723	55.75%
广东省	21,059	4.74%
河北省	17,339	3.90%
山东省	14,025	3.16%
上海	11,928	2.68%
辽宁省	11,351	2.55%
江苏省	9,800	2.21%

图 2　孔庙和国子监博物馆公众号用户年龄、区域分布

4. 疫情形势下微信公众号所发挥的作用

2020 年初，新冠疫情的出现给博物馆工作带来了新的挑战和工作要求，而疫情的反复，也对博物馆的正常开放带来了很大影响。为配合北京市相关防疫政策，孔庙和国子监博物馆及时上线网上预约系统，并将微信公众号作为预约系统的接入平台，实现了微信公众号与开放参观的有机结合。因受疫情影响，博物馆无法正常开放期间，孔庙和国子监博物馆充分利用微信公众号没有空间限制的特点，特别开启"云上博物馆"专题栏目，通过语音导游的精彩讲述和丰富图片打造游览场景，让广大用户足不出户，即可携手家人一起走进"国保"级博物馆，近距离观摩欣赏文物和孔庙国子监两座皇家古建筑群，感悟儒家思想，了解古代教育和科举制度，体验"云游览"的参观乐趣。可以说在疫情期间，微信公众号发挥了博物馆宣传和传播的主阵地功能。

三、提升新媒体传播能力的探讨

1. 人才为主，打造专业团队

随着新媒体产业的不断发展，新媒体人才已成为当今社会最炙手可热的人才资源。新媒体人才的引进和能力提升更是新时代博物馆发展最迫切的需求，对于新媒体运营人才，不能以传统的模式去引进，而需要博物馆认真了解新媒体发展趋势，分析本馆在新媒体方面的需求，有针对性的引进专业人才和提升人才能力。对于大型博物馆来说，引进人才并培养自己的新媒体运营团队是最合适的选择，但对于中小型博物馆来说，在不具备培养本馆的新媒体运营团队的条件下，选择引入社会上的新媒体服务团队去运营本馆新媒体平台，亦是不错的选择。

同时，博物馆的新媒体运营团队也要进一步认识新媒体对于博物馆事业发展的重要意义，紧跟时代发展，掌握不断创新的新媒体技术，着重培养自身的媒体管理能力、用户洞察能力、热点跟进能力和数据分析能力，打造懂专业、有创意、善管理、有国际视野的优秀人才团队，以应对新媒体不断发展所带来的传播机遇。

2. 内容为王，提升内容质量

以孔庙和国子监博物馆为例，应充分挖掘两座国宝级文物建筑群所蕴含的深厚文化底蕴，并与新时代价值观结合，认真分析研究用户的兴趣点与关注点，创作一批专题性的原创内容，层层深入，吸引更多用户的关注，从而更好地提高博物馆新媒体的传播力度。

在原有的六大栏目的基础上，可以增加学术研究栏目，将博物馆的研究成果与社会大众进行分享，吸引更多专业人士对博物馆进行关注，并及时与其沟通合作，以强化博物馆学术研究的力量。

丰富推送内容来源，在加强原创内容的同时，转发一些符合用户关注点、符合社会热点、符合博物馆发展需求的高质量、高关注度的优秀信息。

3. 用户为上，了解用户思维

用户关注是新媒体传播的基础，挖掘用户路径，通过内容吸引更多用户的关注，了解用户使用新媒体平台的时间习惯，合理安排信息的推送时间，以获得更多的用户关注和更好的传播效果，对于博物馆微信公众号来说至关重要。同时，了解用户的关注习惯，使推送内容符合其兴趣习惯，让用户有意愿分享推送内容，更好地进行裂变传播，也是提升博物馆微信公众号的重要途径。"网红效应"如果可以合理地运用在博物馆新媒体运营方面，对于博物馆的文化传播也可以起到很大作用。

四、结论

博物馆作为文化与科学传播的重要场所，肩负着向公众普及和弘扬历史文化的重任，而新媒体的出现，打破了传统博物馆的时空界限，为博物馆注入新的生命力。观众通过新媒体可以时刻获取博物馆信息，汲取博物馆的文化与科学知识，感受博物馆所蕴含的深厚文化底蕴。未来博物馆事业的发展离不开新媒体的助力，博物馆应深刻认识新媒体所发挥的重要作用，通过新媒体技术，让文物活起来，在弘扬中华传统文化，增强文化自信中发挥重要作用。

张磊，孔庙和国子监博物馆，助理馆员

基于皮尔斯符号学理论的博物馆文创研发策略探究

陆 承

摘要

博物馆文创是讲好中国故事、让文物活起来的重要载体，是借助创意手段最大化实现馆藏资源的有效转换和利用，更好满足公众对高质量公共文化服务的需求，拓展博物馆事业发展路径的重要手段。本文基于皮尔斯符号学理论探讨了博物馆文创的研发策略，基于皮尔斯符号学"表征－客体－诠释"三元构成关系，构建"设计特征－文化元素－意义阐释"的博物馆文创研发策略；在皮尔斯符号三元传播模式理论指导下，可开展博物馆文创用户认知调研，不断提高文创产品承载的文化符号传播效果与购买吸引力。

关键词

博物馆文创；皮尔斯符号学；研发策略

博物馆文创是让文物"活起来"的重要方式，是连接博物馆与观众、增强文化自信、讲好中国故事的重要载体。近年来，我国博物馆文创市场呈现高速增长态势，但目前博物馆文创产品在满足观众对高质量文化消费的期待上还存在着差距。部分文创产品存在着实用性、独特性欠缺，将文物元素机械、粗放地复制到各类文创形态中，造成产品的同质化、表面化，难以真正体现博物馆文化内涵。本文基于皮尔斯符号学理论探讨博物馆文创的研发策略，希望借助符号学理论研究成果不断提高博物馆文创产品研发与文化传播效果。

一、皮尔斯符号三元构成关系与三元传播模式

博物馆文创是博物馆文化元素的符号化表达，符号学在文创产品设计中被广泛应用。查尔斯·桑德斯·皮尔斯（Charles Sanders Peirce），现代符号学奠基人之一，其符号学理论的核心是"符号三元构成说"，认为符号是由表征（representamen）、客体（object）与诠释（interpretant）构成。其中，表征是符号的载体与外在形式，客体是符号所代表的东西，而诠释是符号在解释者心中所创造的相等的或更为发展

的符号，可以将其理解为符号在解释者心中所产生的意义或思想[①]。三元关系中各要素相互联系，缺一不可。

皮尔斯符号三元传播模式基于符号自身的"表征－客体－诠释"三元构成关系，由两组三元关系组成，即"发送者－解释者－符号"构成的传播主体三元关系，和"意图解释项－效力解释项－共同解释项"构成的意义三元关系[②]；意图解释项是发送者对传播符号的最初理解，效力解释项是解释者根据自身对传播符号的理解产生的不同于意图解释项的解释项；发送者与解释者之间的符号传播要得以成功，就必须要获得一种共同解释项。因此，符号传播过程就是意图解释项与效力解释项在传播过程中的相互对话，最后彼此融合形成共同解释项的三元传播过程。皮尔斯符号三元传播模式的优势在于其将传播解释为是一种传播主体间的双向互动行为。突破了"传－受"的线性关系，重视传受双方间如何通过互动生成共同意义的问题。

二、基于皮尔斯符号理论的博物馆文创研发策略

文化创意产品（简称文创产品）是创意人员利用一定的文化资源，通过创造性劳动，综合运用知识产权和现代科技手段生产出的具有较高附加值的文化产品[③]。博物馆文创依托馆藏文物、馆舍自然人文景观进行开发，承载了众多显性或隐性的历史文化符号，符号是文创产品的重要表达方式。符号消费是指消费者在消费过程中除消费产品自身外，还消费其所象征和代表的内涵、心情、气氛、文化等内在精神，并通过消费来展现自身的个性、品位，从而获得社会地位和社会认同[④]。可以说对博物馆文创的消费就是一种符号消费。消费者对博物馆文创的消费行为，不仅是对商品使用价值的购买，更是对商品所具备的符号价值的消费和对其历史文化内涵的认同。基于皮尔斯符号"客体－表征－诠释"三元构成关系，可构建"文化元素－设计特征－意义阐释"的博物馆文创研发策略，即博物馆文创作为博物馆文化元素的符号，由设计特征、文化元素与意义阐释构成。

博物馆文化元素作为客体，通过符号学分析可拆解为不同类别的符号，构建相关素材库作为传播过程提供编码素材，构建博物馆文创IP素材库。皮尔斯根据符

---

① 赵星植.论皮尔斯符号学中的传播学思想[J].国际新闻界，2017, 39 (06)：93—94.
② 赵星植.皮尔斯的三元模式在传播学中的意义[J].中外文化与文论，2015, (03)：182—183.
③ 张立朝.把图书馆带回家——论图书馆的文化创意产品开发[X].北京市：中国图书馆学会年会论文集（2017年卷），2017：341.
④ 王诗羽.符号在影视动画中的应用及其文化、产业价值研究[X].山东省：山东艺术学院，2017：33.

号与其对象的关系将符号分为三类，即像似符号、指示符号与规约符号。像似符号是通过写实或模仿来表征对象，它与所指对象之间的联系依靠各自性质上的某种相似性，是最为具象的一类符号[①]，例如古建中所运用的各类传统纹饰是此类符号的典型代表，如清代官式建筑和玺彩画中的双行龙、升龙、降龙、坐龙图案；旋子彩画中的西番莲、五色草、坐龙、旋花图案等；指示符号是指符号再现体与符号对象之间构成某种因果关系或者时空中的邻近关系[②]，例如体现建筑名称或功能的匾额即属于此类；规约符号指符号与对象之间的连接没有理据性，它往往靠社会约定俗成来确定符号与意义之间的关系[③]，如在瓷器、家具、砖雕等器物中的仕途科举主题装饰图案即属于此类符号，例如：

符号	意义
鲤鱼、龙门	寓意"鱼跃龙门"，含有中举、升官、飞黄腾达之意。
鹭鸶、莲、芦苇	寓意"一路连科"，借助同音表示连续及第、连中三元之意。
双蟹、芦苇	寓意"二甲传胪"，表达科举高中之意。
喜鹊、桂圆（或荔枝等圆形水果）三个	寓意"喜报三元"，表达连中三元、金榜题名之意。

通过对博物馆文化元素进行符号学分析并进行科学分类，将文化元素凝练成具有代表意义的文化符号，并构建博物馆文创IP素材库，不仅可为文创产品设计师提供创作灵感与素材，同时也可提供相关设计规范参考，减少设计师对博物馆文化元素内涵的误读与误用。

设计特征作为博物馆文创表征，其依托外观设计和功能性设计等手段，借助文创产品的色彩、图案、材质、造型、功能等设计元素实现博物馆文化元素的符号化转换、传递相关文化信息。常见的符号转换方式包括元素的提取和拼合，如直接选取传统纹样、古代书画作品等作为平面设计元素；风格的转化，如使用手绘或卡通的设计风格展示古代建筑与人物；功能的沿用与转化，如借用清代朝服佩挂物朝珠的形式转化为有线耳机等。成功的外观设计更是使消费者一目了然产品特色、功能、故事及与艺术整合后的创意传达[④]；在当前互联网经济、体验经济蓬勃发展的背景下，博物馆文化符号的转化与传播不应止步于文创产品设计本身，体验设计、服务设计、交互设计等新兴设计领域的重要性也日益凸显。例如，通过打造与博物馆文化内涵相契合的文创消费空间，借助短视频、直播带货等互联网传播手段，可以有助于消费者更好理解文创产品背后的文化元素，促进产品销售。

[①] 王赫德、李正安.和林格尔民间剪纸之符号特征及语义修辞解读[J].艺术品鉴，2020,（06）：5。
[②] 张丰年.皮尔斯符号学视阈下的品牌符号传播机制分析[J].传媒观察，2020,（01）：45。
[③] 胡冬晴月.苏州园林中的文化符号解读[J].重庆广播电视大学学报，2019,31（03）：21。
[④] 苏南、苏鼎方.台湾文化创意产品知识产权保护政策与实践[X].厦门市：两岸创意经济研究报告（2016），2016：277。

意义阐释是博物馆文创工作人员依托对馆藏文物的研究成果，以贴合大众审美、认知规律的方式，对文物所蕴含的人文历史、科学技术、传统技艺、民族精神与审美情趣价值进行传播，以消弭大众与文物的距离感与陌生感，实现博物馆文创的教育与文化传播传承功能。意义阐释的形式可根据文创产品形态灵活选择，如图文、视频、VR、AR等方式，或将意义阐释融入产品的基本功能、使用体验过程中。成功的意义阐释可以让博物馆文创更好地发挥教育功能，激发消费者的文化自信与文化认同。在进行意义阐释过程中，应坚持正确的价值导向，特别注重馆藏文物历史文化信息的准确性，不应为了片面追求产品"卖点"、传播"爆点"而产生戏说历史等庸俗化倾向。

同时，在皮尔斯符号三元传播模式理论指导下，可开展博物馆文创用户认知调研，通过设计调查问卷，在文创产品概念设计、详细设计、上市销售等多个阶段开展调研，了解消费者对博物馆文化元素及文创产品设计意图的认知情况，将消费者认知融入设计流程，实现共创设计，最大化博物馆与消费者之间的"共同解释项"，提高文创产品承载的文化符号传播效果与购买吸引力。

三、结语

依托博物馆文化符号打造的博物馆文创是博物馆提高公共文化服务水平、满足人民日益增长的精神文化需求的重要抓手；消费者对博物馆文化符号的价值与情感认同是影响博物馆文创消费决策的重要因素。皮尔斯符号学理论为博物馆文化元素符号的"制码－编码－解码"过程提供了相关理论依据，对构建博物馆文化符号IP素材库，加强博物馆文创设计与意义阐释水平，以及深化消费者认知研究有着重要指导意义。

陆承，孔庙和国子监博物馆社教部，馆员

从亚历山大博物院
看博物馆定义

杜若铭

摘要

2019年国际博协修订的博物馆定义搁浅，2022年8月国际博协布拉格大会中将会有最终表决。，现代博物馆最初的形态是亚历山大博物院，它是具有"古典"意味和部分现代意义的博物馆，从它的背景、功能等方面的分析，博物馆定义变化的部分解析，阐明博物馆定义的变化以及一些横亘不变的内涵一直影响着博物馆的发展。回顾历史，方能明志。

关键词

亚历山大博物院；博物馆；定义

国际博物馆协会（International Council of Museums，ICOM）对于博物馆的定义是世界各国对博物馆定义的重要参考，是不同博物馆定义的大框架。博物馆定义的修改也反映了博物馆发展对于博物馆定义新的诉求。国际博协继2007年修订博物馆定义之后，2016年在第24届米兰大会上启动的有关博物馆定义的第九次修订，并在2017年任命了一个名为"博物馆定义、前景和潜力"的常务委员会（ICOM Standing Committee for the Museum Definition，Prospects and Potentials，MDPP），以探索当前影响博物馆的社会趋势，并评估当前博物馆定义的持续相关性，期待并安排世界各国的专业人士和博物馆学家参与到此次定义的制定，预期是内容更符合世界博物馆发展趋势，涵盖更多层面的意义，满足世界不同博物馆对于定义的诉求。国际博协全球范围多次会议之后，在2019年9月ICOM京都大会上ICOM执委会并未从269个定义建议案中选出新定义草案来完成修订所需的法律程序，因此2019年国际博协修订的博物馆定义搁浅。国际博协并未停止该项工作，于2022年5月9日公布了博物馆定义的两个最终提案，这是由特别咨询委员会会议投票产生的，同年8月举行的国际博协布拉格大会中的特别全体大会上由会员代表进行最终表决。在此之前一直使用2007年的定义：

博物馆是一个不以营利为目的的、为社会和社会发展服务的、向公众开放的常设性机构。它为了教育、研究和欣赏之目的而获取、保存、研究、传播和展示人类及环境的物质的和非物质遗产。

自2016年以来，修订博物馆定义是国际博协的重要工作，受到全世界专业人士、博物馆学家、博物馆从业者和博物馆爱好者的注目，博物馆定义一直聚焦于现代博物馆的发展，世界多民族、各地区对于博物馆的诉求，以及对博物馆定义的诉求，那么最初的博物馆的属性对于现代博物馆有哪些影响呢？是不是有一些横亘不变的内涵一直在影响着、甚至是主导着博物馆一直以来的变化发展？

一、亚历山大博物院及其三大功能

公元前308年亚历山大帝国建立的亚历山大博物院（Mouseion of Alexandria）是世界第一所博物馆，建于希腊化时期（公元前330年至公元前30年），由德米特里乌斯（Demetrius）提倡并得到了托勒密一世支持。在几代统治者的支持下，亚历山大博物院很快成了希腊化时期的学术研究中心和高等教育中心。

亚历山大博物院的建立依靠的是政治背景，其藏品源于军事掠夺。亚历山大在建立欧亚非大帝国的征战中，一方面，建设了许多以自己名字命名的城市，其中公元前331年，在埃及修建的亚历山大里亚是由亚历山大亲自选址的"梦想之城"，是最重要的希腊化城市；另一方面凭借军事实力掠夺征战国家和地区的艺术品和古物，并交给著名学者也是其老师亚里士多德整理。不仅如此，亚历山大大帝还下令让猎人和渔夫将各种自然界渔猎所得物带给亚里士多德，一起研究用于讲学和教授知识。

由此亚里士多德效仿他的老师柏拉图于公元前335年在雅典创办哲学学校——逍遥派学校（Peripatetic School，又称为吕克昂Lykeion学院），该校包括一个专门为其而建的阿波罗神庙，点缀着植物、走廊和柱廊。逍遥派学校的知识和神庙影响了托勒密一世建立亚历山大里亚的规划。亚历山大帝国分裂后，其继任者之一马其顿王国的托勒密一世仍然是一位具有雄心壮志的政治家，其在与其他希腊化国家较量的情况下，为了彰显国家的政治实力和文化影响力。因而政治经济与文化建设传播两手抓，亚历山大博物院就是主要阵地之一。因此托勒密一世在亚历山大大帝的影响下于公元前290年左右在亚历山大里亚开始建立"亚历山大博物院（Mouseion of Alexandria）"。亚历山大博物院之所以是世界第一所博物馆，是因为它已经具备现代意义博物馆的三大基本功能。

首先是收藏功能。公元前2000年克里特岛米诺恩神庙里就发现了人类早期收藏艺术品的迹象，这些收藏的艺术品其实是一种祭祀品。在古希腊人们可以花一点钱在神庙观赏，这些艺术品满足了人们祭祀的需求，也满足了外来旅游者观赏的需求。当时这些艺术品的收藏工作与现代博物馆对于藏品的收藏工作有一定的相似之处：藏品的分类编目；为保护藏品的防护措施；裸展的艺术品会放进展示柜等。[①]

亚历山大博物院的藏品多是掠夺征战国家和地区的艺术品和古物，姑且称之为"战利品"，这三个字很明确说明了藏品来源和价值。由于是战争得来，藏品的征集途径相较于和平年代更显残酷，得到的代价是混杂着人类的鲜血。俗话说"无利不起早"，更何况是战争，所以藏品的价值远超于和平手段得来的，此外作为"战利品"的藏品在本来就不菲的价值上又赋予了新的含义：得来不易与当下的战争事件中胜利的见证物。藏品不仅是当下战争的见证物，更是当时统治者政治雄心、军事实力的证明，"眼见为实"，他国珍品进入亚历山大博物院，起到了物证的作用。客观意义上，亚历山大博物院也给这些具有极高价值的物品提供了一段时期的相对稳定安全的场所，起到了保护的功能。

亚历山大博物院不仅有上述战利品，还有动植物标本、档案及图书等藏品，因而建设有动植物园、档案馆、图书馆和收藏室。其中图书馆规模宏大，藏书量巨大，隶属于博物院。据13世纪的拜占庭修道士约翰·泽泽斯（John Tzetzes）从先前的政府当局所得的数据所载，图书馆共有42800卷书，而皇家图书馆共有49万卷书，其中有40万卷是混合类书卷，有9万是非混合类书卷。混合类书卷包括不止一部著作，非混合类书卷只是单本著作。[②]亚历山大博物院的相关史料有限，在收藏功能方面没有详尽的信息来进一步探究其藏品管理工作，不过从古希腊神庙收藏艺术品的传统来看，其藏品管理工作还是能起到整理和保护藏品的作用。

第二是研究功能。亚历山大博物院的研究功能其实远超于收藏功能，这个博物馆更接近一个研究中心，研究的对象不局限于藏品。哲学、文学等探讨已超过物品的研究，尤其是哲学。博物馆的研究功能是持续的，是一代代的博物馆专业人员通过自己的专业活动来维护博物馆客观实存的规制，并将博物馆所表征的知识构建策略让更广泛的民众所接受。[③]博物馆研究功能的核心是博物馆专业人员，对这个核心的重视在亚历山大博物院里已有体现，在博物院工作的学者要经过国王的批准，享有很多特权及优厚待遇，除了高薪俸禄，还有免除赋税和免费的食宿，这使在博

---

① 杰弗里·刘易斯，苑克健（译）：《藏品、收藏家和博物馆——世界博物馆发展纵览》，《中国博物馆》，1993年第1期，第73-88页。
② Theodore Vrettos: Alexandria: *City of the Western Mind*, New York: Free Press, 2001, p40.
③ 宋向光：《博物馆本性及特性析》，《博物院》，2021年第6期，第55页。

物院工作的学者们有了一定的政治地位和稳定的经济保障，吸引了世界各地的学者来此就职，或学习或研究。

博物院之所以能促成亚历山大里亚取代雅典成为文化中心的地位，根本在于其学术研究精神——兼容并包。亚历山大博物院吸引了世界各地的学者，抛开了种族偏见和地域歧视，聚在一起学习探讨。由于马其顿王国横跨亚非拉三大洲，希腊文化、古埃及文化、古印度文化以及波斯文化等在此汇聚，并没有产生巨大的冲突。跨越了宗教的束缚，在亚历山大博物院兼容并包的土壤上充分地进行文化融合和学术交流。宗教方面东西方诸神的融合，一方面把希腊的神和东方的神努力对应起来，使人们在观念上容易接受；另一方面，在希腊移民的宗教活动中融入东方宗教中的救赎思想和各种秘仪崇拜，于是便出现了融合东西方神灵特征的新神。[①] 兼容并包的学术精神也不是凭空产生，希腊人中有一些理想主义者认为希腊人的优越在于文化而不是种族，亚历山大大帝就是这种理想主义者的一员。因此亚历山大大帝在亚洲和非洲推行希腊化的时期，试图解决古代种族关系中最大的问题——种族优劣冲突，推行了种族平等化，这为未来三大洲东西方文化的交流和融合奠定了基础。

国家虽然规定研究方向和教育内容，学者们仍然可以根据自己的专业和兴趣以及国家的需求来进行研究和教学。在此基础上，不同国家地区、不同学科、不同的思想在博物院里交融碰撞，激荡出新的发现、新的思想，研究成果不断涌现：促进了东西方文化的交流；自然科学研究取得前所未有的进展，产生了欧几里得、阿基米德等伟大的科学家；文学上产生了目录学、校勘学等新学科，形成了文法体系；为东西方许多国家和地区培养了大批的学者。[②] 具体的成就就不一一列举了，总之，亚历山大博物院在学术研究上对世界的贡献是不可估量的，无论是深度、广度以及跨越时空，只有现代的大学才能在研究功能上媲美亚历山大博物院。德国史学家费迪南德·格雷格罗维乌斯（Ferdinand Gregorovius）写道："这一独一无二的机构在世界文明中传播的光辉比其他任何大学持续的时间都要长，无论是巴黎的大学，还是波隆那或帕多瓦的大学。在希腊天才们的创造力枯竭很久之后，广博的学问和希腊的诡辩术还能在亚历山大里亚博学园中找到。"[③]

第三是教育功能。在亚历山大博物院里，其教育功能是收藏和研究功能的衍生品，也是这座博物馆建立的目的之一。博物院设有专门的大厅陈列有关医学、天文

---

① 李金风：《论希腊化时代东西方文化交流与融合》，中央民族大学硕士论文，2011年，第11—12页。
② 耿乐乐：《解密古埃及亚历山大里亚博物馆——基于高等教育思想与组织制度视角》，《煤炭高等教育》，2016年第34卷第4期，第39-44页。
③ Theodore Vrettos：Alercrndria：*City of the Western Mind*，New York：Free Press，2001，p35.

学和文化艺术珍品；博物院中经常举行国王也会参与其中的专题报告和学术讲座。博物院的许多学者是教师或者学生的身份，年轻的学员也可做研究所助手。教育对象相对广泛，不局限于国家地区民族和宗教，也有其不广泛的方面，这与现代意义的博物馆有根本上的差别，是与国家的性质和时代有关系，其教育功能发挥的并不完全。

在亚历山大博物院的收藏、研究和教育三大功能的基础上，这所博物馆里凝聚了希腊化时期的文化精神，世界各地的学者带着自己国家地区的文化在此相聚，研究哲学、文学、艺术、科学等多学科，形成了亚历山大里亚学派。这个学派从广义上说是一个学术团体，从学科上来说是哲学上的新柏拉图学派、文学艺术上的考据学派、科学上的科学学派。亚历山大博物院为多学科发展提供了丰富的资源和稳定的外部环境，进而促进了希腊化时期的繁荣。

二、亚历山大博物院的"古典"意味

上述对亚历山大博物院功能的分析基本上符合 2007 年国际博协（ICOM）博物馆定义的部分内容："获取、保存、研究、传播和展示人类及环境的物质遗产。"只是在功能方面发展并不全面，更侧重研究功能。而关于博物馆的性质，亚历山大博物院更有其时代特色，并不具备现代意义的，而这个现代意义在博物馆的发展历程上显得尤为重要，是有决定性的意义，使博物馆的功能实现更有价值，受益者的范围扩大——公众，影响更为深远，这是博物馆人代际叠加努力的目标："博物馆是一个不以营利为目的的、为社会和社会发展服务的、向公众开放的常设性机构。它为了教育、研究和欣赏之目的。"至于现代博物馆的定义这一步的实现也是有一定争议的，并未完全实现，而最初的博物馆——亚历山大博物院的性质和建立的目的，有些在当代建立的博物馆仍然有着"古典"意味。

（一）"museum" 名称解析

博物馆的"古典"意味可以从博物馆"museum"沿用至今的名称说起。西方国家的博物馆 museum 一词源于希腊语 mouseion，即"缪斯的居所"。缪斯为古希腊罗马神话中的女神，是主管艺术、音乐、文学、史学等 9 位女神的总称，在奥林匹斯神系中的阿波罗设立为她们的首领。缪斯女神最初司职歌舞、演出，后转为诗词的庇护神，进而延伸为一切文理科学的保护神，甚至和竞技体育也有一定的联系。《简明不列颠百科全书》在"缪斯（司）"的词条下作了如下的解释：

在希腊宗教里，指同维奥蒂亚的皮埃里亚和赫利孔山有关的一群古老和来历不明的女神。起初她们大概是诗人的保护神，后来范围扩大到文艺和科学的各个领域。在荷马的《奥德赛》中，她们共有9人，没有具体名称。她们的区别始于赫西俄德。①缪斯神庙就是供奉缪斯女神的场所，缪斯女神在古希腊神话中掌管着文学、艺术与科学等，这与现代博物馆的部分内涵在某种程度上是相同的。早在公元前5世纪到4世纪之前，神庙和文学活动相关联，通常建立在举行丧葬仪式或举办文学活动的地方。②

博物馆的名称追根溯源是一处神的居所，在这个居所里居住着缪斯女神，这些女神是一些事物的代表和掌握者，是引领者也是权威，也代表着这些事物不同寻常，来源于普通人类但是要高于普通人类，具有一定的"神性"，是心灵和精神的引领、是自然与真理的崇拜。对于缪斯女神的崇拜和信仰是当时人们对于文学、艺术、科学等真理的追求极致，超越了想象，这些想象、崇拜以及超越想象的未知分化为缪斯女神，具象的神。而人类对于未知的探索是本能，对于未知的遐想和追求探索从古至今未曾停歇，神性来自人性的本能，且超越本能，而缪斯女神就是人性对于文学、艺术、科学等真理的追求极致的化身，而缪斯神庙就是人性与神性之间碰撞的空间，这些碰撞具体来看就是人们在缪斯神庙举办的各种活动和仪式以及一些收藏行为和教育行为，缪斯神庙不只是宗教场所，更是满足人们精神想象的场所。

古希腊的学校或者称为学院（Academy）都与缪斯神庙相联系。古希腊著名哲学家柏拉图（Plato）、毕达哥拉斯（Pythagoreans）都在他们讲学的学园（Academy）里设缪斯神庙，学习哲学意味着向缪斯奉献，从缪斯处获得灵感和启迪。希腊各地奴隶主贵族名门经常到缪斯神庙捐赠，有些缪斯神庙还拥有大量土地，租给农民耕种。③

人们对于文学、艺术、科学等真理的追求极致转化为物质就是人类早期的收藏品，这些物质一般具有文学、艺术、科学等价值。就缪斯神庙而言最早的收藏品应该是关于宗教信仰仪式的物品，承载人们的精神需求。同时缪斯神庙也是财富的聚集地，富有者向神庙的捐赠，土地租借获得的财富。以及战争献祭，征战凯旋的将军常向缪斯神庙献俘，罗马人从希腊人处继承了崇拜缪斯的传统，罗马将军弗尔

---

① 《简明不列颠百科全书》第6卷，"缪司"词条，中国大百科全书出版社1986年版，第19页。
② 池永梅：《公共博物馆在欧洲的起源》，厦门大学硕士论文，2018年，第8页。
③ 冯承柏：《论博物馆的起源》，《中国博物馆》，1988年第2期，第6—9页。

维阿斯（Fulvius）凯旋将上千尊铜像和大理石像献给缪斯神庙。缪斯神庙也逐渐成为古物、文稿、艺术品等具有文学、艺术、科学等价值的收藏场所。博物馆作为一个源自缪斯神庙的场所，其收藏功能仍然是其基础的功能，也是最原始的功能。博物馆在现代仍然承担着人类对于真理的极致追求，仍旧是艺术家的灵感和启迪的源泉，但不再是具体的宗教信仰的物质载体，其传播的内容是建立在现代科学研究之上的。

古希腊人认为，博物馆是一个凝思的地方、哲学研究机构或缪斯神庙。[①]希腊化时期建造的亚历山大博物院仍有博物馆的"古典"特征，其宗教特点也十分明显，亚历山大博物院仍然是献给缪斯的圣殿，具有开放性和神圣性，由国王任命的（罗马帝国时由凯撒）一名祭司主持博物院的事务，还负责监督博物院其他人精神上对缪斯的崇拜。这个"古典"特征充满着宗教意味，现代大部分博物馆已经几乎完全脱离了宗教管理和压迫，不过缪斯、缪斯神殿和相关的宗教意义和传说已经分化成种种元素进入人类潜意识中，贯穿人类历史的发展，这些元素存在于博物馆中并有所体现——博物馆仍旧是承担人类对于文学、艺术、科学等真理的极致追求的场所。人们一提到博物馆，潜意识里就会将博物馆与历史、古物、艺术品、科学、美等词汇相连接，隐隐透露出神秘感、神圣感、脱离日常生活层面的感觉。

（二）亚历山大博物院的位置和"希腊化"

亚历山大博物院的建造位置透露出的信息表明，它与现代博物馆在本质上大相径庭。古希腊地理学家和历史学家斯特拉博在其《地理学》一书中对这座博物馆有过简短描述："这座城市拥有最美丽的王宫，它们占据了整个城市外围四分之一甚至三分之一的面积。博物馆也是王宫的一部分，里面有一条公共通道，一个带座位的开敞式谈话间，还有一间大餐厅，博物馆里的学者可以在此共同用餐。这些人不仅共享财产，而且还有一位祭司负责管理整个博物馆。"[②]亚历山大博物院建造在王宫内，是宫殿的一部分，博物院的空间和位置也是一种表达。本文上述不少内容也可看出国王在这所博物馆里拥有绝对权力，博物馆的内容与性质是由当时的国王决定，国王英明好学则博物馆发展壮大，其理念更接近现代博物馆，当然其服务的对象主要是王室成员以及慕名而来的世界学者们。

---

① 转引自休·吉诺韦斯、玛丽·安妮·安德列编，陈建明主编：《博物馆起源：早期博物馆史和博物馆理念读本》，译林出版社，2014年版，第6页。
② 转引自休·吉诺韦斯、玛丽·安妮·安德列编，陈建明主编：《博物馆起源：早期博物馆史和博物馆理念读本》，第6页。

世界上有很多著名的博物馆都是以王宫作为博物馆承载主体而建立的。比如法国巴黎卢浮宫，俄罗斯圣彼得堡艾尔米塔什博物馆，[①]北京故宫博物院等。有些以王宫为载体的博物馆的开放都在特殊的时代背景下结合着政治和文化的特殊关系，这些博物馆的开放不仅是文化大事件，也是政治事件，意味着革命胜利——打破知识阶层限制，体现了现代博物馆的公共性和普适性。1792年，法国大革命推翻了波旁王朝的统治，议会宣布对卢浮宫的所有权，拿破仑时期从各地劫掠的法国皇室收藏得以公之于世。1793年巴黎卢浮宫（The Louvre）的开放。尽管卢浮宫在开放之初曾规定每10天中仅有3天对公众开放，公众的范畴也限定在绅士、贵族、体面人和公民之间，[②]在当时已经是博物馆的巨大变化了。

博物馆定义中博物馆是一个不以营利为目的的、为社会和社会发展服务的、向公众开放的常设性机构。显然亚历山大博物院不是一个向公众开放的机构，因为其建造的时期是处于奴隶制社会，国家是城邦制，城市拥有公民大会，拥有公民权的公民仅是少数特权人物，在亚历山大里亚还生活着大量没有公民权的希腊人、埃及人以及来自世界各地的人。博物院里的学者也属于特权阶层，国家给予了免费食宿、高额酬劳以及免除赋税。总而言之，就服务对象而言亚历山大博物院是一个为特权阶层服务的研究、教育、收藏机构。仍就服务对象而言，亚历山大博物院的服务对象的范围是有意识地在扩大，是满足统治者"希腊化"的政治扩张的重要阵地。

亚历山大大帝开启的"希腊化"征程是基于他的政治版图前所未有的扩张和对于希腊文化的狂热结合的政策：在欧亚非三大洲而且囊括众多民族的前所未有的世界性帝国中推广希腊语言，介绍各种希腊典籍，修造希腊式建筑，新建一系列希腊式城市等等。希腊化最明显的成就就是宗教的融合，这关乎信仰和文化、历史和传统，在希腊化城市中，神庙是东西方文化融合最明显的地方。神庙作为古代居民生活中必不可少的部分，无论在希腊还是在东方，都是城市生活的中心。所以，当崇拜不同神灵的人们聚集在一起的时候，都希望在神庙中供奉自己所崇拜的神灵、在神庙建筑上展现自身的文化特色。[③]

希腊文化的推广虽然没有跨越阶层，但是跨越了上层阶级种族隔阂，这是人类历史的一大进步。时至今日，人们在讨论亚历山大博物院的时候，基本上只有一种

[①]张琨：《博物馆起源及其理念》，《中国博物馆协会博物馆学专业委员会2018年"理念·实践——博物馆变迁"学术研讨会论文集》，中国博物馆协会博物馆学专业委员会，2018年4月，第46—49页。
[②]弗德利希·瓦达荷西著，曾于珍、林资杰、吴介祥等译：《博物馆学：德语系世界的观点》，五观艺术管理有限公司2005年，第116页。
[③]李金凤：《论希腊化时代东西方文化交流与融合》，中央民族大学硕士论文，2011年，第26页。

认定，借用一部被誉为"全球最具影响力的博物馆学入门概要"的书，美国人博寇（Georges Ellis Burcaw）的《博物馆业务导论》（Introduction to Museum Work）中对其的评述：埃及的亚历山大里亚博物馆（Museum of Alexandaria）在本质上就与今日的博物馆相似……学院包括一座汇藏博物馆各领域藏品的图书馆、天文观测台，以及其他相关研究与教育的设备。……事实上它也是第一座真正的博物馆。[①] 就现代博物馆定义而言，亚历山大博物院其实在根本上还有些不具备的因素，其在博物馆发展史上的象征意义更大一些，是人类历史在文化层面前所未有的进步。

三、亚历山大博物院与博物馆定义

自公元前5世纪亚历山大博物院毁灭于战火，博物馆的发展已有两千多年，从博物馆定义上来看博物馆与最初相比，涵盖的内容更加广泛。定义中的"为社会及其发展服务的、向公众开放的"定义了博物馆的受益者不再局限于权贵阶层，受益者在博物馆里不分阶层种族，是整个社会和公众，知识传播达到一视同仁、"天下大同"的程度，这是亚历山大博物院以及以后很长一段时期博物馆未能明确的界定，"为社会及其发展服务的"是1972年圣地亚哥的圆桌会议上提出并采用，是博物馆基于社会变革做出了调整，也显示出博物馆是要积极参与社会生活，促进社会发展，正确认识到了博物馆与社会的关系是受社会发展推动并促进其日益社会化，博物馆是要承担一定的社会责任，其次是明确了服务对象。时至今日，这个定义也是较为理想化而未能完全实现的，是博物馆人需要代际叠加奋斗的目标。"非营利性"是从法律和经济层面的界定，最早是由美国学者提出来的，可在美国有税收优惠，从根本上区别于其他商业或者文化机构。

"为了教育、研究和欣赏之目的而获取、保存、研究、传播和展示人类及环境的物质的和非物质遗产。"由于博物馆与社会关系的变化，博物馆存在的目的发生了变化。亚历山大博物院作为博物馆存在的第一目的是研究，是王宫的研究机构，教育和传播也是"希腊化"的目的。现代博物馆服务对象是全社会，逐渐参与到社会生活，教育在2007年在定义中排在了第一位，目的是让社会公众基于科学研究得出的知识增加对世界的了解和理解，在博物馆搭建起人、物、社会的桥梁。由于博物馆存在目的的变化，其收藏内容也相应改变——人类及环境的物质的和非物质遗产。现代博物馆的收藏不局限于古物和艺术品，那些明显具备三大价值的实物，

---

① 博寇（G.Ellis Burcaw），张誉腾等译：《博物馆这一行》，五观艺术管理有限公司2000年版，第40–41页。

不再是供给特权人士欣赏把玩的物件，已经超出物质范畴，而是见证人类历史发展的物质以及非物质，相较于亚历山大博物院，收藏原则已大为改变。藏品本身的发展以及社会对藏品的利用是一个渐进的过程，同时，在很大程度上，还受社会潮流和意识形态的制约。人们常把一个法人团体开始有意识地为造福于公众和社会而进行的文物和自然标本征集与收藏视为博物馆历史上的一个分界线和向当代博物馆发展迈出的具有重要意义的一步。①

四、总结

　　亚历山大博物院是献给缪斯女神的圣殿，后来成为古代世界学者们心中的文化圣殿。它延续并传播了希腊文化的光辉，是具有一定现代意义的博物馆，但不是真正的博物馆。什么是真正的博物馆，可从国际博协对于博物馆定义的变化看出，博物馆是不断变化发展的，博物馆存在的意义不是一成不变的。博物馆以及博物馆从业者、学者不再局限于象牙塔，从2019年国际博协最后候选的两个定义里可以看出，博物馆要通过其性质和功能，去促进世界的包容性和多样性，要积极参与社会生活推动社会发展，促进公众与社会的交流，在博物馆发展里没有"文艺复兴"。博物馆定义的发展是值得庆幸的，每一次定义的变化都会让博物馆从业者回顾博物馆发展的历程，每一次变化也说明了博物馆不断革新且离"古典"越来越远。虽然现实生活中，很多博物馆从业者仍保留博物馆的"古典"特质，须时时警醒。

　　　　　　　　　　　　　　　　杜若铭，北京考古遗址博物馆考古研究部，馆员

---

① 杰弗里·刘易斯，苑克健（译）：《藏品、收藏家和博物馆——世界博物馆发展纵览》，《中国博物馆》，1993年第1期，第73–88页。

北京市非国有博物馆可持续发展路径研究

陈美龄　陈　岑　汤皓晨

摘要

非国有博物馆是加强北京文化中心建设不可或缺的组成部分。近年来北京市非国有博物馆数量大幅度增加，但是非国有博物馆也面临着生存问题的挑战。笔者通过对政策法规的梳理、与相关政府部门的座谈和实地调研，从发展现状、国内外优秀案例、存在的问题和困难以及对策建议四个方面进行分析和阐述。并从完善政策法规、扩展资金来源渠道以及加强自身造血功能等方面提出对策建议。旨在推进非国有博物馆运营市场化，形成非国有博物馆可持续发展动力，力图为非国有博物馆寻求一条可持续发展的路径，助力推动全国文化中心的建设，丰富首都人民精神文化生活。

关键词

北京市；非国有；博物馆；发展路径

在 2015 年实行的《博物馆条例》中，这样阐述非国有博物馆的定义：利用或者主要利用非国有资产设立的博物馆为非国有博物馆。[1] 非国有博物馆也称民办博物馆、私立博物馆、民营博物馆、私人博物馆等。它有四个特征：一是政府部门及国有机构以外的社会力量兴办；二是利用民间收藏；三是取得民非法人资格；四是面向公众非营利。

2020 年 5 月北京市提出建设"博物馆之城"，2021 年 12 月北京市委宣传部、文物局等 6 部门联合印发了《北京市鼓励社会力量兴办博物馆的若干意见》，2022 年 9 月北京市文物局、财政局发布《北京市社会力量兴办博物馆专项资金管理办法（暂行）》，北京市非国有博物馆建设迎来了继 1996 年后的第二次高峰期。本篇文章作为 2022 年农工党北京市委立项课题——《北京市非国有博物馆可持续发展路径研究》的研究成果，有以下三个特点：

1. 政府职能、非国有博物馆需求双重考虑。本文的撰写人员具有政府工作背景，熟知相关政策法规及政策落地情况，从已经制定的政策法规、各部门职能职

---

[1] 国务院：《博物馆条例（国务院令第 659 号）》，2015 年。

权、非国有博物馆自身原因等方面剖析存在的问题，站在政府和非国有博物馆双重角度进行分析，提出切实可行、便于落地的对策建议。

2. 实地调研、面对面座谈。本文的撰写人员参与了政府组织的博物馆之城建设的相关调研工作，也单独组织了调研队伍对具有特色的非国有博物馆进行了调研，同时邀请了相关部门进行了座谈，听取了不同的声音，旨在不偏不倚地提出问题和建议。

3. 观点创新。本文从退出机制的建立、人才引进、志愿者招募、融合社区发展、活化利用闲置场所等方面提出意见，结合了当下的时代背景、政策法规以及群众需求。

一、北京市非国有博物馆发展现状及运营模式

（一）发展现状

当前我市非国有博物馆发展不均，良莠不齐。截至2021年底，我市共有备案博物馆204家，其中非国有博物馆45家，正常运行32家，长期未开放或已注销13家，近1/3的非国有博物馆难以为继。2021年，18家非国有博物馆免收门票，占一半以上，约有13家非国有博物馆可以正常纳税，绝大多数经营困难。

表 1　非国有博物馆占比情况

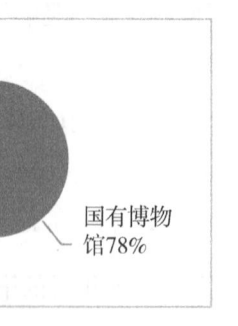

表 2　非国有博物馆运营情况

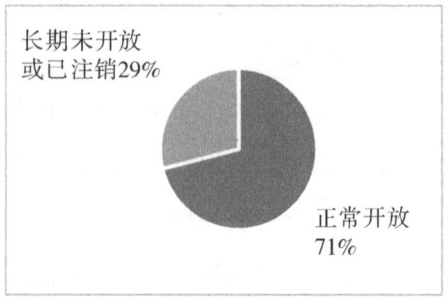

从门类上看，历史艺术文化方面的博物馆较多，约占比2/3以上，科学技术、体育和非遗特色较少。

从地区分布上看，朝阳区13家，通州区4家，昌平区3家，房山区3家，开发区1家，东城区3家，海淀区2家，西城区1家，延庆区1家，顺义区1家。多集中在朝阳区，分布不均。

表3 非国有博物馆分布情况

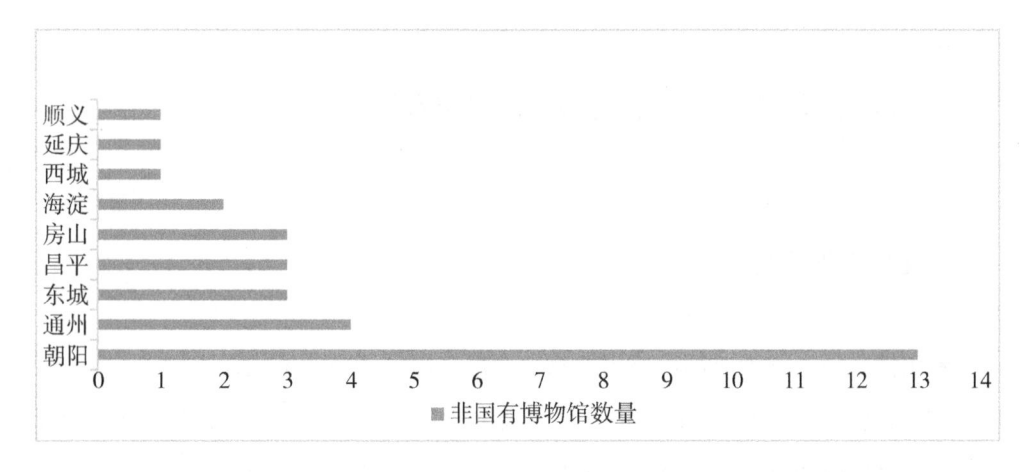

区域	非国有博物馆数量
朝阳	13
通州	4
东城	3
昌平	3
房山	3
海淀	2
西城	1
延庆	1
顺义	1

（二）运营模式

目前北京市非国有博物馆的运营模式大致分为四种：理事会和基金会结合模式、企业支持模式、个人出资模式、政府扶持模式。

1. 理事会与基金会结合模式。北京云汇网球木拍博物馆成立于2021年9月29日，实行理事会制度，以中国初保基金会为资金保障，目前免票，虽然支出大于收入，但因为有基金支持，在网站建设、社会教育活动、数字博物馆建设、志愿者服务、宣传推广上优于其他非国有博物馆。

2. 企业资金支持模式。北京中国紫檀博物馆是1999年由北京富华家具企业有限公司兴建投资2个亿，是目前中国首家规模最大、集收藏研究、陈列展示紫檀艺术、鉴赏中国传统古典家具的专题类民办博物馆，填补了中国博物馆界的一项空白。具有三个特点：国家交流多、支持资金多、取得荣誉多。

3. 个人出资模式。古陶文明博物馆于1996年在市文物局注册，1997年开馆，是首批非国有博物馆之一，是第一座陶的专题博物馆，由于没有稳定的资金来源支撑，近年来运行困难。

4. 政府合作模式。北京燕京八绝博物馆于2021年开馆运行，是一座在全国重点文物保护单位中设立的非遗主题博物馆，具有典型性和引导性，由政府提供场馆，收取少量的租金，同时在此举办相关活动。该馆主题文化活动丰富、推动与国外的交流合作，自身"造血"能力强，又得到政府的帮助，具有很大的发展潜力。

我市非国有博物馆虽然门类多样，但这些非国有博物馆大多缺少评级，知名的不多。同时又因各博物馆运营模式不同，资金来源匮乏，博物馆运营经济效益差异性明显，导致既有苦苦支撑的，也有疫情期间仍做到收支平衡的，同时也有发展活力强的。北京市非国有博物馆发展差距大，喜忧参半。

二、国内外非国有博物馆成功运营案例

（一）建川博物馆

建川博物馆全称为成都市建川博物馆聚落，由民营企业家樊建川创建，是一座地方综合性博物馆。截至2022年3月，该馆拥有藏品一千余万件，其中国家珍贵文物4790件，同时拥有33个主题陈列馆、广场和展览。建川博物馆的建成和开放有效带动和推进了安仁镇古街、公馆庄园、农业园区的开发利用，使安仁镇成为特色鲜明的文化旅游热点，成为国内目前唯一的"中国博物馆小镇"和全国首批"中国特色小镇"，探索出了一条"文博＋文旅＋文创"的创新融合发展路径，为当地城乡统筹、产镇融合做出了积极贡献。[①]

（二）大都会艺术博物馆

美国纽约大都会艺术博物馆是美国最大的艺术博物馆，位于美国纽约第五大道的82号大街，占地面积为13万平方米，收藏有300万件展品。[②] 该馆回顾了人类自身的文明史的发展，与我国北京的故宫、英国伦敦的大英博物馆、法国巴黎的卢浮宫、俄罗斯圣彼得堡的艾尔米塔什博物馆并称为世界五大博物馆。大都会艺术博物馆因是非国有博物馆，除了受到政府、个人和企业赞助外，还有来自基金会的支持，民间资本是支撑和推动其发展的主要资金来源。

三、存在问题和困难

（一）法律法规不够完善，相关细则少

自1996年北京市第一批非国有博物馆成立，至今已有26年，目前登记在册的

[①] 王煜：《建川博物馆：跨越坎坷，记录伟大》，《新民周刊》2020年8月。
[②] 张影：《奇妙之旅：博物馆的那些事儿》，《留学》2021年3月。

有45家，其中13家已停止运行，甚至已联系不到负责人。

国家文物局办公室、民政部办公厅于2020年印发的《关于进一步规范非国有博物馆备案登记管理工作的意见》，相关非国有博物馆的管理权责、登记注销程序及日常博物馆管理上有了国家级层面的管理意见。《博物馆条例》作为博物馆行业首部规范性文件，提到了"鼓励设立公益性基金"，但没有涉及具体捐赠优惠举措，缺少政策层面的积极引导和激励；[1] 以上均可作为制定政策的相关依据，北京市虽然有非国有博物馆管理的相关意见文件，但是出台的扶持和鼓励的政策法规较少，没有结合北京实际情况出台具体实施细则，尤其对于非国有博物馆藏品真伪以及非法集资等问题的政策法规仍需完善。

（二）部门联动未形成体系，形成单打独斗的局面

1. 互动不多，部门间没有形成合力。北京市虽然有多部门联合出台的文件，但是没有形成明显的工作合力。如非国有博物馆在备案和登记上，不仅要在民政部门取得民非法人资格，同时也要在文物部门进行备案，双备案的情况下，应在审批服务中更为优化，争取一站式一天办齐；在文旅融合发展上，仍需进一步加强合作。

2. 政策宣传力度不够。一些具有非遗特色非国有博物馆，抑或是老字号企业非国有博物馆，一般情况都向文物部门咨询，但是对于非遗政策、老字号补贴政策、招募志愿者等不归属文物部门，导致一些扶持政策无法申请。

（三）运营模式中社会效益与经济效益尚未统一

1. 部分运营者缺少经营思维。非国有博物馆运营具有公益属性，不以营利为目的，同时又享有很大程度运营上的自主权。对于非国有博物馆而言，更应思考的是如何通过专业化、市场化运营来保障博物馆经费来源。

目前从发展较好的非国有博物馆来看，比如观复博物馆、北京文旺阁木作博物馆、北京中国紫檀博物馆等，运营者都具有运营知识、个人魅力、重视社会教育以及与其他部门交流频繁等特点；但是如果不善运营，又没有企业或者其他资金作为后盾，则经营运转艰难。

2. 缺少专业化运营团队。在调研中了解到，非国有博物馆工作人员身兼多职，

---

[1] 祝笋：《非国有博物馆成功运营案例分析》，《福建文博》2018年3月。

无法专心钻研一项工作；人员的专业程度和业务能力有所不足，缺少专业化运营团队以及成熟的运营模式，比如社会教育活动研究、文创产品的开发、人才队伍的培养等等；很少有非国有博物馆秉承建设百年大馆的想法，缺乏对专业人才的培养和锻炼，眼光不够长远。

（四）非国有博物馆发展困难存在的共性问题

1. 志愿者缺乏。非国有博物馆日常支出中工作人员的工资占了很大一部分，所以往往一人多用，专业性不强。目前较少有文博志愿者加入非国有博物馆，而且部分运营者对招募相关志愿者重要性的认识也不足。

2. 社会教育活动思路不开阔。社教活动是保护和传播优秀的中华传统文化，大部分非国有博物馆开展的社教活动、联合活动较少，形式比较单一，没有形成特色品牌，通常仅根据本馆门类开展相关活动，变成专业技术的培训基地。

3. 资金缺乏，经费来源单一。目前非国有博物馆经费的主要来源有：门票收入、文创产品开发、研学活动等。对于这几项收入较少的博物馆来说，政府的扶持资金是他们非常迫切得到的，但是政府资金有限，对于博物馆可持续发展来说，只能作为一种补充资金。在疫情情况下，非国有博物馆资金缺乏的问题突出，即便是运营较好的博物馆，也勉强做到收支平衡。

四、对策建议

北京要打造全国文化中心、博物馆之城，作为首善之区，各项政策要有表率性、代表性、指向性，体现出首善标准、北京特色，所以要有"不破不立，不立不破"的勇气。

（一）完善政策法规，加强部门联动

1. 从争取税费减免入手，鼓励设置基金会。按照慈善组织相关规定，可以推进符合条件的非国有博物馆依法申请登记（认定）为慈善组织，鼓励设置相关领域基金会，接受社会和个人捐赠并享受相关税收优惠，进一步解决非国有博物馆的资金问题，对中华优秀传统文化的传播提供有力的可持续动力。

2. 开展联席会议，加强部门联动，做好政策保障。设置相关部门的联席会议，定期组织调研、政策讨论，共同举办活动，联手推介非国有博物馆。编辑含有行政审批、志愿者申请、非遗文化、老字号、财政税务等相关政策一本通，让非国有博物馆可以迅速了解并获得需要的帮扶政策。根据各区文化特色和实际情况，鼓励和指导各区制定引进和帮扶政策，如在馆舍提供、社教活动等对非国有博物馆的建设提供支持。

3. 从源头把关，对发展前景进行评估，出台退出政策。从非国有博物馆的发展状况来看，博物馆经营者的影响力对博物馆后续发展至关重要，所以在非国有博物馆申请时，应加入专业机构联合进行评估打分。对于意志不坚定、藏品类别大众化、运营队伍不专业、个人精力有限、财产权属认识不清的，不建议成立非国有博物馆。

4. 利用闲置场所解决馆舍问题。国家文物局日前印发《关于鼓励和支持社会力量参与文物建筑保护利用的意见》，其中明确，社会力量可利用文物建筑开设博物馆、陈列馆等公共文化场所。北京市应抓紧出台相应细则，鼓励各区在文物建筑、废旧厂房、地下空间中开设非国有博物馆的场所，并在租金上予以优惠，鼓励提供场所的单位与非国有博物馆在办会、举办活动等方面进行合作。

5. 加强国有博物馆对非国有博物馆的支持力度。目前国有博物馆与非国有博物馆合作较少，可以出台国有博物馆对非国有博物馆的帮扶政策，其中门类相似或相近的结成兄弟馆，在展览、社教、讲解、文创、研究等方面对非国有博物院进行帮扶，加强人员岗位交流、合作办展、专业技术培训、志愿者共享等，有助于非国有博物馆进一步在专业性角度上的提高。

6. 增加人才引进政策。非国有博物馆资金困难是共性问题，所以工作人员的薪资待遇比较低，建议从北京市人才引进、落户积分等方面给予一定的政策优惠。

（二）举办形式丰富的评选活动，增强荣誉感

对于一般非国有博物馆而言，符合国家一级、二级、三级博物馆的要求较为困难，可以设立北京市非国有博物馆自身的等级体系，并积极动员参评，评上星级的，颁发铭牌。

其次，非国有博物馆在场馆建设、藏品等级上无法与国有博物馆相比，但是可以做出小而精的展览，组织开展北京市非国有博物馆十大精品展评选，对被评选上的非国有博物馆展览进行大力宣传推介。

同时也可以推出非国有博物馆优秀社会教育活动、组织非国有博物馆讲解员

大赛、编写非国有博物馆优秀数字化案例等等，增强非国有博物馆的荣誉感和归属感。

（三）加强自身发展，扩展经费来源

1. 不建议全部推行免票政策。虽然免票政策惠及民生，但是对非国有博物馆而言，门票收入占比很大，只有做出好的展览和好的活动，观众才愿意为此买单，所以收取门票也是对自己的一种激励。再者，因为非国有博物馆人手不足，很多藏品是裸展或者是沉浸式体验，那么收取门票其实也是对观众的一种筛选，确保展品的安全。

2. 抱团发展，采取理事会+基金会的模式。积极推行建立理事会制度，让更多的专业人员和运营人才参与到非国有博物馆的管理和运营，立志做成百年博物馆。基金会是西方国家博物馆等非营利机构广泛采用的融资和管理模式，类别相似的非国有博物馆可以联合设立文化发展基金会，打造公益文化品牌。共同承接政府购买的公共文化服务，从单打独斗到抱团取暖。

3. 重视志愿者招募和管理。非国有博物馆的工作人员支出占资金总支出的很大一部分，志愿者是对资金缺乏、工作人员较少的馆舍的一种有效补充，应重视志愿者的招募工作，并为其进行分类管理，满足日常运营需求。

4. 变身社区博物馆，参与社区发展。中小型非国有博物馆的根本出路在于参与社区发展，关怀、关照社区的发展，自身的社会教育活动、展陈主题等可以围绕凝聚社区意识，利用社区的文化资源传播特色的博物馆文化，壮大自身发展和社区的文化传承动力。

5. 错峰开馆，争取观众规模最大化。因非国有博物馆的特殊性，在寒暑假、旅游旺季期间，尝试在周一开馆，周二闭馆；在夏季，尝试延长夜间营业时间，举办非国有博物馆仲夏夜，以此来吸引观众。

五、结语

近年来，北京市非国有博物馆数量增长较快，发展势头强劲，是建设"博物馆之城"、构建公共文化服务体系、加快建设文化强国的重要力量。但是我们不难看到，非国有博物馆发展各有特色，发展水平差距较大。虽然北京市的非国有博物馆自1996年第一批建立以来已有26年，但在发展过程中政策法规、部门协作和运营模式尚未形成成熟体系。资金缺乏问题是全国乃至全球非国有博物馆的共性问题，所以并不主张非国有博物馆主要依靠政府财政输血，而是要通过自上而下的政策法规完善、扩展资金来源渠道以及加强自身造血功能，持续推进非国有博物馆运营市场化，形成非国有博物馆可持续发展动力，为优秀传统文化传承、北京全国文化中心的建设提供重要力量。同时，因为非国有博物馆发展困境存在共性问题，也希望通过对北京市非国有博物馆的问题研究，为全国的非国有博物馆发展方向提供思路和方法。

陈美龄，中国共产党早期北京革命活动纪念馆编研陈列部，助理馆员
陈　岑，北京市文物局行政审批处，一级主任科员
汤皓晨，中国共产党早期北京革命活动纪念馆资料信息部，负责人

袁同礼的博物馆理念探析[①]

赵国香

摘要

袁同礼是我国著名的图书馆学家、目录学家,也是现代中国博物馆事业的开拓者。他的博物馆理念曾深刻影响中国博物馆事业的发展方向以及国立北平图书馆举办展览的实践活动。国立北平图书馆以展示馆藏、滋养学界以及启迪民智为目的举办展览的实践活动,为在中国国家图书馆内设立国家典籍博物馆奠定了基础,开拓了图博融合发展的新路径。

关键词

袁同礼;博物馆;图博发展

鸦片战争后,博物馆作为一种新事物被介绍到中国,它与当时传入中国的其他近代公共文化机构如图书馆、美术馆等一样,是参与近代中国社会变革的重要力量。随着博物馆的广泛建立,如何更好地发挥博物馆的职能成为近代学界关注的热点问题。在此期间,时人纷纷建言献策并付诸实践,其中最重要的人物之一即是袁同礼。

袁同礼(1895—1965),字守和,河北徐水人,我国著名的图书馆学家、博物馆学家和目录学家。曾担任国立北平图书馆馆长、故宫博物院图书馆馆长、中华图书馆协会主任、中国博物馆协会执行委员会委员等职务。早年留学美国四年之久,当时袁同礼便对国外的博物馆、图书馆多有留意。归国后袁同礼积极倡议在中国广设图书馆、博物馆;参与故宫博物院善本古籍的整理工作;号召学界同仁筹办中华图书馆协会与中国博物馆协会。袁同礼为我国的图书馆事业、博物馆事业做出了突出的贡献,以往研究多集中于其在图书馆事业方面的贡献,现就袁同礼在博物馆方面的思想理念做如下探析。

[①] 基金项目:本文系北京市社会科学基金项目——"近代北京博物馆与社会变迁研究(21LSC008)"、国家图书馆科研项目——"国家典籍博物馆智慧化服务体系研究(NLC-KY-2022-30)"阶段性研究成果。

一、留心关注国外博物馆事业

袁同礼从纽约州立图书馆专科学校毕业后，于1923年至1924年间在欧洲各国参观考察，在此期间他就留心注意国外博物馆、图书馆的发展。1934年春，袁同礼奉国民政府教育部派遣，代表中国参加在日内瓦举行的第十六届国际联盟国际合作委员会会议，整个行程历时10个月，途经英国、法国、德国、美国等二十余个国家，当地的博物馆给他留下了极深刻的印象。"本人此次路过各国，无论伦敦、巴黎、纽约或柏林，均有极大极充备之国立博物院，即小国中如瑞典、瑞士各地，亦有同样充备之组织。则其帮助科学上之一切研究尤显而易见。"① 在他的记述中，仅荷兰的考察报告里就数次提到当地的博物馆，Rotterdam市有两处博物院，美术博物院和人种博物院，其中人种博物院的职员在平日里都会身着大礼服，着装很正式；海牙最著名的博物院为Koninklijk Kabinet van Schilderijen，设在一座小湖的前方，风景十分优美；Leiden市有古物博物院，专收希腊罗马古物；Haarlem市最著名的博物院有两家：Frans Hals Museum 和 Teylers Stichtung，其中 Teylers Stichtung 是一座科学仪器博物馆；Amsterdam市的博物院Rijksmuuseum为欧洲著名博物院之一，主要收藏油画。② 西方不同类型的博物馆经由袁同礼被不断介绍到中国，拓展了国人的眼界，影响到中国不同类型博物馆的创设。

袁同礼出访国外，一方面是了解国际上各国文化事业的发展状况，另一方面则是积极地宣传中国文化。归国后，袁同礼在国立北平图书馆为其举办的欢迎茶会上，也谈到此行的目的："此行之计划，除考察世界各国之文化事业现况外，并拟将我国文化及图书馆事业之真实情形，传达与世界各国，使其相当了解。"③ 既要了解国外文化事业的发展状况，也要向世人展示中国的文化事业。为此袁同礼特意携带故宫博物院部分藏品的影片，在临行前接受采访时说："故余携故宫博物院所存之宋、元、明各代之书画影片，携带两箱出国。届时当在会议席上陈列或分赠友邦，以资宣扬吾国固有之文化"④。袁同礼代表中国出席在西班牙马德里召开的第三次国际博物馆会议时，公开展示这些藏品，吸引了众多观众的参观。在到达日内瓦

---

① 袁同礼．十年来国际图书馆博物馆发展概况．袁同礼文集[M]．北京：国家图书馆出版社，2010:69．
② 袁同礼．荷兰图书馆参观记[M]．袁同礼文集[M]．北京：国家图书馆出版社，2010:55-58．
③ 北平图书馆昨开茶会欢迎袁同礼：袁即席报告赴国外考察经过并略谈今后改进馆务之意见[N]．华北日报,1934-12-11(9)．
④ 负宣扬中国文化使命之袁同礼今晨出国考察——并出席国际博物院会议 携带历代书画影片赠友邦[N]．京报,1934-2-23(7)．

后，袁同礼与日内瓦中国国际图书馆①馆长胡天石②联系，商讨举办"故宫古物展览会"。经多次磋商，此展览得以在国际联盟文化合作委员会的会议期间举办，当时袁同礼、胡天石等还邀请了各国代表及国际联盟行政院秘书长等参观展览，此展览获得了极高地好评。

袁同礼有感于国外博物馆收藏中国文物之多，"历年出口文物，虽无确切统计，然试涉足欧美各大博物馆及古玩商店，吾国文物琳琅满目，几不暇睹"③，因此考察期间他对所见各国的中国文物多加搜集整理，并影印、拍照，制作成册带回国内，他还对私人收藏的中国珍贵古籍善本进行搜购，也一并带回国内。袁同礼还"收集欧美各国博物院像片二千余张，及各个博物馆报告出版物等四百余种"。④考察结束后，袁同礼将这些资料带回中国，在北京、上海举办了"欧美博物馆展览"，这些展览中"凡世界各国著名博物馆之外景、内景以及代表陈列品，皆有照片图画，详为表现，使观览者可以领略现时代各国博物事业发达之概念与认识各国博物馆收藏之宏富。盖于数小时中，不啻环游世界"⑤。这一展览不仅有助于国人了解世界各国博物馆的发展状况，最为重要的意义在于，展览有助于警示国人保护好本国的文物古迹、历史文化，防止文物流散。

1934年10月，袁同礼被推举为1935年伦敦中国艺术国际展览会筹备会委员，参与筹备工作。在他的积极努力及号召下，故宫博物院、北平历史博物馆、古物陈列所等博物馆的很多珍贵藏品得以走出国门，向世界展示中国国粹，弘扬中华文化。同年12月10日，袁同礼结束欧美考察，归国后的第二天便在北平图书馆举行了《欧游经过及观感》的演讲，言及"本人此次并代表参加国联10月28日在西班牙京城马德里召集之国际博物院会议，参加者30余国，对于博物院管理之方法等，皆有详细决定。再本人在各国考察，认为我国出洋学习各种科学者甚多，然对于管理博物院及管理档案等项学识，并无人研究，以我国之博大，博物院之设备，非特不及他人，且犹无人重视，实为憾事，至外国档案管理方法之良好，尤为我国所急应注意者也"⑥。从中可见，袁同礼十分重视对博物馆学人才的培养，提出了加强博物馆学人才培养的设想，此后他还推荐大批青年赴美国、加拿大、法国等地学习博物馆学、图书馆学，如严文郁、王重民、向达、钱存训等；1935年初，袁同

---

① 中国国际图书馆，1933年成立于瑞士日内瓦，由李石曾、吴稚晖、法国的赫理欧（曾担任法国内阁总理和外交部部长）、德国的倍开尔（曾担任德国普鲁士教育部长）等联合发起，主要职责是向世界介绍中国文化，便于世界了解中国以及开展国际学术文化交流。
② 胡天石，日内瓦中国国际图书馆馆长，为中西文化的交流与传播做出过巨大贡献，被称作"编外外交官"。
③ 袁同礼．我国艺术品流落欧美之情况[J]．滕固．教育部第二次全国美术展览会专刊．北京：教育部第二次全国美术展览会筹备委员会，1937:131.
④ 中国博物馆协会成立[J]．时事月报，1935(1):4-5.
⑤ 市博物馆举行各国博物馆展览会[N]．申报，1937-2-6(12).
⑥ 袁同礼报告[N]．益世报（天津），1934-12-11(8).

礼在北洋工学院发表演讲《十年来国际图书馆博物院发展概况》，11月20日在辅仁大学发表题为《十年来欧美文化事业之进展》的演讲，皆介绍欧美博物馆等文化事业的发展状况，并与中国的博物馆进行对比分析，欧美博物馆"每日均有功课，如谓美术史，各小学生亦可往博物院受教，并实地参观与考察，故欧美博物院已非看古董机关。我国之博物院纯为看古董机关，较之欧美博物院之管理与陈列，实相差百年"①。在演讲中，他叹息道："中国博物院尚未走上轨道，关于管理及搜集均无研究，与国际较相差尚远，今后自然希望勤加研究，急起直追"②，对中国博物馆事业的发展提出了期盼：要加强博物馆的学术研究。同时袁同礼强调，"现代博物馆之收藏，实为包罗万象，无论中外新旧，无论科学工艺、标本实物，以及历史文化之古物，皆宜博集广求，考订说明，以供民众之观摩。"③他还谈到博物馆诞生的原因，即"（古物）由私有制度而化为公开展览，由私化公，是为博物院产生之萌芽。"④袁同礼向国内积极宣传国外图书馆、博物馆的发展状况、运行模式及博物馆学知识，为国内博物馆事业的发展提供了很好的参照，使得近代中国博物馆的创设一开始就具备了国际视野。

二、首倡创办中国博物馆协会

1935年袁同礼代表中国出席国际博物馆协会年会，归国后，即开始联络各学术机关及团体，筹备创设"中国博物馆协会"。袁同礼说："国际联盟组织之国际博物馆协会去年开会，各国均有协会，惟中国无此组织，实深惭愧。"⑤中国博物馆协会筹备之时，袁同礼力邀博物馆界、图书馆界以及各学术团体的人士参与，其中著名画家、美术教育家刘海粟就是其中之一。刘海粟在倡导中华文化方面不遗余力，在欧洲求学、办展期间，经常考察当地的博物馆，对国外博物馆的发展状况十分了解，故而袁同礼力邀刘海粟参与筹备中国博物馆协会。刘海粟在给袁同礼的回信中，热切肯定了他的倡议，并答应参与到博物馆协会的筹备中。他说："吾国文献艺术实为民族之精英，世界之瑰宝，外国学者得一鳞一片珍如拱璧，穷年累月以研究，而国人反泛然视之，历年毁损及窃运外国，损失滋巨，亟宜集中做科学的保存与管理。海粟二二年冬赴欧，在各国展画之余，复从事于博物馆考察，欧洲各邦

---

① 袁同礼.十年来欧美文化事业之进展[J].磐石杂志,1935(2):116.
② 袁同礼.袁同礼文集[M].北京：国家图书馆出版社,2010:69.
③ 对于中华图书馆协会、中国博物馆协会联合年会的希望[N].青岛时报,1936-7-21.
④ 袁同礼.十年来国际图书馆博物院发展概况[J].天津市市立通俗图书馆月刊,1935(7):21-22.
⑤ 中国博物馆协会成立[N].申报,1935-5-30(13).

通都大邑乡僻城市，莫不有博物馆之设立。"①刘海粟之所以支持袁同礼创办中国博物馆协会，是因为他看到了国外博物馆的发展状况，痛惜本国文物流散，以及对于建立博物馆以保存古物形式的认可，刘海粟后来成为中国博物馆协会的主要发起人之一。

1935年5月18日，中国博物馆协会在北平正式成立。在成立大会上，袁同礼发表演说，指出目前中国文物流失现象严重，他认为文物资料流失的主要原因是中国人自己不整理，不加以研究。故而倡议成立中国博物馆协会，促进文物资料以及博物馆学的研究，加快博物馆的建设。希望全国各地博物馆之间、甚至各国博物院之间能互相联系，搜集、交换动植物标本，提议在中国建立自然科学类博物馆。②袁同礼对于搜集交换标本的建议，缘于在欧美考察时当地自然科学类博物馆给他留下的深刻印象。有别于传统的历史文化类藏品，袁同礼开始将藏品内容延伸到自然科学类，从而推动了自然科学类博物馆的创设。值得肯定的是，"袁同礼丰富的学术团体组织和领导经验，对中国博物馆协会的筹组贡献极大"③。

中国博物馆协会成立当天，袁同礼还组织与会人员参观由国立北平图书馆在北海团城举办的"欧美博物馆展览会"，"北海团城举办外国展览，有自然史博物馆、专门博物馆、工艺美术博物馆、名人故里、博物馆建筑及陈列、刊物以及流落外国的中国古物等等照片、明信片，展品凡二千余件，都是他（袁同礼）在国外搜集而交给北图的。"④中国博物馆协会成立后，创办了《中国博物馆协会会报》，袁同礼担任主编，后由于工作繁忙，从第二卷开始，他将这项工作交由傅振伦与杨殿珣代编。《中国博物馆协会会报》是近代各文博机构交流、互动的重要学术平台。

按照《中国博物馆协会组织大纲》的规定："本会每年开会一次，其地点及会期由前一年会议决定之；但遇必要时开临时会。"所以，中国博物馆协会成立的第二年，即1936年7月19日至24日，中国博物馆协会首次年会在青岛的山东大学如期举行。此次年会是与中华图书馆协会联合举办，联合举办年会的原因，一来是袁同礼的倡议，袁同礼是中国博物馆协会执行委员会的委员，也是中华图书馆协会的负责人。他的身份、地位与声望是促成两协会联合举办年会的一大原因。另一原因便是出于经费短缺的考虑，中国博物馆协会的经费主要来自会员的会费以及捐赠费用，没有固定性的大额经费，这对于初生的学术团体来说，必然导致其运行与发展的艰难。迫于博物馆协会经费紧张，时任故宫博物院图书馆馆长的袁同礼还将自

---

① 中国博物馆协会推聘刘海粟为发起人[N].申报,1935-7-13(15).
② 重熙.中国博物馆协会成立记[J].科学思潮,1935(5):744.
③ 吴昌稳.民国时期的中国博物馆协会与中国博物馆学（1935-1949）[M].北京：文物出版社,2018:100.
④ 傅振伦.近百年博物馆事业先辈的事迹[J].中国博物馆,1992(1):28、41.

己在故宫博物院的薪酬全部捐出,"(袁同礼)在故宫月薪300元,及1935年中国博物馆协会成立,按月全部捐献协会作为博物馆学奖学金"[①]。当时中国博物馆协会刚成立1年,要承办如此大规模的年会,难免有困难。而中华图书馆协会则有中华教育文化基金董事会(简称"中基会")等的资助,经费相对充裕,有开展年会的经验。第三个原因则要从博物馆、图书馆事业的未来发展分析,图书馆与博物馆都是在近代由西方传入中国,属于文化、教育服务机构。近代以来,中国的图书馆事业较之博物馆事业发展的好,两个文化机构的同仁在一起举办年会有助于互通有无,在加快博物馆事业发展的同时,也有助于积极探索图博融合发展的新路径。

中华图书馆协会于1925年6月2日在上海成立,总部设在了北京,比中国博物馆协会早了10年,袁同礼曾担任理事长一职。中华图书馆协会"以研究图书馆学术,发展图书馆事业,并谋图书馆界之协助"为宗旨。这一宗旨与中国博物馆协会"以研究博物馆学术,发展博物馆事业,并谋博物馆之互助"的宗旨,在发展我国文化事业方面,有着共同的奋斗目标,这也凸显了图书馆与博物馆之间的关联。经批准,1928年中华图书馆协会在教育部正式备案。中华图书馆协会的经费除会员会费及捐助费用外,当时还申请到了段祺瑞临时政府5000元的经费补助,此外还有中基会的拨款。中基会曾资助过故宫博物院、国立北平天然博物院、国立北平图书馆等机构,对中国文化事业的发展做出了贡献。

在中国博物馆协会与中华图书馆协会联合举办的首次年会上,袁同礼提交了五项提案:请在英庚款留学名额及清华公费金名额内设立博物馆学考古学艺术史专科以宏造就案;各博物馆应编印周年报告案;请教育部设立西北及西南博物馆,搜集边防资料以资宣扬文化案;请政府命令奖励收藏家及捐赠艺术品于国家者特殊奖励案。[②]袁同礼对于中国博物馆的建设与发展、文物的搜求与保护、人才的培养等都十分关注。即便今天看来,这些提案对于博物馆事业的发展也依然具有指导意义。

十分遗憾的是,因抗战爆发,在中国博物馆协会年会上提交的各项议案都未能实施,对此袁同礼怀有深深的遗憾:"民二十五年夏间,中国博物馆协会在青岛举行第一次年会,曾有呈请教育部迅即设置博物馆人员养成所之专案通过,惟厥后国难日亟,国家余力,乃不及此。"[③]从中可知,稳定的社会环境才是一个国家发展文化、教育事业的最好保障。

---

① 傅振伦.近百年博物馆事业先辈的事迹[J].中国博物馆,1992(1):28.
② 袁同礼.博物馆图书馆联合年会[J].科学思潮,1926(8):694.
③ 袁同礼.抗战期中我国博物馆之动态与前途[J].中国博物馆协会会报.复刊(1).

1946年11月联合国国际博物馆协会[①]在法国正式成立。1947年2月，联合国国际博物馆协会邀请中国博物馆专家参与筹备"国际博物馆协会中国委员会"，同年10月委员会成立，负责人之一即有袁同礼。[②] 袁同礼的博物馆理念不仅获得了国内同仁的认可，在国际上也具有一定的影响力。

三、开拓图博融合的新路径

袁同礼从1926年至1949年在国立北平图书馆工作，历任图书部主任、副馆长、馆长等职。这段时期北平图书馆事业蓬勃发展，文津街新馆舍建成，藏书量不断增长，外文书籍种类丰富，与欧美多个国家开展了馆员互换、交互图书等业务。为宣传图书馆文献、展现馆藏，推进文献的利用，1929年北平图书馆成立"国立北平图书馆金石部"，工作之一便是负责展览策划。在袁同礼[③]的主持下，北平图书馆积极筹划各项展览活动。据统计，在1929年至1936年期间，国立北平图书馆共举办了14场展览，分别是：1929年图书展览会、西夏文书及佛像展览会；1930年图书展览会；1931年水灾筹赈图书展览会；1933年舆图版画展览会、现代德国印刷展览会；1934年戏曲音乐展览会、闽县何氏赠品展览会；1935年现代美国印刷展览会、欧美博物馆设备及建筑展览会、水灾展览会、英国印刷展览会；1936年图书馆用品展览会、科学仪器照片展览会等。北平图书馆的展览按照展览目的和内容可分为两类，一类是新书展览，如"图书展览会""西夏文书及佛像展览会"等；另一类是专题展览，如"舆图版画展览会""现代德国印刷展览会""戏曲音乐展览会"等。北平图书馆的展览主要有三大特点：一是借展。在"水灾筹赈展""戏曲音乐展""舆图版画展"等展览中，北平图书馆向其他单位及个人借展的文献数量均很多。二是关注并推广最新科学技术。如推介欧美最新印刷技术的展览便有3个。三是关注社会公益事业。通过举办展览为灾区募捐钱款。[④] 作为一座图书馆，国立北平图书馆能够在近代时期举办如此之多且类型多样的展览，实属难得。

国立北平图书馆是中国国家图书馆的前身，筹备于1909年的晚清时期，原名京师图书馆，北洋政府时便有举办展览的传统，到国民政府时期举办展览则更为寻

---

① 联合国国际博物馆协会，成立于1946年11月，由美国博物馆协会会长C·J·哈姆林倡议创立，总部设在法国巴黎联合国教科文组织内。
② 联合国博物馆协会中国委员会[J]. 科学,1947,29(12):375.
③ 当时国立北平图书馆的馆长是蔡元培，袁同礼任副馆长，因蔡元培工作事务众多，北平图书馆的实际掌管人为袁同礼。
④ 王致翔. 国家图书馆早期（1929–1936）举办的文献展览[J]. 国家图书馆学刊,2005(2): 80–81.

常，在图书馆里举办展览的传统一直延续至今。以往图书馆的展览主要是在馆内的某一临时区域举办，由于并非正式展厅，不论是对展品的保存、还是观众的观展效果都有一定影响。中华人民共和国成立后，国立北京图书馆数次改名，于1998年12月正式更名为"中国国家图书馆"，随着国家图书馆举办展览的影响力不断扩大，以及社会各界对于各类型博物馆需求的增长，经中央机构编制委员会办公室批准，2012年中央在国家图书馆正式设立国家典籍博物馆，这是国内首家典籍博物馆，也是世界同类博物馆中面积较大、藏品较丰富、代表性展品较多的博物馆。正是国家图书馆历史上不断举办展览的经验积累，社会大众对各类型博物馆的需求，以及图书馆、博物馆事业融合发展的需要，才促成了国家典籍博物馆的诞生，从而带动了全国图书馆内创办博物馆的热潮，以图博融合的新形式更好地服务于观众，为图博事业的发展开拓新的路径。而这与民国时期袁同礼高瞻远瞩的图书馆、博物馆融合发展的理念是密不可分的。

图书馆与博物馆自近代一同传入中国，同属文化教育机构，在推动近代中国文化事业发展方面发挥过重要作用。针对二者的关系，李石曾早在1936年中国博物馆协会首次年会上发表演讲时，即阐明图书馆、博物馆在现代文化教育工作中的重要意义，并以"图书是文字的博物，博物是实物的图书"，来说明图书馆与博物馆的关系。袁同礼在《十年来国际图书馆博物院发展概况——在北洋工学院之演讲》中也提到了图书馆与博物馆的关系，"外国学术界在近世纪以来，一切事业莫不与上述两机关（图书馆、博物馆）有直接影响，而同时各方面又能打成一片，互相合作，遂能促成一般之进步"[1]。图书馆与博物馆之间互相合作有助于社会各项文化事业的发展。在演讲中，袁同礼还感慨"图书馆及博物院在现代国际间已成为普遍民众化，由此乃影响各种学术之发展"[2]，指出图书馆、博物馆事业对于学术发展的重要影响。

四、结语

袁同礼的一生都致力于中国图书馆、博物馆事业的发展，为中国培养了大量图书馆、博物馆方面的专业人才。他赴国外考察之际，事事关心国外的图书馆、博物馆事业，同时积极宣传中华文化，让世界了解中国。归国后感慨于国内没有一个学术组织能够领导中国的博物馆事业，于是多方联络各界学者，号召组织中国博物

---

[1] 袁同礼. 袁同礼文集[M]. 北京：国家图书馆出版社，2010: 67.
[2] 袁同礼. 袁同礼文集[M]. 北京：国家图书馆出版社，2010: 69.

协会，并积极促成中国博物馆协会首届年会的举办。身为国立北平图书馆的馆长，袁同礼大力筹办展览展示北平图书馆馆藏、宣传国外的最新印刷技术、参与社会救助，为后来中国国家图书馆举办展览打下了坚实的基础，也为后来国家典籍博物馆的成立积累了丰富的早期办展经验。可以说袁同礼为中国的图书馆、博物馆事业做出了重要贡献，开拓了图博融合发展的新路径。

赵国香，中国国家图书馆展览部，副研究馆员

科举制度及文化研究

流连方寸间
——压胜钱上的科举、仕途民俗

闫　芳

摘要

科举制度在中国两千多年封建社会中，对中国以至东亚、世界都产生了深远的影响。隋唐以后中国的社会结构、政治制度、教育、人文思想，都受科举的影响，形成的科举文化是中华民族重要的文化遗产，也因此而产生了与科举密切相关的民俗习惯。人们将美好的愿景寄托在压胜钱上，让无形的期盼落到实处，科举、仕途压胜钱成为科举文化的重要载体。

关键词

压胜钱；科举；仕途；民俗

中国古代货币分为两大类：一类是正用品，具备货币的职能；一类是非正用品，铸造成货币的形制，却不具备货币的职能，即压胜钱。一枚小小的压胜钱，于方寸之间，以特殊的纹饰和文字彰显了深厚的中国传统文化内涵，为研究、考证彼时社会的政治、经济、文化、宗教及民风民俗等方面提供了丰富的实物依据，有着重要的地位和价值。

一、压胜钱与科举、仕途压胜钱

"压胜"，古代方士的一种方术，谓能以符箓制服人或物，有倾覆、适合、抑制、堵塞、掩藏、压制的意思，即压制邪魔，对禁忌事物的克制方法。压胜钱实际上就是人们根据厌胜法的本义，为驱灾辟邪、祈福纳吉而制造的一种装饰物，供馈赠、佩带、赏玩、镇宅之用，厌服邪魅、求取平安吉祥。

压胜钱是非正式行用的钱币，铸造成货币的形制，却没有货币的职能，伴随着中国古代货币的发展而产生。压胜钱最早起源于西汉，此后在继承古代金属铸币形制的同时，又有创新和发展，品类不断增加和丰富，日益贴近人们的世俗生活。

压胜钱的种类繁多，表现内容从平安吉祥到趣味谜题、从人生礼仪到科举仕途、从驱邪纳吉到神话传说、从佛教经文到道教咒符、从奇珍异兽到花草树木、从亭台楼阁到儒家思想、从历史事件到雅玩行乐……压胜钱的表现内容几乎涵盖了世俗生活的各个方面，内容丰富多彩。压胜钱经过两千多年的广泛使用，作为研究中国传统民俗的实物资料，其独特的价值已在学术界受到越来越多的关注。按照压胜钱的形制划分，可以分为圆形品和异形品。按照压胜钱的制作工艺划分，可以分为镂空品和实体品。镂空品压胜钱始铸于汉代，形制以圆穿圆孔形为主，铸工十分精美，纹饰变化丰富多彩，玲珑剔透，极具观赏性，又称"通花钱""玲珑钱"，分为动物类镂空钱、人物类镂空钱、植物类镂空钱，再现了当时社会渔猎、耕作等生活场景和人们的审美情趣。实体品分为钱文品、吉语品、生肖品、打马格品、神仙佛道品、异形品。吉语品压胜钱种类繁多，按照其所呈现的内容又可以分为：祝寿类，如福寿康宁、延年益寿等；仕途类，如万里封侯、指日高升等；科举类，如状元及第、探花及第、五子登科等；生意类，如日入斗斤、黄金万两、招财进宝等；愿望与赞美类，如川流不息、龙凤呈祥等；撒帐类，如风花雪月、子孙满堂等。这些吉语展现了历代人民的信仰崇拜，对自身命运的探索，及对美好愿景、更好生活的追求。

其中，科举、仕途压胜钱在现今也为人们所喜爱，用于对学子的祝贺，表达人们美好的希冀。高考之于当代，是人生的一道重要关口，我们仍不能低估其重要地位。每年高考前的励志推文也是扑面而来，不同的时代有不同的励志方式，科举取士的时代各种励志的压胜钱就应运而生了。

二、科举制度与压胜钱上的科举文化

中国古代的科举制度最早起自于隋朝，分科取士，是隋朝以后各代选拔文武官吏及后备人员的制度。从隋朝大业元年（605年）开始实行，经过唐宋元明历朝，到清朝光绪三十一年（1905年）举行最后一科进士考试为止，科举制在中国实行了1300年，影响深远。中小地主阶级和平民百姓将科举入仕看成公平竞争的平台、机会和条件，使大批地位低下和出身寒微的优秀人才脱颖而出，如：宋初名相吕蒙、宰相范仲淹、南宋状元文天祥、嘉庆帝师王杰、清末最后一名状元刘春霖等。隋唐以后，几乎每一位读书人都有过科举生涯，产生出700多名状元，近11万名进士，数百万名举人。作为人生四大喜事之一的"金榜题名"，在古代无疑成为众多寒门学子改变命运的唯一途径。

科举制度在中国两千多年封建社会中，对中国以至东亚、世界都产生了深远的影响。隋唐以后中国的社会结构、政治制度、教育、人文思想，都受科举的影响，形成的科举文化是中华民族重要的文化遗产。人们将美好的愿景寄托在压胜钱上，让无形的期盼落到实处，科举、仕途压胜钱成为科举文化的重要载体。

"魁星点斗""独占鳌头"是科举时代人们对高中者的代称，魁星被附会成主管文运之神，鳌头是第一的意思。"状元及第""连中三元"也是科举时代人们最喜欢用的吉语，而高中后又不免"加官晋爵"，甚至"一品当朝"。这些都在科举、仕途压胜钱上有所反映。

"状元及第"钱，清代，出自云南。面"状元及第"四字及八卦图，背龙凤，文字硬挺，笔画棱角分明，构图饱满，铜色金黄。科举考试以名列第一称元，乡试第一为解元，会试第一为会元，殿试第一称状元。"状元"制度起于唐代。《明史·选举志》云："一甲止三人，曰状元、榜眼、探花、赐进士及第。""及第"指科举考试应试中选，因榜上题名有甲乙次第，故名。隋唐只用于考中进士，明清殿试之一甲三名称赐进士及第，分别有状元及第、榜眼及第、探花及第的称谓。明清时期，"状元及第"象征功名和高官厚禄，旧有"天上麒麟子，人间状元郎"之誉，因此，状元及第这个吉语有很好的口彩，盛行于明清。

"探花及第"钱，清代，贵炉。面"探花及第"四字，背福在眼前，文字风格较软，图案为粗线条，不注重细部刻画，铜色较暗。到了明清时期，科举制度已经确立分为童试—乡试—会试—殿试四级。童试是明清两代取得生员资格的入学考试，包括县试、府试、院试三阶段。院试是童试的最后阶段。院试录取者即可进入所在地府、州、县学，也才能取得参加正式科举考试的资格。院试未考中前叫"童生""童子"，考中后称"生员""秀才"。乡试每三年考一次，由各地州、府主持考试，一般在八月举行，故又称"秋闱"。参考者为秀才，及格者称为举人，第一名称解元。会试时间是在乡试的第二年春天，又称春试或春闱。会试由礼部主持，考试地点在京城礼部官衙，考中后称"贡士"，第一名称"会元"。贡士才有参加殿试的资格。殿试由皇帝主持，分三甲录取，考中后称为进士。一甲赐进士及第，二甲赐进士出身，三甲赐同进士出身。

"连中三元"钱，清代，正面为楷书"连中三元"四字，钱文俊美，背面图案为魁星点斗、独占鳌头。同一个考生在乡试、会试、殿试中连续考取第一名，也就是连续夺得解元、会元、状元，被称为"连中三元"。在科考中，竞争相当激烈，能够金榜题名，已非易事，能连中三元者更是少之又少。因此，"连中三元"是读书人梦寐以求的事情，对参加科举的读书人而言是最吉祥的祝福，是人们的一种美好愿景。历史上荣获"连中三元"殊荣的只有17人，文三元：唐代的张又新、崔元翰，宋代的孙何、王曾、宋庠、杨寘、冯京、王岩叟，金代的孟宗献，元代的王宗哲，明代的商辂、黄观，清代的钱棨、戴衢亨、陈继昌；武三元：明代的王名世、清代的王玉璧。

一品当朝背麒麟送子挂花钱，清代，苏炉。此钱大且厚重，砂型细密、地章平整、字口深峻。自三国魏以后，官分九品，最高为一品。古人认为仙鹤端庄高贵，举止有度，象征着清高孤傲、气概超凡，被誉为"鸟中一品"，正一品、从一品文官补服标识为仙鹤，以仙鹤代指一品文官。麒麟是古代传说中的仁兽，鹿身，牛尾，马蹄，头上一角，全身披鳞甲。正一品、从一品武官补服标识为麒麟，以麒麟代指一品武官。晋代王嘉在《拾遗记》中记述：夫子未生时，有麟吐玉书于阙里人家，文云："水精之子，系衰周而素王。"[1]因此，世传孔子为麒麟儿。后民间遂以麒麟为送子使者，寓意孩子像麒麟一样高贵，长大后成为文臣武将、国之栋梁。此枚钱币的文图表达了人们学而优则仕，要做官必须读书的想法。

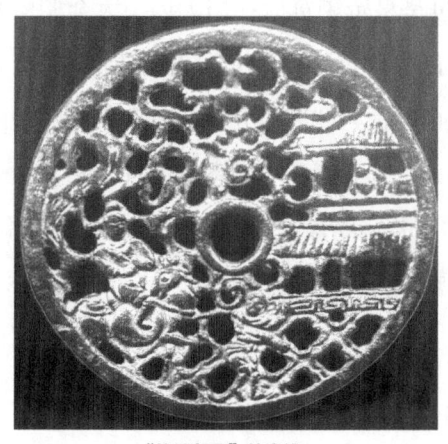

"状元归里"故事钱 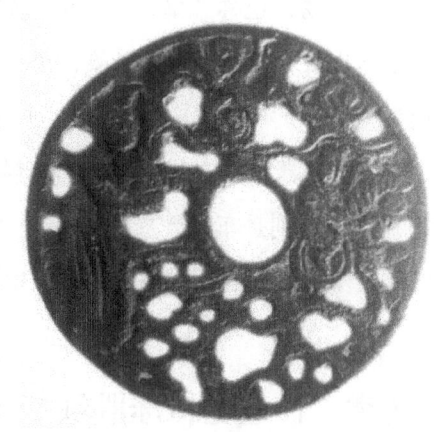　　　　　　"送子求学"故事钱

科举场景不局限于考场、朝廷；科举人物也不仅限于士子、朝臣，含辛茹苦的父母及望眼欲穿的家人们的信念也都与科举息息相关。"状元归里"故事钱，云南地区所产，存世稀少。明清两代，都会举行恩荣宴，宴请全部的殿试考官和新科进士。进士上表谢恩后，择日到国子监行"释褐簪花礼"。在京城参加完各类考选和庆祝活动后，进士们便会衣锦还乡。此钱图案即表现了高中榜首的状元郎，骑着高头大马回乡省亲的情景，正所谓"春风得意马蹄疾"。楼阁上有一位老人倚窗眺望，盼子归来。状元郎的马前由小厮伺候，行进方向有报喜的瑞鸟，整个画面喜庆祥和。"送子求学"故事钱，表现的是"状元归里"故事的前半部分。画面是一位妇人和一位骑马男子，表现了母亲送子求学的场景。而"状元归里"表现的是功成名就、不负母望的美好结局。用两枚钱币讲述一段故事，可以说是镂空钱中的套子钱。

---

[1] 晋·王嘉《拾遗记》。

名登金榜位列三台背五子登科钱，清代，苏炉。殿试后公布名次用的榜，用黄纸书写，称金榜，也称"皇榜"。小金榜进呈皇帝御览后存档大内。大金榜由礼部尚书奉之送出太和中门，至东长安门外，挂在宫墙上。汉代尚书为中台、御史为宪台、谒者为外台，合称"三台"。"位列三台"常与"荣封九锡"一起使用。"九锡"实际上是九种礼器，是古代天子赐给公侯大臣等有特殊功勋者的九种器物，是一种最高的礼遇，分别是车马、衣服、乐则、朱户、纳陛、虎贲、铁钺、弓矢、秬鬯。钱上的铭文蕴含着人们祈求高官厚禄、家财万贯的良好愿望。

三、科举、仕途题材压胜钱产生的原因探究

（一）世人追求口彩、吉祥寓意的必然结果

世人祈吉趋利的民俗心理，形成了很多固定的口彩词语，同时也促成了很多极富民俗特色的谐音口彩，渗入人们生活的方方面面。吉祥类压胜钱主要是以吉语和吉祥图案为主要内容的压胜钱。吉语钱又叫口彩钱，即刻有吉祥祝辞的压胜钱，以求吉利、富贵、平安、长寿等等。吉祥图案在社会各个方面都有体现，民间有"图必有意，意必吉祥"的说法，很多植物纹样、祥禽瑞兽都被人们赋予了吉祥的寓意。

在封建社会，科举是下层知识分子进入统治阶层的重要途径，而功名利禄也是人们追求的目标，因此科举、仕途压胜钱尤为多见。自两汉时期就已经出现了此类压胜钱，如：宜封子孙、宜官秩吉等，此后越来越多，文图更加直白。一类科举、仕途压胜钱一般会有状元及第、五子登科、连中三元、金榜题名、一品当朝、科甲连绵、文星高照、独占鳌头、蟾宫折桂、指日高升等吉语，及魁星、莲花、芦苇、

螃蟹、鹭鸶、鹿、鱼、龙、狮子、蜜蜂、猴子等含有寓意或谐音的纹饰图案。一类科举、仕途压胜钱会采用传说故事为图文，例如：五子登科、鲤鱼跃龙门、麒麟送子、天官赐福等。另一类科举、仕途压胜钱，还往往表现了富有情节性的科举故事，例如：送子求学、状元归里等。方寸之间几乎概括了科举考试的全部内涵，将获取科举功名的愿望表达得淋漓尽致。

鱼化龙镂空花钱，宋代，黄铜。这枚钱的图案表现的是民间传说中鲤鱼跃龙门的故事。鱼在我国古代一直被视为吉祥物。在吉祥钱中，鱼纹很早就出现了。西汉五铢钱中就有背上下左右四鱼纹钱，新莽时期所铸货泉，"泉"字作鱼形。鱼作为吉祥物，除指一般意义上的鱼以外，常特指鲤鱼。有关鲤鱼的传说在中华辽阔的大地上广为传播。在中国传统文化中，有传说河中鲤鱼若能跳过龙门，就会化身为龙。鱼幻化成龙的典故在先秦时期已有记载。"鲤鱼跃龙门"为仕途得意、飞黄腾达的祝福语。龙门，又称"禹门"，鱼龙变化比喻金榜题名，自寒贱而显贵。

五子登科背延龄百岁花钱，清代，苏炉。苏炉方孔钱一般为四字吉语或吉语搭配图案，笔画严谨，类馆阁体，铜质精黄。"五子登科"本为中国民间谚语，最初来源于民间故事。五代后周时期，燕山府有个叫窦禹钧的人，他的五个儿子都品学兼优，先后登科及第，官运亨通，老大窦仪，官至礼部员外郎；老二窦俨，官至史官；老三窦侃，官至起居郎；老四窦偁，官至工部尚书；老五窦僖，官至左补阙，故称"五子登科"。窦禹钧享八十二岁高寿，无疾而终。《三字经》"窦燕山，有义方，教五子，名俱扬"，歌颂他教子有方。"五子登科"后来成为中国传统吉祥图案，寄托了普通人家期望子弟都能像窦禹钧五子一样获得科考成功的美好愿望。另外，自明朝以来，贵州黄平县科名辈出，至清末共涌现出23名进士和250名举人。

康熙三十五年（1696年），黄平人王耘中进士，其子侄五人，中举三人，中进士两人，后人赞誉为"五子登科"。

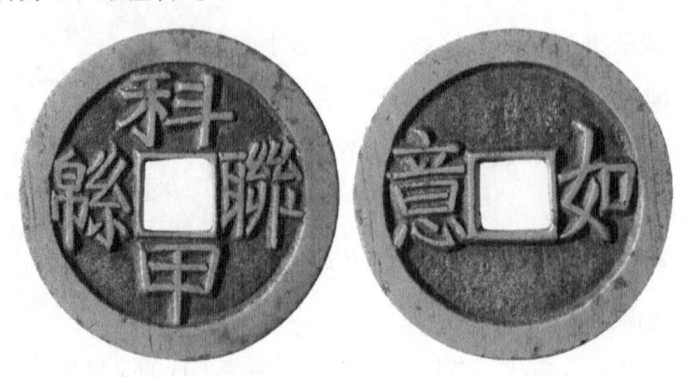

科甲连绵背如意钱，清代，白铜。科甲连绵通常形容一个家族人才辈出，表达了古人对家族兴旺的期待。科考中的成功者，不仅改变了自身的命运，也影响了所在的家族，改变了门庭。一方面，家族以高中者为荣，给予他们很高的地位。另一方面，高中者也带动了家族文风的兴盛，形成不少的科举家族。常熟翁氏家族是对晚清社会产生过重大影响的名门望族，是"状元门第、帝师世家"。翁心存、翁同龢父子，均为两朝帝师兼宰相，与侄子翁曾源，都曾状元及第，时称"父子宰相，叔侄联魁"。翁氏家训：绵世泽莫如为善，振家声还是读书。以"耕读兴家"为祖训，以"读书入仕"为目标，致力于通过科举考试来改变家族命运，绵延家业。正所谓"科甲连绵开阀阅，唯有读书振家声"。

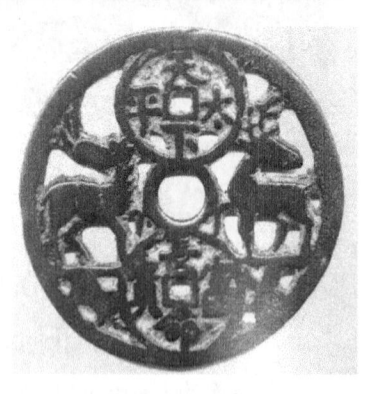

双鹿吉语镂空花钱，元代，青铜材质。鹿在传说中是人升仙时的乘骑，鹿又与禄谐音，所以自古至今鹿的各种图案在民间很常见。此枚钱在双鹿间有上下两枚钱形，正背各有天下太平、长命富贵、加官进禄、金玉满堂四句吉语，几乎涵盖了人生的全部理想。

路路连科背十二生肖钱，金元，青铜质地。此钱钱面为水岸景色，有两只鹭鸶，一只盘旋欲落，一只展翅欲飞。四周为浅水、莲花、芦苇等。钱背为十二生肖，边郭内侧饰有六朵祥云。此枚钱币构图绝佳，鹭鸟悠闲憩息，静谧祥和。"鹭"通"路"，"莲"通"连"，寓意为"路路连科"，是对赶考学子的祝颂语。另外一种说法是，图中鸟为大雁，雁善鸣，"鸣"通"名"，芦苇又称"葭"，与"甲"谐音，所以寓意为"一甲一名"。

　　天官赐福背指日高升钱，明清，黄铜质地，包浆熟旧。民间传说元始天尊修炼灵胎时遗留下来的仙骨修炼成人，与北海龙王三女儿结为夫妻，育有三子，分别出生于正月十五、七月十五和十月十五。这三个孩子神通广大，又愿意为百姓降福解危，被玉皇大帝分别赐封为上元一品天官赐福紫微帝君、中元二品地官赦罪青灵帝君、下元三品水官解厄旸谷帝君，每人只能在自己的诞日这天司职，形成了上元节、中元节和下元节。其中，人们祈求天官赐福致祥的愿望最为强烈，于是便把紫微帝君绘成画像，称天官赐福。这枚花钱，表达了人们祈求天官赐福、科举得中、步步高升的愿望。

连升三级钱，辽金，红铜材质，黑漆古。钱面文"连升三级"四字。背面为三座山峰且浮云缭绕，左一人像，下为一只卧着的兽，寓意寿比南山，祝人康泰长寿、连升三级、官运亨通。

双狮戏宝镂空花钱，宋金，青铜质地。狮子也是瑞兽之一，"狮"与"师"谐音，太狮（师）少狮（师）是常用的传统纹样，在动物题材的镂空钱中也很常见。"太师"，古三公之一，周代始设太师、太傅、太保三公。周代又置少师、少傅、少保。此枚钱币纹饰以一大狮一小狮构成，比喻官职显赫，并寓意官禄代代相传。

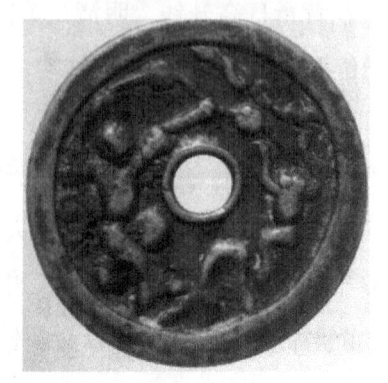

马上封侯背刘海戏蟾钱，清代，黄铜质地，包浆熟旧。正面上方是一只蜜蜂，左边是一只鹿，右边是一只猴子，下边是一只展翅欲飞的鸟，寓意为封侯加爵，福禄常在。背面是刘海戏金蟾的图形，寓意为财源广进。

（二）压胜钱的发展阶段与科举制度发展阶段相契合

中国古代的科举考试创始于隋朝，由分科取士而得名，为隋朝以后各代选拔官吏的制度。隋文帝即位后，废除魏晋时期由世家大族垄断的九品中正制。隋炀帝大业二年（606年）设"进士科"。隋朝灭亡后，唐朝的帝王承袭了隋朝传下来的人才选拔制度，并于宋朝得到了进一步的完善，由此，科举制度逐渐完备起来，兴盛于明清两朝。1300多年的科举制度几乎占据了中国两千多年封建社会的五分之三，从而家喻户晓，妇孺皆知。

"科举选士是传统社会的重心所在，它必然在传统文化的演进中发挥枢纽作用。科举考试的发生、发展与衰亡史，就是传统文化传承与变革的历史。"[①] 科举制度带来的巨大冲击力，影响着社会生活的方方面面，因而也在民俗上反映出来，而压胜钱作为民俗的一种载体，对中国古代科举文化的描绘相当细微，是科举制度的重要佐证，寓意明确，寄托着普通百姓希望通过寒窗苦读，继而科考及第来改变生活现状的美好愿望。压胜钱最早起源于汉代，自魏晋南北朝，历经宋辽金元，压胜钱得到了全面发展，品种、数量均比前期丰富。到了明清两代，压胜钱币的铸造和流传达鼎盛时期，内容几乎涉及人们生活的各个领域，称谓更是名目繁多，形制、铭文、纹饰都达到精美绝伦的境界。因此，科举制度不可避免地在压胜钱铭文、纹饰中占有重要的地位，从一个侧面展现出当时社会活动的场景。

（三）科举意识及科举民俗的促成

"民俗的形成是一个长期积累的过程，它是伴随着人类的出现而产生的。科举制度虽然历时1300多年，但与中国民俗文化的发展历史相比是十分短暂的。但是，这1300多年恰恰是中国民俗文化形成和发展的高度成熟期和相对稳定的时期，同时也是中国民俗文化不断更新和变异的时期。科举作为一种占统治地位的上层文化，对民俗文化的作用与影响尤为突出。"[②]

科举既被统治阶层认同，作为选拔人才的用人制度，又被普通百姓认同，是天下读书人出仕为官的选拔制度。"缙绅家非奕叶科第，富贵难于长守。""万般皆下品，惟有读书高。"科举是博取名望和地位的正途，是中国人固有的思想观念。然而人们却无法预料自己的前途命运，需要为压力和焦虑找一个发泄渠道，于是压胜

---

① 张亚群. 科举文化："科举学"研究的重要领域 [J]. 集美大学学报：教育科举版，2005（1）.
② 黄江平. 从民俗文化的角度看科举制度的深刻影响 [J]. 科举学论丛，2007（1）.

钱就顺势成为缓解人们紧张情绪的物化对象，寄托了人们的心理需求。人们把对功名的祈求和愿望通过科举、仕途题材的压胜钱予以表现。面对这些承载美好祝愿的小小钱币，人们也会在实现目标的路途上被激励着勇往直前。压胜钱作为民俗文化的载体之一，也就成为科举制度的重要佐证。

科举考试影响深远，科举文化是中华民族不容忽视的重要文化遗产，也因此而产生了与科举密切相关的民俗习惯，这些习俗继续影响和加深着人们的科举意识，并成为科举、仕途压胜钱上的重要内容。

1. 魁星崇拜、文昌信仰习俗

"文星高照独占鳌头魁星点斗"钱，清代，苏炉。面"状元及第 一品当朝"八字，背"文星高照"四字及独占鳌头魁星点斗图。传说居住于东海之滨天台山的羲和部落具有非常丰富的天文知识，他们最早识别北斗七星并把离斗柄最远的一颗命名为魁。其后人伯益成为部落首领时，曾在扶桑山鳌头石梦遇魁星，受其点化而著《山海经图》。后人遂尊魁星为文运功名禄位之神，并在天台山鳌头石后修建魁仙阁。魁星赤发蓝面，翘足，捧墨斗，执朱笔，立于鳌头之上。自唐代始考生在迎榜时都是让头名状元站在鳌头之上，称为"魁星点斗，独占鳌头"，喻占首位或第一名之意。此后各地考生、达官贵人到魁仙阁上香，到鳌头石许愿者络绎不绝。后世皇宫大殿门前台阶上专门有鳌鱼浮雕，科举进士发榜时状元站此迎榜。元·无名氏《陈州粜米》楔子："殿前曾献升平策，独占鳌头第一名。"

"宋元时代，文昌帝君已从地方神向科举神演变，尽管在明弘治及康熙、雍正年间，政府曾下令禁祀文昌，但海内崇奉不衰。至嘉庆六年（1801年），嘉庆皇帝特命重修京师地安门外文昌帝君庙以后，天下州县几乎处处建文昌宫，'隆重几与文庙等'"。[①]科举时代有一句流传甚广的俗语："一命二运三风水，四积阴功五读书。"人们对没有把握的事情，很容易归结于运气，因此兴起了魁星崇拜、文昌信仰。

[①] 刘海峰.科举民俗与科举学【J】，江西社会科学，2006，(10).

2. 雁塔题名习俗

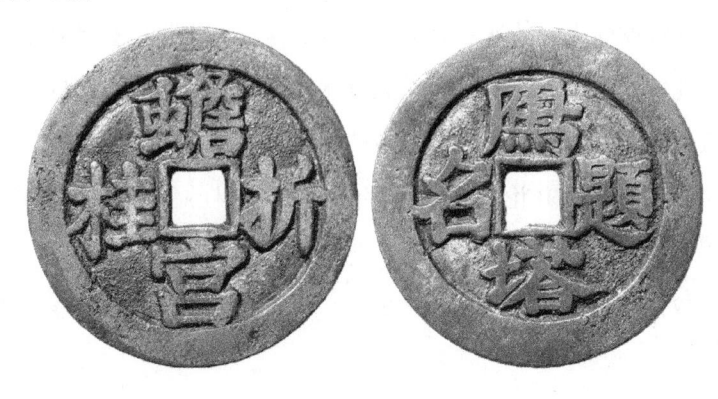

蟾宫折桂背雁塔题名钱，清代，浙炉。古代神话中，月宫又称蟾宫，月宫中有桂树，以此代指科举应试及第。《红楼梦》第九回：彼时黛玉在窗下对镜理妆，听宝玉说上学去，因笑道："好，这一去，可是要蟾宫折桂了，我不能送你了。"雁塔即大雁塔，在陕西西安的慈恩寺中。中国的科举制度在唐代趋于完善，新科进士接受赐宴均在曲江杏园，宴后入慈恩寺游观。大历九年（774 年）张莒登进士，一时兴起，将名字题在大雁塔下。不料，此举引得文人纷纷效仿。尤其是新科进士更是把雁塔题名视为莫大的荣耀。他们在曲江宴饮后，集体来到大雁塔下，推举善书者将他们的姓名、籍贯和及第的时间用墨笔题在雁塔壁上。这些人中若有人日后做到了卿相，还要将姓名改为朱笔书写。在雁塔题名的人当中，最出名的莫过于白居易了。白居易 27 岁考中进士，写下了"慈恩塔下题名处，十七人中最少年"的诗句。另一位新科进士刘沧写道："及第新春选胜游，杏园初宴曲江头；紫毫粉壁题仙籍，柳色箫声拂御楼。"除此以外，孟郊、李商隐、颜真卿、裴休等都曾题名雁塔，北京孔庙的大成门及先师门两侧，分别立有元、明、清三个朝代的进士题名碑，共一百九十八通，其中元代三通，明代七十七通，清代一百一十八通。这些都是唐代长安雁塔题名的继承和延续，也是研究我国科举制度的珍贵历史资料。

3. 科举对婚俗的影响

"久旱逢甘雨，他乡遇故知。洞房花烛夜，金榜题名时。"[①] 宋代以来广泛流传的人生四大喜事中，"洞房花烛夜"俗称"小登科"，"大登科"即科考及第，小登科与大登科并列。黄梅戏《女驸马》中有："中状元著红袍，帽插宫花好新鲜。"黄榜张贴之日，会于长安门外鼓乐奏闻举子生员，顺天府准备伞盖仪从，引导一甲进士三人宴于顺天府，并送归第。顺天府于东长安门外结彩棚，设长案，迎一甲三人，递法酒，簪花披红，备马三匹，鼓乐执事彩旗前引导。至顺天府衙，府尹迎

---
①洪迈.容斋随笔【M】.得意失意诗。

接，三人下马登堂，乐作开宴。宴会结束，府尹送三人上马，用原鼓乐彩旗送三人归府，即进士居住的地方，依次送状元、榜眼、探花。次日于礼部赐宴，结束后前往鸿胪寺学习礼仪，至第三日才会赐状元朝服冠带与进士宝钞。所赐状元朝服，制式与官员朝服近同，但皆为绯色。中国古代重伦理道德，婚姻当然是人生大事，人们将婚姻与科举及第相提并论，新人身穿红袍，头顶桂冠，与科考及第异曲同工。唐代诗人孟郊于唐贞元十二年（796年）进士及第时所作的《登科后》："昔日龌龊不足夸，今朝放荡思无涯。春风得意马蹄疾，一日看尽长安花。"表现出及第后的神采飞扬。

这些科举、仕途压胜钱是科举制度和科举文化的实物佐证，是那个特殊时代的见证。通过它们，我们不仅能够了解中国古代科举文化，直观感受古代读书人追求登科及第、仕途顺畅的良好祈愿，也能探究科举制度的发生、发展，及其与人们息息相关的日常生活和习俗。

闫芳，孔庙和国子监博物馆研究部，副研究馆员

清顺治朝两通殿试卷解析

邹 鑫

摘要

法兰西学院汉学研究所藏有清顺治九年壬辰科和十六年己亥科两通殿试卷。卷主分别为二甲第二十三名范承谟和一甲第一名徐元文。本文从历史背景、卷主信息、对策内容等方面解析两通殿试卷,对清初期殿试的策问和策对及发展趋势作一探究。

关键词

顺治;殿试卷;策对

　　清顺治朝顺治九年(1652年)壬辰科和顺治十六年(1659年)己亥科殿试卷流失海外,珍藏于法兰西学院汉学研究所,卷主分别为名列二甲第二十三名的范承谟和一甲第一名的徐元文。范承谟是清开国功臣范文程的儿子,而徐元文名气更大,是顺治康熙朝的著名文臣,顾炎武之甥,与其兄长徐乾学、徐秉义合称"昆山三徐"。两通卷子时间跨度7年,前者是顺治皇帝亲政后的首科殿试,后者是顺治朝结束前2年的殿试。

一、殿试卷基本信息

　　(一)殿试卷尺寸:顺治九年壬辰科范承谟殿试卷:高48厘米,长300厘米。顺治十六年己亥科徐元长殿试卷:高48.5厘米,长410厘米。

　　(二)保存状况:两通殿试卷保存完好,卷面整洁无污渍,无折损,无缺失,弥封章、印卷官印完整。

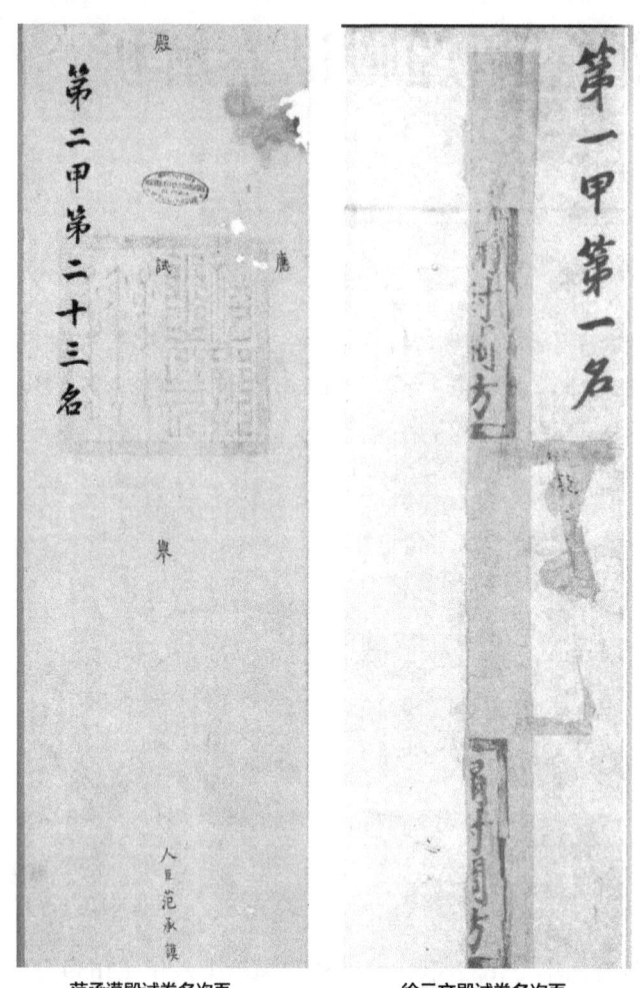

范承谟殿试卷名次页　　　　徐元文殿试卷名次页

（三）历史背景：顺治七年（1650年），年仅39岁的摄政王多尔衮逝世，顺治九年（1652年）的这场殿试是年轻的顺治皇帝亲政后主持的首次殿试。之前的会试，大学士范文程等奏言："会试关系抡才大典，按明朝主试官，万历以前不拘大学士、学士、吏礼二部尚书、侍郎，由翰林出身官员皆得简用，万历末年方始专用阁臣。今自顺治元年至今已历三科，未有定例，伏候睿裁""得旨，著照明朝万历以前例行。"[1] 二月初六日戊申，"命大学士希福、额色黑、礼部尚书陈泰、学士刘清泰、胡统虞、成克巩充会试主考官"[2]。是科会试取进士400名，南卷取233名，北卷取153名，中卷取14名。三月二十四日乙未，"命大学士希福、范文程、额色黑、洪承畴、甯完我、陈之遴、学士伊图、蒋赫德、能图、叶成格、刘清泰、白色纯、张端、侍读学士索诺木、魏天赏、侍读叟塞、吏部尚书高尔俨、礼部尚书郎球、吏部侍郎熊文举、礼部侍郎恩格德、户部侍郎王永吉、赵继鼎、兵部侍郎李元

---

[1]《清实录三·世祖章皇帝实录》卷六二，中华书局影印，第1981页。
[2]《清实录三·世祖章皇帝实录》卷六二，中华书局影印，第1982页。

鼎、刑部侍郎孟明辅、工部侍郎李迎晙、礼部启心郎董卫国、礼部理事官杨鼐、礼部主事卜颜喀代为殿试读卷官"。①当时的殿试是满洲蒙古和汉军汉贡士分试，策题不同，卷主范承谟参加的是汉人的考试。

顺治十六年二月初九日庚午，"谕礼部：云贵新经内附，地方绥稽需人，见在候选各员尚不足用，应预为甄取，以备任使。著于今秋再行会试，尔部即通传谕遵行"。②八月初五日癸巳，"命大学士刘正宗、卫周祚为会试主考官"。③九月十三日辛未，"命大学士觉罗巴哈纳、额色黑、成克巩、胡世安、学士不颜、折库讷、白色纯、胡兆龙、艾元征、王熙、吏部尚书孙廷铨、侍郎石申、户部侍郎林起龙、兵部督捕侍郎霍达为殿试读卷官。"④此前顺治朝于三年、四年、六年、九年、十二年、十五年举行了殿试，本科又因"需人"再举一科，可见清初期殿试没有严格按照三年一试的原则。

（四）卷主信息：顺治九年壬辰科卷主范承谟（1635—1676年），字觐公，号螺山，辽东沈阳汉军镶黄旗人，中第时年18岁。其父为清开国宗臣范文程。承谟体弱多病，以父荫任侍卫，特许在家诵读，顺治八年举孝廉，翌年殿试中第。范承谟于康熙七年任两浙中丞，十一年晋八闽制府，十二年在福州任上遭闽藩之变，耿精忠多方诱降，守节不从，以炭灰题诗书壁以明志，被拘押三年，十五年自缢而亡。谥忠贞，赠兵部尚书，加太子少保。著有《范忠贞公集》十卷、《书壁遗稿》三卷。

徐元文（榜姓陆，1634—1691年），字公肃，号立斋，江苏昆山人，中第时年26岁。会试时名列第91名，殿试擢为第一，顺治帝称其为"佳状元"，授翰林院修撰。后任国子监祭酒、经筵讲官，升内阁学士、日讲起居注官，监修《明史》总裁，官至文华殿大学士兼翰林院掌院学士。徐元文在国子监祭酒任上严格监规，施教有方，满洲子弟无不敬畏，为康熙帝称道。著有《含经堂集》三十卷、《别集》二卷、《明史稿》二十二卷。

---

①《清实录三·世祖章皇帝实录》卷六三，中华书局影印，第1989—1990页。
②《清实录三·世祖章皇帝实录》卷一二三，中华书局影印，第2447页。
③《清实录三·世祖章皇帝实录》卷一二七，中华书局影印，第2479页。
④《清实录三·世祖章皇帝实录》卷一二八，中华书局影印，第2485页。

范承谟殿试卷卷首　　　　　徐元文殿试卷卷首

二、殿试卷解析

（一）顺治九年壬辰科范承谟殿试卷解析

顺治九年壬辰科殿试制策曰："朕承鸿业，定鼎九年矣。亲政以来，日益兢惕，念治天下之道，莫大乎用人听言。人有真邪正；言有真是非，往往淆混难辨。今欲立辨不惑，一定不移，将遵何道与？开创之始，凡官制、赋役、礼乐、兵刑、营建、风纪，规模粗设，未协至道。自唐虞三代以来，其制可得详闻与？或因或革，或盛或衰，意者不在制度文为，而别有在与？用正人、闻正言、行正道，朕日切于怀，未得其要。尔诸士幼学壮行，宜各出所见，实陈方略，其文务以汉廷贾董诸臣为式，毋沿对偶冗长故习，朕将亲览焉。"[1]

---

[1]《清实录三·世祖章皇帝实录》卷六四，中华书局影印，第1991页。

策问在辨人纳言、制度因革上向士子发问，反映了顺治皇帝亲政之初力求清除多尔衮政治遗音，重开新局的政治诉求。在回答用人听言之问上，卷主范承谟对曰："臣闻圣主在上，必先求切直敢言之士而后人臣乐效其忠悃悃幅（幅）之忱，此众正所以盈廷，民隐所以上达，而太平之休风不难于立致也。"即圣主在上，任用正直敢言之人，人臣才能尽忠效力。这正是朝廷充满正义之士，民间疾苦得以上达，天下太平指日可待的原因。接着卷主又分析了"人有真邪正，言有真是非，往往混淆难辨"的原因："盖从来国家（'家'为涂改字）之治乱未有不系于用人听言者矣。夫亲君子、远小人，唐虞三代之所兴也；亲小人、远君子，桀纣幽厉之所以亡也。然自古人主未尝不欲进贤而退不肖，而每多失术者盖以忠言则必逆耳而谀言则必适意也。孔子曰：良药（漏'苦'字）口而利（漏'于'字）病；忠言逆耳而利于行。以知贤奸之辨在辨之于言而已。"通过唐虞三代的兴盛和桀纣幽厉的衰亡对比说明听言用人的重要性。道理谁都明了，而关键在于忠言逆耳，人主不悦，所以是非忠奸往往也难以明辨。卷主又言："昔贾谊治安六策、董仲舒天人三对皆忠君忧国之良谟而不免终于长沙，废于江都。此汉业之所以不能媲于三代也。魏征上十渐之疏而太宗书之屏风，此贞观之治所以能媲美于成康也。然以太宗之贤、魏征之直则诚可谓君臣道合矣。尤以每事辱我而欲杀此田舍翁，则甚矣忠言逆耳而从善之难也。"再进一步论证忠言逆耳：汉代贾谊和董仲舒都有治国安邦的大才，最终贾谊被贬为长沙王太傅、董仲舒外任江都王相，两者皆不得志，所以汉不能媲美三代；唐太宗虚心接纳魏征的批评，励精图治，所以造就了媲美成康之治的贞观之治。即使纳谏如流的唐太宗，也曾怒极欲杀魏征，足以证明人主接纳逆耳忠言的不易。这些史实案例都证明了一个事实：人主往往因言用人，因言废人。为了杜绝这种现象，卷主进言（对策）："但于群臣所入告者，先与大臣商榷，而后下之群臣计议，观庶言之同异，则邪正是非可立辨也。故治天下者惟明与断可以知人，可以进退人。"即奏疏之事先与大臣商议再下传群臣计议，观察众言之异同可做明断。"夫裴矩佞于隋而忠于唐；李世勣忠于太宗而佞高宗，以知贤奸之转移在人主之德，而贤奸之进退则在人主之明与断耳。"裴矩和李世勣都是隋唐时期的名臣，或仕于两朝或奉于两主，生荣死哀，功勋卓著。他们是贤是奸？其实在于人主的贤德，而朝堂上贤奸的进退则取决于人主的明与断。在回答制度因革上，卷主对曰（对策）："皇上宜简择大臣之才德兼优，习知先朝故典，通达当世时务者，日召对便殿，商榷治道，身体而力行又何患太平之未臻乎？至于礼乐、兵刑、营逮（误字，应是'建'；恭录圣策漏写'官制、赋役'）、风纪、皆国家之大务也。即规模粗设而圣虑又复唐虞三代之道乎。臣囗（涂抹字，难辨）于万机之余，时进廷臣而质经辨义，法其所以兴，鉴其所以衰，而因革损益焉，庶有裨于治道者矣。"皇上选用既懂先朝典制又通当今时务的德才兼备之臣，共商治国之道并身体力行，太平之世指日可待。至于礼乐等皆为国家大事，皇上万机之余可与廷臣辩论历代之得失，兴可法，衰可鉴，良因劣革，于治道大有裨益。"圣策又筹及于用人听言（'听言'重写后涂抹），行道之正者乎。惟进贤良文学之臣。讲究制度则君志清明，君身强固，视天下之政如运诸掌耳。抑臣尤有进焉，顾尊礼大臣，责其大纲，宽其苛细，勿以小臣谗佞之一言得间。"即选用德才兼备的大臣，制度严明，政治清明，政权稳固，天下政事运筹于掌中；对尊礼大臣，大处苛责，小处宽勉，毋信小人离间之言，如此方能用正人，闻正言，行正道。

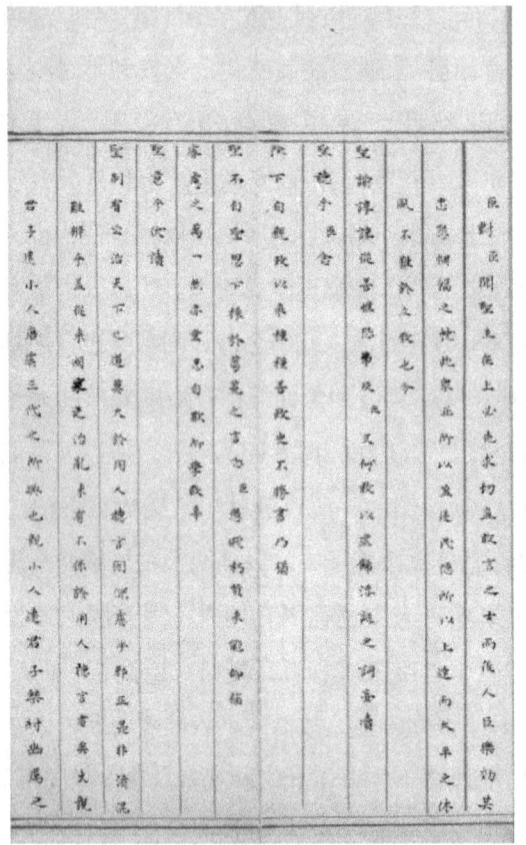

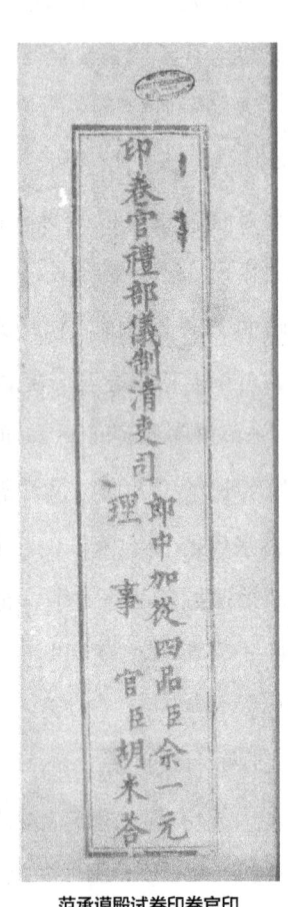

范承谟殿试卷字迹　　　　　　　范承谟殿试卷印卷官印

（二）顺治十六年己亥科徐元文殿试卷解析

顺治十六年己亥科殿试制策曰：自古帝王平治天下，必政教修明然后海宇宁谧。顾宣猷熙绩，端藉臣邻，故以庶政分任庶官，俾六府孔修，百工时叙，郅隆之理，朕甚慕焉。朕承天眷命，抚御万方十有六年，于兹所期共勤政治者，内则责之六卿、外则责之督抚，简任既慎，倚毗殊殷。乃近见内外诸臣，或怀私自便，或持己乖方，或推诿以即安，或迂疏而寡效，以致庶务未修，民生未遂。语云："大臣不法，则小臣不廉。"兹欲使正己率属，实心任事，何道而可？至于守令各官，亲民最切，抚字催科，皆其专责，何以兼尽无扰，以称循良？教化为朝廷首务，刑法乃民命攸关，朕嘉惠斯民，念深怀保，欲端风俗，则广励之事何先？欲致祥刑，则明允之道奚若？尔诸士经术夙娴，思展蕴抱久矣，行将登尔于朝，分职授政。其各抒所学，著之于篇，毋拘毋袭，直言无隐，朕将亲览焉。①

　　本科策问，顺治皇帝以官场风纪弛惰，民间风俗不端的问题提问士子。吏治和风化是策问中常见的问题，卷主徐元文开篇首句写道："臣对，臣闻帝王之统一区宇，广治化于无穷也。有临御天下之大权，而后庶司百职胥受命于立纲陈纪之中；有容保天下之大德，而后兆民万物咸受成于敛时锡福之内。"即天子有治天下之"大权"必有容天下之"大德"，权、德相符方能使天下人"莫不奉一人之治以为治，天下翕然致平康之绩，而不识经纬之何从。敛时锡福者，天子所以通志也，睿志通，故朝廷正而草野奠宁。凡下之向风而协应者莫不体一人之心以为心。天下秩然，奏雍穆之休而立见平成之有自，故正百官之本在于正一身，人代天工，每著效于钦名玄德之世，未有外深宫而专求臣邻之寅亮者也；而正万民之本在于正百官，累洽重熙，端有赖于明听翼为之力，未有舍群策而遽求庶土之辑宁者也。欲致令共之治在励所以治之之方，欲广政教之施在慎所以施之之本，唐虞三代无难更见也。"皇帝正，百官才正，百官正，万民才正，故一人之治才能得天下之心，唐虞三代之治方可重现。针对策问提出的官场"或怀私自便，或持己乖方，或推诿以即安，或迂疏而寡效"的陋象，卷主给出了"崇国体""励众志""核名实""端好恶"四要（对策）。"夫所谓要者，崇国体也。上有其权不必有其事，故其事在下；下有其事，不敢有其美，故其美在上。若不稽百司之职，不考大府之宪，使人人受成于上，则人臣甚逸，人主甚劳，当其劳而倦勤，或以明作而开废弛之渐，目弛而纲不独举，廉近而堂不独高。何若使人各守其官，官各守其法，国体既崇，而怀私自便者无之也"；"夫所谓要者，励众志也。骤迫其功，则谟谋无所效；过绳以法，财成无所施，若非宽其督责而徐致其劝惩，使人保宠禄于下，未事化而为静听，当事化而为调停，调停不得已化而为旁观，则何若宽天下之志，勇策功名；尽天下之心，思赞谟略，众志既励，而持己乖方者无之也"；"夫所谓要者，核名实也。然必下有可核之实而后上得行其核之之权，若下未有定品，而上先有成心，使贤者不得不隐其

---

① 《清实录三·世祖章皇帝实录》卷一二八，中华书局影印，第2486页。

贤，不肖者乃益生其不肖之心，臧否益淆，形影益诡，何若正国是于一定，付廷议于至公，名实既核而推诿且作担当也"；"夫所谓要者，端好恶也。好恶之所向不在震天下以不可窥而在予天下以不忍窥。若轻用其喜怒赏罚，使人有以测上执意旨而因有以候上执慴舒，则何若慹其聪明，谨其意向，好恶既端，而迂疏亦收实用也。"崇国体，上下有位，各司其职；励众志，施政以宽，赏罚有度；核名实，名实相符，以实赋权；端好恶，好恶既隐，人心向公。通过四要解决策问中提到的官场中四个陋相，最终形成"内臣外臣固为一体，大臣小臣亦无异宜，总以至公至明相与劝率而守其要以治之而已"的吏治新气象。"察近臣易而察远臣难，此尤皇上所宜加之意者也。夫郡守县令于百姓至亲矣，而监临督责之者甚众，即监临督责之者未必尽刻绳以私，而学术智略不能皆同，此之所是，彼之所非。一官之身甚至贤否判决。刚方正直者或不蒙显荣，而柔顺诡随者或反得上达，往往有之。汉任延有云：'忠臣不私，私臣不忠，善事上官，无失名誉'，忠臣所不敢出也。"即皇上应多加留意：近在身边的大臣易于了解，而公正评判远在地方的官吏很难。郡县之官最贴近百姓，而督责他们的官吏甚多，对其评判因个人素养不同或出于私心狭念不能统一，往往造成刚正者不显荣，谄媚者反上达的现象。汉代任延的名言"忠臣不私，私臣不忠"就说明了这个道理。希望（对策）"皇上周知远臣之艰，时加探访，有以慰劳而周恤之使各勉其职，无侵扰掣（原字'挚'）肘之患，久于其任。勿使施为未有次第，旋见迭代，其治绩殊绝者，宜如汉世增秩赐金之例。下邑小吏得展布所长，则吏治之成效可期也"。即皇上周知地方官的不易，时加探访，多施抚恤，让亲民之官久在其任，无人掣肘，施展作为，方有成效。政绩优异的可仿汉代"增秩赐金"的先例，使地方小吏施展其长处，吏治成效可期。"回答端风俗，致祥刑的策问时，卷主认为教化风俗的责任在于郡县一级的"亲民之官"。他答曰："制策所云欲端风俗，欲致祥刑。则臣以为化民成俗之事于亲民者有专责焉。何也？天下至大，兆民至众，非能人见天子，而观感于善也，莫不视亲民之官以为贤不肖。"同时指出现实的问题是："古者亲民之官，其德、行、道俱足以为人师，发施号令无非教也；劳来循行无非教也。故董仲舒曰：'郡守县令，民之师帅，明乎师帅之任，所以教民知礼义，敦品节，急事功，非但使之理簿书、征财赋、治钱谷而已。今则专以财赋责守令，为守令者方亟亟焉，催科不暇给，而未尝以教化为大务。'"即亲民之官代天子而治，是民之表率，百姓以其为师。古代亲民之官的德、行、道足以为师，寓治于教。今天的地方官专职于财赋，簿书税赋尚不自暇，何谈以教化为重要的任务。给出的对策是："诚莫如以教化之事委之亲民之官，而以学校之臣兼统之，颁五礼之书，饬三纲之义，仿周家党正比长之法建立乡学，聘礼贤者教育民间子弟。亲民之官勤以自治，勤以治人，进郡县百姓宣谕皇上以德导民至意，俾晓然知王政之所先，而各自爱其身。于是时进乡学之长考其得失，明示劝惩。"即学政统一，明示纲常仪礼，广建乡学，教化百姓，使人人都知晓皇上以德化民的诚意。最终形成皇上所期许的"虽有桁杨桎梏将无所施，刑不期措而自措，狱不期慎而自慎。荡荡平平，遵王之路何风俗之不归淳古乎"。即刑罚不用、民风淳朴的社会风貌。

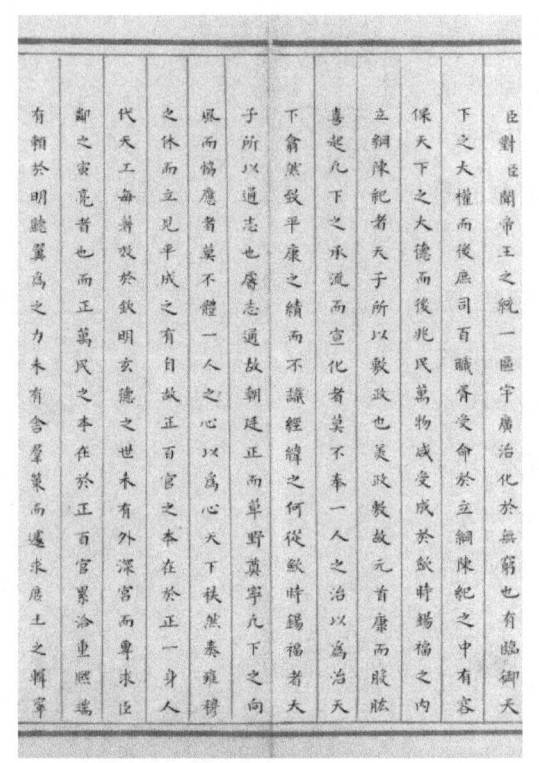

徐元文殿试卷字迹　　　　**徐元文殿试卷印卷官印**

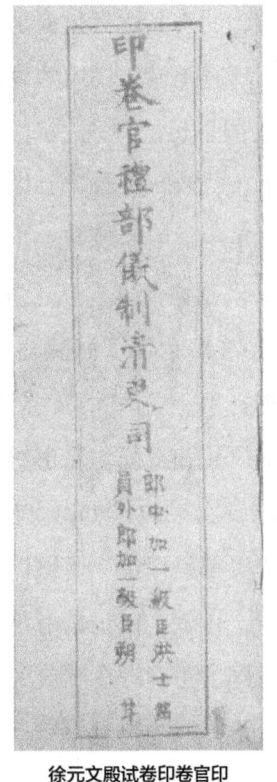

三、结语

范承谟殿试卷文字直白易懂，专于立论言事，语句通顺，不砌华藻，不求对偶，文章简白，反映出其经术功底不甚厚。卷面有几处涂抹，有漏字，误字现象，书法上字小而拙，虽工整但笔力弱。策对上立论人主听言纳谏的不易，自古帝王都欲亲贤臣，远小人，但"忠言必逆耳"，特举贾谊、董仲舒、唐太宗与魏征的例子来论证自己的观点，从而劝勉皇上要虚心纳谏，广开言路，明辨是非。而"立辨不惑"取决于帝王的明与断。在制度因革上，选用通古晓今、德才兼优的大臣商榷即可。全篇抓住了策问的核心，应对较妥。

徐元文家学深厚，他的殿试卷追求文字的古典与对仗，现今读来多有拗口赘复之感，辞藻较之范承谟的殿试卷更为华丽繁复。书法上，徐字极为工整，大小一致，字体清秀有劲。卷面舒展无涂抹，仅有一误字。对策得当，书法尚佳，文字通顺，用典恰当，这些因素综合一起造就了本科的状元。策对上，徐元文针对策问中提出的官场四种陋相，进言"崇国体、励众志、核名实、端好恶"四要。而郡守县令与民最亲，于教化百姓之责最重。故体谅其难，明辨其优劣，多加抚恤，毋使掣肘，广宣圣谕，民风致淳，这些正是儒家治国思想的体现。而太平之世，劝勉皇上施仁政，重教化，以宽勉示下是士子对策中常用的观点，并无新意。

范承谟到徐元文，从二甲到状元，两通殿试卷都做到了摒除对偶冗长故习，明理言事、立论陈策，反映了清初殿试卷的风貌和特征。除了对策得当的基本要求，文字的华美，书法的秀美，用典的隽美都是评定一通殿试卷等第的重要因素。殿试，也正是考量士子以儒家思想治国的正确理念和成为一名士大夫的综合素养。

徐元文殿试卷误字黄签

邹鑫，孔庙和国子监博物馆研究部，副研究馆员

科举考试对读制度历史探寻

吴 睨

摘要

对读制度是中国古代科举制度的防弊措施之一,与誊录相伴相生,同时也是帘外各官工作闭环的最终环节。只有经过对读的试卷才会呈送帘内读卷。梳理对读的发展历程,可以体会到帘外官工作的紧张与繁重。对读维护的是科场的尊严与公平。一项看似并不复杂的工作,却与考生利益深刻挂钩,也是监督誊录官工作的重要手段。对读产生于宋代,并保留至清末科举结束,并且对读制度相对稳定,无明显调整。了解对读制度的历史,有助于理解古代科举考试阅卷程序。

关键词

对读;科举;读卷;防弊

为防止考生作弊,千余年的科举考试制度诞生了弥封、对读这样的防舞弊策略。而在多种防舞弊手段中,有一种为保证阅卷准确性,保障考生利益并同时监督誊录官工作的手段——对读。对读官属科举帘外官体系,主要职责为"负责督导诸生对誊录所誊录的朱卷比照墨卷进行校读的官员,以保证朱卷书写字句与墨卷完全相同"[①]。由是可知,对读是伴随着誊录而出现的一种制度,它的作用类似于当今社会的校对,对誊录工作起到监督检查的作用,是对誊录的一种保障与监督。根据阅卷流程,对读也是呈送帘内官进行读卷前的最后一道工序。

一、"对读"的产生与发展

与弥封、誊录一样,对读的出现也是中国古代科举史上作弊与防弊相"斗争"的产物。宋代首创封弥、誊录制度。对读与誊录是相伴而生的关系。有誊录就需要进行对读,从而确保誊录准确性,同时也可以进一步审核考生试卷。宋代帘外官制

---

① 郭培贵著《中国科举制度通史·明代卷》,上海人民出版社,2017年,第191—192页。

度首先应用于殿试，并由殿试推行后，顺次下放至省试、解试。根据《中国科举制度通史·宋代卷》援引《宋会要辑稿》可知，宋代殿试首开誊录则是在景德二年（1005）："五月十三日，帝御崇政殿……帝召王钦若等一十一人于内阁糊名考校，分为六等。别录本，去其姓名，召两制、尚书、丞郎、两省、给谏、馆阁官凡三十人，分处殿东、西阁覆考之"①。此处所谓别录也即所谓誊录，这段记载也是传世史料中最早地对誊录这一制度的记载。对读与誊录相伴相生，根据宋代殿试官员的记载也可知，此时已有官员被钦点为誊录官、对读官。《宋会要辑稿》中有"诸路转运司考试官，并须依公选差，毋得听受请托，容其有所避就。及诸州试院封弥官，专差幕职官一员，其对读官亦差粗识文理者为之"②的记载。绍熙三年（1192），臣僚进言，对当时帘外官选人用人制度所遇到困境进行论述："封弥官不得其人，则吏因缘为奸，取受情嘱，毁匿有名士人文卷。对读官全不晓文理，则程文之详赡者，或为誊录人节略首尾，以至见黜。正缘州郡所差官不过丞簿监当，素不经历，又无事权，不能检束吏奸，遂使士人优长之文暗遭毁弃。"③由是可知，此时宋代解试已实行誊录、对读制度。此时宋代虽已实行弥封、誊录、对读，但在制度的制定与执行方面已暴露出一定的问题。虽然对帘外官而言所从事的工作基本为事务性的外围工作，但件件与科场公平公正密不可分，而选人用人的失职所造成的失误，最终将成为考生的"致命一击"。面对已然出现的问题，在绍熙三年（1192）宋光宗便做出了要选择专员进行誊录的要求，而对读官同样要有一定的文字功底，以此进一步提升誊录与对读的准确性以及抗干扰能力。然而在《宋会要辑稿》记载中，嘉定元年（1208）有臣僚上书提到，"试卷去取，虽赖考官精明，而誊录、对读，尤当加意。誊录脱误，对读卤莽，文义舛讹，必误考校。每举所差，对读官员数特多，正欲订正誊录脱误，以便考校。"④可知，虽然已有了政策要求，但执行起来仍困难重重，因誊录对读选人不当造成的科场失误仍不可避免。根据《续资治通鉴》记载，"是岁，始置誊录院，令封印官封所试卷，付之集书吏录本，诸司供帐，内侍二人监焉。命京官校对，用两京奉使印讫，复送封印院，始送知举官考校。"由此可知，大中祥符八年（1015）誊录与对读政策正在省试阶段式颁行。而根据《续资治通鉴》记载，宋代解试时期誊录、对读制度则肇始于景祐四年（1037）："丙申，诏开封府、国子监及别头试，自今封弥、誊录如礼部，从左司谏韩琦请也。"⑤

---

① 张希清著《中国科举制度通史·宋代卷》，2017年，第486页。
②（清）徐松《宋会要辑稿》选举二十二。
③（清）徐松《宋会要辑稿》选举二十二。
④（清）徐松《宋会要辑稿》选举六·举士十二·贡举杂录。
⑤（清）毕沅《续资治通鉴》卷四十。

宋代自首创誊录对读（1015），至对读制度的修订完善经历了百余年。由此可见，科举防弊之路异常艰难。

与宋朝南北相对的塞北三朝，在统治北方地区的历史进程中也逐步接受汉文化，特别是对科举制度的继承。但囿于史料有限，且少数民族政权早期对待科举的态度并不十分积极，故可考据的内容有限。有明确文字记载对读制度的是元代。但从宋人洪皓所撰写的《松漠纪闻》一书中可发现，金代时期会试已有弥封及誊录这一设置："知举一人，同知二人，又有弥封、誊录、监门之类"[1]。洪皓作为南宋爱国名臣，曾被扣留金国十余载，《松漠纪闻》正是洪皓在这一时期的见闻随笔，故具有较高可信度。从中可知，金朝科举制度已有所发展，同时也体现出宋文化对金的影响。元代作为首个入主中原的大一统少数民族政权，在接纳儒家文化思想的过程中受限于统治阶层身份，进度一度较慢。自1271年忽必烈定立国号起，至1313年元仁宗下诏恢复科举历时四十余年。由于元代大一统时间仅98年（以忽必烈定国号起算），且科举考试基本为三年一届，故有元一代也仅仅举行16场。但即便如此，宋代科举制度很大比例被元代所保留继承。例如三级考试制度，帘外官、帘内官制度等。因此对读在元代得以保留。《元史》中就明确有"省部会试，都省选委知贡举、同知贡举官各一员，考试官四员，监察御史二员，弥封、誊录、对读官、监门等官各一员"以及"乡试、会试，弥封、誊录、对读官下吏人，于各衙门从便差设"[2]（选举一）的记载。这里看出元代帘外官的分工以及数量，同时也明确了元代帘外官的选用标准。元代殿试亦称作御试，《元史》中对于殿试是否有对读官的记载并不清晰，只有"御试，三月初七日，前期奏委考试官二员、监察御史二员、读卷官二员，入殿廷考试"[3]这一记载。至于元代殿试具体阅卷工作仍需查考。但从辽金元三朝的科举制度中亦可见汉族文化对于北方少数民族政权仍然是有显著影响的。

对读工作繁复、枯燥，且时间紧任务重。《中国科举制度通史》中引用曾任翰林国史院编修官的胡助任会试对读官时所作的一首诗，其中有诗句"花眩眼明亲蜡炬，声干舌木沃云腴"[4]，正是描写誊录与对读的繁忙工作景象。对读官需事必躬亲，《元史》记载，誊录结束后将原卷与朱卷一并送入对读所，"对读官以元卷与朱卷躬亲对读无差，具衔书押，呈解贡院，元卷发还弥封所"[5]。至于对读官若不能按

---

[1]（宋）洪皓《松漠纪闻》松漠纪闻续。
[2]（明）宋濂《元史》卷八十一·志第三十一·选举一。
[3]（明）宋濂《元史》卷八十一·志第三十一·选举一。
[4]武玉环、高福顺、都兴智、吴志坚著《中国科举制度通史·辽金元卷》，2017年，第537页。
[5]（明）宋濂《元史》卷八十一·志第三十一·选举一。

照要求完成工作，元代也有相应惩罚措施，《元史》记载"诸对读试卷官不躬亲而辄令人吏对读，其对读讫而差误有碍考校者，有罚"[①]。由是可知，元代对读官工作时间紧、强度高，同时元代对读工作在继承宋代制度的前提下也有了进一步发展。传世的诗歌作品让后世"得观"元代科场读卷工作的场景。

明代作为继宋之后第一个大一统的汉人王朝，在社会管理方面有了大踏步的进展。各项制度日趋完善。科举制度在历经明代二百余年的发展后，集前代之大成，启后代之先河，明代科举制度基本上为清代所沿袭。明代科举仅乡试、会试有弥封、誊录、对读制度，殿试不誊录，因此也就没有对读。《明史》中记载会试"弥封、誊录、对读、受卷及巡绰监门，搜检怀挟，俱有定员，各执其事"[②]。足见明代帘外执事官制度已基本成熟稳定。明代帘外官工作顺序与前代相同，《大明会典》记载"举人作文毕，送受卷官收受，类送弥封官撰字号封记，送誊录所。誊录毕，送对读官；对读毕，送内帘看"[③]。这一记载很明确地记录了帘外各官工作流程。根据《大明会典》的记载，明代乡试对读官四人，同时对于对读官如何工作也有非常确切的记载："对读所，一人对红卷，一人对墨卷，须一字一句用心对同，于后附书某人对读无差，毋致脱漏。举人试卷用墨笔，誊录对读受卷皆用红笔，考试官用青笔。其用墨笔处不许用红，用红处不用墨，毋致混同"[④]。这里的墨卷与元代时期所谓元卷意义相同。科举考试阅卷制度之严格，也是国家尊严的写照。从誊录完成，到送入帘内读卷，墨卷（元卷）即不再传递，誊录、对读、读卷均在朱卷上进行。因此，誊录是否准确就显得尤为关键，而决定因素就是对读。《大明会典》中就有"誊录所官须督责书手真正楷书，如有一字脱误及遗落股数者，许对读所举送监试提调官究治"[⑤]的记载，这也是对读设立的初衷。对读校验，是对阅卷官负责，也是维护考生权益与公平。所以誊录"有脱误差讹者，除查究外，仍将本卷另誊。对读生查出者，量行给赏"，"若誊录字样差失潦草，及对读不出者，罪之"[⑥]，赏罚分明方可保证对读制度有效运行。因此，对读誊录人员的任用必须谨慎，由于用人不当造成科场积弊，宋代已有先例，故明代进一步明确了誊录对读的选人标准："誊录对读等官，取吏部听选官，年四十上下，五品至七品有行止者，充之"[⑦]。所谓四十不惑，正是有阅历的年龄，"行止"此处指品德、品行。因此，兼具阅历与品行的官员才有能力充任这一职务。在王世贞的《科试考》中亦有"收掌试卷官一

---

① (明)宋濂《元史》卷八十一·志第三十一·选举一。
② (清)张廷玉《明史》卷七十·志第四十六·选举二。
③ (明)李东阳《大明会典》卷七十七·乡试。
④ (明)李东阳《大明会典》卷七十七·乡试。
⑤ (明)李东阳《大明会典》卷七十七·乡试。
⑥ (明)李东阳《大明会典》卷七十七·乡试。
⑦ (明)李东阳《大明会典》卷七十七·乡试。

人，弥封官一人，誊录官一人，对读官四人，受卷官二人，皆择居官之清慎者充之"①的记载。足见，明代对读官任用标准以清正、廉洁、品行端正为最明确的考核指标，并且需要有一定的品级。

清代科举制度大体沿袭明制，仅乡试、会试两级设立誊录对读制度。清代乡会试仍设立受卷、弥封、誊录、对读4所。对于誊录、对读人员的遴选，《中国科举制度通史（清代卷）》中引《大清会典事例》对其选人用人标准的记述："誊录书手、对读生员，各府州县务细加考验，择善书朴实之人，开明籍贯、年貌，如有雇替、搪塞，将起送之官题参，各役正身及雇替之人，皆从重治究。"②同时，《清实录康熙朝实录》中亦有"誊录书手、对读生员、务令选择正身"的记载。这与明代选官标准如出一辙，人品是誊录与对读工作的无形保障。清代会试对于帘外官的选用有明确规定："会试受卷、弥封、誊录、对读及监门等官员，均于内院中书科、国子监、光禄寺、顺天府等衙门取用，预行各衙门开送，坐名委定执事，届期具提。"③内院中书科为明清时期掌缮写册文、诰敕的官署；光禄寺清代时期主要掌管祭享、筵宴、宫廷膳羞之事，负责祭拜及一切报捷盟会、重要仪式、接待使臣时有关宴会筵席等事④；国子监为国家最高学府和教育机关；顺天府为首都最高地方行政机关。可见清代会试帘外官的候选人标准进一步细化，对誊录对读人员的身份做了进一步规定。同时，由于帘外官的工作需要接触考生试卷，因此清代也明确了帘外四所官员需要加以回避。若家中亲族任帘外官，则家中子侄当科不得参考。这些都是清代为规避誊录、对读等帘外官暗通关节、私相授受所做的努力。

由是观之，与弥封制度相比，对读与誊录相伴出现，并自出现起至科举废黜，其变化相对较小。对读的选人用人至关重要，人品成为衡量对读官的重要考量。其本身与誊录俱为一体。在科场工作过程中，对读官工作量大但工作时间紧迫，且工作内容较为枯燥与机械。然而，一个看似并不起眼的官职，对于科举制度公平公正的维护却是有明显作用的。相比于弥封和誊录，对读工作是针对誊录官而出现的，目的在于核验原卷与朱卷的誊录内容的准确性。对读制度作为呈送试卷前的最后一道"保险"，确是保证科场举子公平权益的一项措施。弥封与誊录是防考生与读卷官私相授受，暗通关节；对读则更多是对誊录官工作的审核与校验，一定程度上维护了考生基本权益，是对考生及考场工作人员的"二次保险"。

---

①（明）王世贞《科试考》。
②李世愉、胡平著《中国科举制度通史·清代卷（上册）》，2017年，第111页引光绪《大清会典事例》。
③李世愉、胡平著《中国科举制度通史·清代卷（上册）》，2017年，第187页引光绪《大清会典事例》。
④故宫博物院官方网站。

二、帘外官体系的历史价值

除弥封官、誊录官、对读官外，包括受卷官、巡绰官等官吏共同构成了帘外官体系。帘外官的出现与不断完善，可以说是中国古代科举制度防弊历史的真实写照。它与科举制度的产生、成熟、衰落息息相关。帘外官是考生与读卷官之间的桥梁。考场秩序的维护，考场的公平公正，甚至是维护考生的个人利益，均属于帘外官体系的职责范围。于考生而言，帘外官制度本身对维护考生公平参考有极大效力；于国家而言，帘外官制度又维护了国家开科取士的尊严，在为国家可以真正通过科举选贤任能这一方面提供保障。北宋文坛领袖欧阳修甚至盛赞弥封、誊录制度是"比于前代，最号至公"[1]，且提出"祖宗以来不可易之制也"。然而，再好的制度保障，若不能得到有效执行，甚至会成为新的风险点。帘外官制度在实施过程中遇到种种暗通关节的舞弊行为甚至是伴随这一制度的出现与消亡。针对科场舞弊而形成且不断完善的帘外官制度，却也被历朝历代的舞弊者所利用。清末搜检的流于形式，科场考试的蝇营狗苟，背后反映的正是封建王朝统治制度的积重难返。考试不可避免会产生作弊行为，而弥封、誊录、对读等制度的产生、发展，是古代科举制度为杜绝作弊所做出的尝试。但标本不可兼治，这些措施最终都不能从根本上改变社会制度内核的腐朽。当社会结构发生变化时，这些措施一并成为历史。

随着社会发展，誊录与对读已然不为今天的考试所需要，但校对仍然是文字工作极为重要的环节。历史的进程就是在去粗取精的过程中不断演进。面对新的考试形式，这种纯人力的工作已彻底淘汰，但帘外官体系中的一部分职能通过新的形式传承至今，足以证明科举制度防弊措施至今仍有价值，同时更折射出从古至今对于公平公正的追求从未停止。

吴晛，孔庙和国子监博物馆研究部，馆员

---

[1]《欧阳文忠公文集》卷一百一十三，台北商务印书馆，1967年。

清朝翻译科初探

金 鑫

摘要

翻译科是清代创立的一种专门针对八旗子弟的考试，目的是选拔翻译人才，传承满文与满族文化。其考试制度、流程仿照科举但又有其特殊性，是清代科举考试中极其重要、极为特殊的组成部分。它所具有的特殊性以及它对清代政治、文化、科举制度的影响具有很高的研究价值。

关键词

清朝；科举；翻译科；八旗

一、翻译科的创立与发展

（一）什么是翻译科

科举考试制度诞生于隋代，结束于清末，在中国延续了一千四百多年。在各个朝代都发展出各自的特点。我们今天探讨的，是清代在常规的科举考试之外，增设的一种特殊的科举考试——翻译科。这是面向八旗子弟的选拔性考试。考试流程和取录方式与常规科举考试基本相同但又别具一格。

（二）翻译科的发展轨迹

后金政权时期，为了网罗人才，就逐步开始在前朝科举制度的基础之上进行探索。在皇太极时期，天聪八年（1634年）三月，进行了生员考核，选拔翻译科秀才。同年四月，举行了科举考试，"考取通满洲、蒙古、汉书文义者为举人。"①

关于翻译科正式开始的时间，目前笔者查到的最早记录是顺治八年（1651年）。据清代《钦定科场条例》记载："顺治八年定：满洲蒙古考试能通汉文者，翻译文一篇，未能汉文者，作清字文一篇。"②无独有偶，《东华录》中关于顺治朝也有相关记载："满洲蒙古汉军各旗子弟，有通文义者，提学御史考试，取入顺天府学。乡试作文一篇，会试作文两篇，优者准其入式，照甲第除授官职。则人知向学进取有阶矣，报可。"③顺治十四年，皇帝因为担心八旗子弟因为将重心放于科举考试而荒废骑射，决定停止翻译科。之后的康熙朝依然延续了此规定，没有举办翻译科举。

直到雍正朝，雍正皇帝决定恢复翻译科的考试。雍正元年，皇帝颁布上谕："八旗满洲人等除照常考试汉文秀才、举人、进士外，至于翻译、技勇，亦属紧要。应将满洲人等考取翻译秀才、举人、进士，并武秀才、举人、进士，著会同该部，将作何考试、额数多少之处，定议具奏。"④并且在雍正四年（1726年）改变之前只允许满、蒙旗人参加的规定，允许汉军参加。雍正九年（1731年）时，在此基础之上又增设了蒙古翻译科。

乾隆十九年停止了翻译科考试，原因是他认为现在参加翻译科的考生"每以寻章摘句为事，转失翻译本义"⑤，翻译科已失去了存在的价值。后来皇帝却发现一个现象：停止翻译科后学习满语的人数大幅度减少，于是在乾隆四十三年又恢复了翻译科考试。嘉庆朝翻译科举制度趋于完备，但依然呈现出江河日下之势，直到道光年间，因为报考人数太少，翻译科已名存实亡。

图 1-1 乾隆朝翻译科进士题名碑三块
（现藏于孔庙和国子监博物馆）

---

①清《太宗文皇帝实录》卷一八，天聪八年四月辛巳。
②清《钦定科场条例》卷五十八，《翻译·翻译童试·附载旧例》。
③(清) 蒋良骐《东华录》中华书局，1980 年。
④清《世宗宪皇帝实录》卷三。
⑤清《钦定大清会典事例》卷三百六十三。

二、翻译科的特点

作为清代创立的一种特殊的科举考试,翻译科与常规科举相比,有其特殊性:

(一)时兴时废命途多舛

翻译科的创立,缘于清代帝王希望本民族的语言、文化得到有效的保护与传承。但由于时局的变化,翻译科不得不给政治让路,因此在清代呈现出了时兴时废的局面。例如:顺治十四年,顺治皇帝担心旗人因注重科举而荒废骑射,决定停止翻译科的考试。乾隆十九年(1754年),皇帝下令停止翻译科乡会试考试,虽然史料中并未记载直接的原因,但是,乾隆四十年(1775年),御史穆隆阿奏请重开翻译科的奏折遭到乾隆皇帝的驳斥,我们在乾隆的上谕中可以窥见一斑:"从前令旗人考试翻译举人、进士,原以清书为满洲根本,考试翻译,使不失满洲本业也。后因应试人员每以寻章摘句为事,转失翻译本义,殊属无益,因谕令军机大臣等详加定议,除翻译生员仍行考试,以为考试中书、笔帖式之阶,其翻译举人、进士俱停考试。"① 乾隆认为,八旗子弟将翻译考试作为进身之阶,在考试时寻章摘句敷衍了事,这违背了设立翻译科的初衷,失去了翻译科存在的意义,因此决定停止考试。

(二)文武并重的考试机制

满族作为游牧民族,一直有尚武的传统,逐水草而居的旗人更是将骑射作为立族的根本。因此,翻译科的考试与常规科举只考文才不同,是文武并重的。康熙二十八年(1689年)颁布上谕:"满洲以骑射为本,学习骑射原不妨碍读书,考试举人、进士亦令骑射。倘将不堪者取中,监箭官及中式人一并从重治罪。"② 自此,清朝翻译科的考试,所有考生要先由兵部考核骑射,考核通过者才可以进入贡院参加笔试。

---

① 清《钦定大清会典事例》卷三百六十三。
② 清《圣祖仁皇帝实录》卷一四〇,康熙二十八年三月丁亥。

三、翻译科考试的先进性与局限性

作为专门针对八旗子弟的科举考试，受民族特性的影响，翻译科的先进性与局限性非常的明显。

（一）推动了满语的学习和传承

清乾隆帝谕旨中提到："设立翻译科，原为鼓舞满洲，令诸生专意学习国语（指满语），考取时必取真才，然后未得考取之人方知奋勉勤学而翻译书史，亦能发挥清文精粹义理。"[①]可见，清朝统治者创立翻译科的根本目的在于维护满族对全国政权的长远统治的同时保护满族文化的传承，避免被汉民族文化完全同化的，当然也有积极吸收汉文化并进而丰富自身民族文化的长远打算。毋庸置疑的是，翻译科创立之初，的确激发了八旗子弟学习和传承满语的热情。

（二）重武轻文畸形发展

满族发源于白山黑水之间，逐水草而居，因此自古就有尚武的传统，并将之看作立国之本。因此翻译科的考核始终遵循文武并重的原则，只有骑射通过考核，才能够参加翻译科的笔试。原本文武并重的考核原则，相较于只注重文才而忽略了身体素质的常规科举来说更加科学，但也正是由于重视骑射，使得翻译科举的发展始终受制于军事。例如，康熙十五年（1676年）爆发了三藩之乱，礼部的奏折里这样写道："朝廷定鼎以来，虽文武并用，然八旗子弟尤以武备为急，恐专心习文，以致武备懈弛。今值用武之际，若令八旗子弟仍与汉人一体考试，必偏尚读书，有误训练。"[②]可见，满族统治者认为八旗子弟的根本任务是从军打仗，为了八旗子弟能够专心战事，需停止翻译科考。一切事物都要为军事让路。我们纵观清代翻译科的数度废止，多与此相关。

（三）制度涣散不成体系

翻译科设立之初，是清朝统治者希望传承和发扬本民族的语言和文化，后来顺治帝

---

① 清《钦定科场条例》卷五十九，《翻译·翻译乡会试上·例案》。
② 清《圣祖仁皇帝实录》卷六十三，康熙十五年十月己巳。

为防八旗子弟荒废骑射下旨停止翻译科举。雍正时期翻译科恢复考试并增加规模，可到了乾隆十九年，皇帝认为翻译科已失去了存在的意义，因此下令停止了翻译科的乡试和会试；之后到了乾隆四十三年，却又恢复乡试和会试并定为三年一考；乾隆五十二年，又改为五年一考；嘉庆二年又改回了三年一考。翻译科作为全国性的官员选拔考试，数度兴废，缺乏连贯性，考期又变化得如此频繁，可见其制度上相当的不成熟、不完善。

（四）缺乏公平性

翻译科最初设立时只针对八旗子弟，后来逐步面向蒙军旗、汉军旗开放，看似公平，可实际上真的公平吗？我们来看一看《钦定大清会典事例》中记载的顺治八年规定："凡遇应考年分，乡试取中满洲五十名，蒙古二十名，汉军五十名……会试取中满洲二十五名，蒙古十名，汉军二十五名。"[①] 如果只看数字，汉军旗、满军旗录取人数相当，但是我们要知道汉军旗的人口基数要远远高于满军旗，所以，实际的录取比例要远远低于满军旗。除了拥有很高的录取比例之外，满八旗中的宗室甚至还享有单独出题的特权。

结　论

翻译科从创立到废除，一共走过255年的时光，中间虽经历了时兴时废的坎坷发展，但终究存续下来，可以说基本上贯穿于清朝的统治始终。翻译科可以说是清代科举中极为重要的组成部分，也是最有特色的，更是八旗子弟实现政治抱负最主要的途径，翻译科为清朝统治的稳定和繁荣做出了重要的贡献。首先，它通过科举的方式选拔出大量文武兼备的八旗人才，巩固了统治。其次，促进了满族语言和文化的传承与发展。但同时由于制度性的缺欠和政治环境的影响，翻译科失去了它存在的意义，日趋式微，直至被淹没在历史的长河之中。

金鑫，孔庙和国子监博物馆社教部，馆员

---

① 清《钦定科场条例》卷五十九，《翻译·翻译乡会试上·例案》。

清代小雁塔武举题名碑研究[①]

葛 天 高 娟

摘要

清代西安荐福寺小雁塔武举题名碑，为武举集资或独资所立，非官方行为。清代小雁塔武举题名碑立碑时间，多在武科乡试结束后的十月下旬、十一月、十二月。清代陕西武科乡试额数出现反复，康熙二十六年以后额数锐减，后额数不断增加，终至69名。乾隆年间的4通陕甘武举题名碑，特别是乾隆四十五年、四十八年陕甘武举题名碑中的新疆籍武举，反映了新疆归属清朝统治后巴里坤、昌吉、迪化等地汉人移民渐多、经济发展的历史状况。对武举籍贯进行统计分析，可见陕西、甘肃、宁夏等省武举分布特征及其所代表的地区经济势力、社会风气对近代社会的影响。道光十一年、光绪二年两碑反映了西安驻防八旗与陕西人一体参加武科乡试、旗人与陕西人隔阂收窄的史实。

关键词

小雁塔；武科乡试；题名碑；西安驻防八旗

雁塔题名始于唐代，时称慈恩题名，后世称雁塔题名。宋、金、元、明、清，官方为进士立题名碑，成为制度。唐以后，西安不再为都，但雁塔题名的雅故影响深远。从明代开始，在西安参加乡试中举者，文举在大雁塔下立题名碑，武举在小雁塔下立题名碑，清代延续。西安博物院以荐福寺小雁塔为核心扩建而成，藏有清代13通武举题名碑，对清代陕西乃至西北史地、武科乡试研究有较大价值。

一、清代小雁塔武举题名碑简介

清代小雁塔武举题名碑没有被系统命名，本文依据①朝代名、②年号、③某年、④甲子某科、⑤省域、⑥武闱、武举、武科题名碑（视碑文而定）的顺序，对13通武举题名碑命名如下：

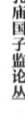

[①] 本文系西安市2022年度社会科学规划基金重点项目《唐宋明清小雁塔碑石整理与研究》（编号：22LW41）的阶段性研究成果之一。

1. 清康熙二十六年丁卯科陕西武举题名碑。上碑宽119厘米，高39厘米；下碑宽142厘米，高40厘米。现藏西安博物院。该碑题目为"题名谱"，落款为"康熙二十六年腊月下浣正泰视学使者泚水许孙荃四山氏撰并书丹"，武举题名均为陕西籍，故命名为"清康熙二十六年丁卯科陕西武举题名碑"。

2. 清雍正二年甲辰科陕甘武举题名碑。碑残高68厘米，宽76厘米，厚16厘米，现存西安博物院。碑额为"皇清"，题目为"雍正二年甲辰科题名碑"。该碑题记下半部全部残损，题记中有"余将于六十人望之"语，当时陕甘两省武举名额各30人，可知该碑为陕甘两省武举所立，故命名为"清雍正二年甲辰科陕甘武举题名碑"。

3. 清乾隆六年辛酉科陕甘武举题名碑。碑高170厘米，宽73厘米，厚17厘米，现存西安博物院。碑额缺损，碑记题目为"辛酉科陕甘乡试题名碑记"，内容较为清晰，故命名为"清乾隆六年辛酉科陕甘武举题名碑"。

4. 清乾隆十八年癸酉科陕甘武举题名碑。碑残高166厘米，宽78厘米，厚22厘米，现存西安博物院。碑额为"皇清"，碑记题目为"癸酉科题名记"，落款为"乾隆十八年十一月吉日立"，通过内容可知为陕甘武科乡试，故命名为"清乾隆十八年癸酉科陕甘武举题名碑"。

5. 清乾隆廿一年丙子科陕甘武闱乡试题名碑。碑残高86厘米，宽78厘米，厚18厘米，现存西安博物院。碑额为"皇清"，碑记题目为"乾隆丙子陕甘武闱乡试题名碑"，落款为"乾隆二十二年□月吉旦"。该碑是丙子科武举乡试第二年所立，故命名为"清乾隆廿一年丙子科陕甘武闱乡试题名碑"。

6. 清乾隆四十五年庚子科陕甘武闱雁塔题名碑。碑高210厘米，宽82厘米，厚15厘米，现存西安博物院。碑额为"皇清"，题记题目为"庚子陕甘武闱雁塔题名碑记"，落款日期为"乾隆辛丑三月□旦"，故命名为"乾隆四十五年庚子科陕甘武闱雁塔题名碑"。

7. 清乾隆四十八年癸卯科陕甘武举题名碑。碑高210厘米，宽82厘米，厚15厘米，现存西安博物院。碑额为"皇清"，落款日期为"乾隆四十八年十月下浣之吉"，故命名为"清乾隆四十八年癸卯科陕甘武举题名碑"。

8. 清嘉庆三年戊午科陕西武闱乡试题名碑。碑高91厘米，宽50厘米，厚10厘米，现存西安博物院。碑额为"皇清"，碑记题目为"戊午陕西武闱乡试碑记"，故命名为"清嘉庆三年戊午科陕西武闱乡试题名碑"。

9. 清嘉庆十三年戊辰科陕西武举题名碑。该碑严重残缺，仅存数行残字："……□应彪　咸宁县……□万春　合阳县……名　秦占鳌　合阳县……名　李攀

桂　合阳县……九名　王丕□　大荔县……名　朱□咸宁县……□应魁　富平县"。咸丰《同州府志·选举表下·嘉庆十三年武举》载，"屈会员、秦云、秦占鳌、李攀桂，俱合阳人，卫千总；王金生，蒲城人；王丕烈，大荔人；李元会、杨应澶（左鱼），俱朝邑人。"① 其中秦占鳌、李攀桂、王丕烈三人姓名籍贯与残碑题名相同，该碑可断为嘉庆十三年陕西武举题名碑。故命名为"清嘉庆十三年戊辰科陕西武举题名碑"。

10. 清嘉庆十五年庚午科陕西武乡试题名碑。碑高135厘米，宽65厘米，厚13.5厘米，现存西安博物院。碑额为"皇清"，落款为"嘉庆岁次庚午葭月武乡试题名碑记"，故命名为"清嘉庆十五年庚午科陕西武乡试题名碑"。

11. 清道光十一年辛卯科陕西武闱题名碑。碑高171厘米，宽69厘米，厚17厘米，现存西安博物院。碑额为"皇清"，落款为"道光十一年武闱题名碑"，故命名为"清道光十一年辛卯科陕西武闱题名碑"。

12. 清同治九年庚午正科补行壬戌恩科陕西武乡试题名碑。碑高135厘米，宽57厘米，厚12厘米，现存西安博物院。落款为"同治九年陕西满汉武乡试庚午正科补行壬戌恩科"，故命名为"同治九年庚午正科补行壬戌恩科陕西武乡试题名碑"。

13. 清光绪二年丙丁科陕西武举题名碑。碑高124厘米，宽54厘米，厚16厘米，现存西安博物院。碑额为"皇清"，落款为"光绪二年陕西丙子科乡试武举人等六十九名"，故命名为"清光绪二年丙子科陕西武举题名碑"。

二、清代小雁塔武举题名碑研究

综合13通清代小雁塔武举题名碑，试从六个方面对荐福寺小雁塔清代武举题名碑做如下研究。

（一）清代荐福寺小雁塔武举题名碑的性质

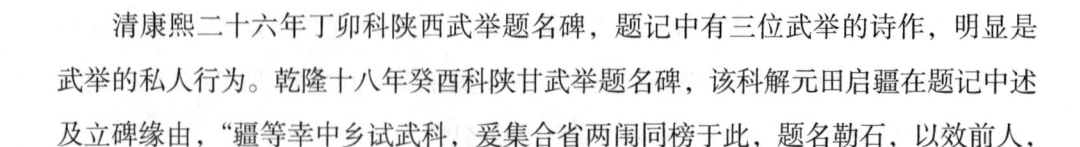

清康熙二十六年丁卯科陕西武举题名碑，题记中有三位武举的诗作，明显是武举的私人行为。乾隆十八年癸酉科陕甘武举题名碑，该科解元田启疆在题记中述及立碑缘由，"疆等幸中乡试武科，爰集合省两闱同榜于此，题名勒石，以效前人，

---

① 北京图书馆：《地方志人物传记资料丛刊·西北卷》（9册），北京图书馆出版社1990年版，第288页。

以垂不朽"。可知立该碑为武举私人行为，武举集资而立。嘉庆三年戊午科陕西武闱乡试碑，碑记中详载该碑迟立的原因："余自戊午科幸入乡试结晓后，教匪不宁，凡我同人思归之念切，将题名之事未暇举耳。迨庚午科余送侄栲乙乡试，游览至此，见先哲之碑文历历可指，我同人之姓字竟湮没弗彰，遂低徊久之，不忍忘也，于是独出资财，树之贞珉，而诸公之姓名庶昭然可考焉。"该碑为武举刘圭璋独出资金所立。由上可知，清代荐福寺小雁塔武举题名碑，为武举集资或独资所立，非官方行为。

（二）清代荐福寺小雁塔武举题名碑立碑的时间

清康熙二十六年丁卯科陕西武举题名碑，题记中有"丁卯畅月，集武闱考隽诸子《荐福寺雁塔题名》小引"，"康熙二十六年腊月下浣正泰视学使者浠水许孙荃四山氏撰并书丹。""畅月"为十一月，十一月武举们即来荐福寺小雁塔商议立碑之事，腊月事竣。

清乾隆十八年癸酉科陕甘武举题名碑，碑记落款明确记载为"乾隆十八年十一月吉日立"。清乾隆四十五年庚子科陕甘武闱雁塔题名碑，碑记中明确指出该科题名的时间及原因："名题荐福，旧制在撤闱以后，当撤闱不即题名者。文则陕甘统闱，无所待。武则析陕甘而二之，析故，必待人合，事乃得举。今春三月，甘之公车北上诣陕，与陕闱之世禄全君、绍伊尹君暨以相合谋，所以题名者而后，乃今将遵旧制而记之也。"落款为"乾隆辛丑年三月囗旦，陕西尹绍伊、全世禄、柴以相撰并书"。清乾隆四十八年癸卯科陕甘武举题名碑，落款为"乾隆四十八年十月下浣之吉"。

清嘉庆三年戊午科陕西武闱乡试题名碑，嘉庆"戊午"指嘉庆三年（1798年），该碑立于12年后的嘉庆十五年。嘉庆三年戊午科陕西武闱乡试碑，碑记中详载该碑迟立的原因："余自戊午科幸入乡试结晓后，教匪不宁，凡我同人思归之念切，将题名之事未暇举耳。迨庚午科余送侄栲乙乡试，游览至此，见先哲之碑文历历可指，我同人之姓字竟湮没弗彰，遂低徊久之，不忍忘也，于是独出资财，树之贞珉，而诸公之姓名庶昭然可考焉。"

综上，清代小雁塔武举题名碑立碑时间也多在武科乡试结束后的十月下旬、十一月或十二月。由于陕甘武科乡试分闱，甘肃武科举人名单及举人代表到达西安的时间有早有晚，也有年底迅速抵达商妥立碑的，也有晚至第二年三月立碑的。也有特殊情况，清嘉庆三年戊午科陕西武闱乡试题名碑，立碑时间晚至12年后。

（三）清代陕西武举名额的变化

清初，陕西武乡试额数，40、50名不稳定，但长期高于文举额数。从康熙二十九年开始，陕西武乡试额数突然降至20名。雍正《陕西通志·选举·武举》载："会典顺治二年题准西、延、汉、凤及榆林镇武生载西安府乡试，凡解额历年多寡不等。康熙二十三年甲子科乡试，西安四十名。武场条例武场原额，甘属取中四十名，陕属取中五十名，康熙二十九年部咨庚午科甘陕武闱照文闱例，各取二十名。"①

康熙四十九年武科乡试额数增加，"陕西、甘肃原取中武举各二十名。今于原额外各增中十名"。②雍正二年武科乡试额数增加，"陕西地属雍凉，人材壮健，强勇者多，骑射娴熟，胜于他省，每科乡试取中不过三十名，额少人多，不无屈抑，自雍正四年乡试为始，西安甘肃武举各加中十名。"③乾隆元年武科乡试额数增加，"陕甘之人，长于武事，其人材壮健，弓马娴熟，较他省为优。向来武闱乡试中额，每省各四十名，应试之人，每以限于额数，不能多取，其如何量行广额取中之处，著该部议奏，钦此。遵旨议定，陕甘二省，每省原额取中四十名，今酌加十名，各取中五十名"。④从乾隆元年开始，陕西、甘肃两省武举额数分别为50名。小雁塔武举题名碑中，清乾隆六年、乾隆四十五年、乾隆四十八年陕西乡试武举均为50人。

"嘉庆十八年，复旧制。满、蒙乡试中十三名，各省驻防就该省应试，率十人中一，多者十名，少或一名。"⑤从嘉庆十八年开始，西安驻防八旗参加陕西武科乡试，旗人10名，加上原有50名，共60名。由道光十一年陕西武科乡试题名碑可证，该科共60名，旗人10名，汉人50名。到了光绪二年，旗人还是10名，但汉人增至59名，总数增加9名，这与太平天国战争有极大关系。当时清廷财政匮乏，鼓励各地捐输，凡捐输军饷的地方，将增加各地生员额数及乡试中额。"陕西自咸同军兴，各府厅州县捐输军饷过万两者所在多有，故咸同以后各属学额多增于

---

① 雍正《陕西通志》，三秦出版社2012年，第31册，第17—18页。
② [清]昆冈：《钦定大清会典事例》卷716《兵部》，中华书局1991年影印本，第8册，第900页。
③ [清]昆冈：《钦定大清会典事例》卷716《兵部》，中华书局1991年影印本，第8册，第901页。
④ [清]昆冈：《钦定大清会典事例》卷716《兵部》，中华书局1991年影印本，第8册，第904页。
⑤ 赵尔巽等撰：《清史稿》，中华书局1988年版，第3174页。

旧。"①陕西省兴平县，"咸丰十一年以捐输军饷加永远学额三名"。②陕西省三原县，"咸丰五年以捐输军饷加永远学额一名，八年以捐输军饷加永远学额七名，十一年以捐输军饷加永远学额二名，二年一贡"。③

咸丰、同治时期，各省捐输额极大，陕西省最终获得永久增加乡试中额9人。"咸、同间，各省输饷辄数百万，增广中额，数至十万两者，加中一名为一次之广额；数至三十万两者，加中一名为永远之广额。捐数虽多，唯定广额不得过大省三十名、中省二十名、小省十名之数。先后永远广中额，四川二十，江苏十八，广东十四，福建、浙江、湖南、湖北、江西、山西、安徽、甘肃、云南、贵州各十，陕西九，河南、广西各八，直隶、山东各二。"④武科与文科乡试额数相同，"咸同间输饷广额，有一次者，有永远者，如文闱之例"。⑤从嘉庆十八年开始，陕西汉满一体武科乡试，共60人。咸同间，陕西增加9人，旗人中额不变，共69人。

（四）清代荐福寺小雁塔题名武举籍贯分析

13通清代小雁塔武举题名碑，其中清雍正二年陕甘武举题名碑、清同治九年陕西武举题名碑，两碑题名漫漶不清，且中国第一历史档案馆《陕西武乡试录》缺失，故不予统计。

1.11通题名碑所反映的陕西武举籍贯分析

据清代康熙二十六年、乾隆六年、乾隆十八年、乾隆廿一年、乾隆四十五年、乾隆四十八年、嘉庆三年、嘉庆十三年、嘉庆十五年、道光十一年、光绪二年11通陕西乡试题名碑，题名残缺部分通过《陕西武乡试录》补遗，对11科498名陕西人武举籍贯列表统计，按今天陕西地市级行政区划归类，见表一：

清代陕西与今天行政区划演变较大，以今天陕西10个地市行政区划为准，对清代陕西各府州县武举人数由高到低进行排列：渭南160、西安123、咸阳71、榆林42、宝鸡36、汉中24、安康14、延安12、商洛8、铜川8。

---

① 宋伯鲁等撰：《续修陕西省通志稿》卷三十六，民国二十三年，第3页。
② 宋伯鲁等撰：《续修陕西省通志稿》卷三十七，民国二十三年，第10页。
③ 宋伯鲁等撰：《续修陕西省通志稿》卷三十七，民国二十三年，第16页。
④ 商衍鎏：《清代科举考试述录》，故宫出版社2014年，104–105页。
⑤ 商衍鎏：《清代科举考试述录》，故宫出版社2014年，244页。

表一：11 通武举题名碑陕西籍贯统计表

地区	县/府	数	地区	县/府	数	地区	县/府	数
西安地区 123	长安、咸宁	63	渭南地区 160	合阳县	22	咸阳地区 71	三原县	16
	西安（府）	16		富平县	18		武功县	13
	周至县	12		韩城县	18		泾阳县	10
	临潼县	11		同州府	17		礼泉县	7
	户县	10		渭南县	16		乾州	6
	高陵县	6		朝邑县	16		咸阳县	5
	蓝田县	5		蒲城县	12		兴平县	5
宝鸡地区 36	凤翔府、县	12		华阴县	10		邠州	3
	宝鸡县	8		大荔县	10		淳化县	2
	眉县	5		潼关厅	8		三水县	2
	扶风县	3		华州	8		永寿县	1
	岐山县	3		白水县	4		长武县	1
	凤县	2		澄城县	1	汉中地区 24	汉中府	6
	陇州	1	延安地区 12	延安府	5		城固县	4
	千阳县	1		鄜州	2		洋县	4
	麟游县	1		安定县	2		宁羌州	3
榆林地区 42	榆林府、县	20		延川县	1		南郑县	3
	清涧县	5		中部县	1		西乡县	3
	神木县	4		宜川县	1		沔县	1
	绥德州	3	安康地区 14	安康县	6	商洛 8	商州	4
	定边县	3		兴安府	4		山阳县	2
	靖边县	2		紫阳县	2		商南县	1
	吴堡县	2		旬阳县	1		镇安县	1
	米脂县	2		宁陕县	1	铜川 8	耀州	4
	葭州	1					宜君县	4

参加武科乡试要自备马匹，长期训练，占用生产劳动时间，需要一定的经济基础支撑。咸宁县后并入长安县，长安、咸宁位于陕西的政治、经济、军事、文化中心之地，其武举数量排在前列，并不意外。需要注意的是，今渭南市武举数量超过西安市，朝邑县后并入大荔县，若大荔、朝邑武举数量合一，则高达 26 名，紧随长安、咸宁之后，合阳县以 22 名之多居第三，渭南的富平县、韩城县、同州府、渭南县数量均较多。陕西近代的著名军政人才，如杨虎城、习仲勋等多出自渭南地区，与清代渭南地区尚武之风较强及武举较多的社会环境不无关系。咸阳市的三原县、武功县，西安府，榆林府、县，也都比较突出。相较而言，延安地区 12 人较少，而汉中 24 人一改人们以为汉中文弱的成见。

2.4 通题名碑所反映的甘肃、宁夏、新疆、青海武举籍贯分析

明代，西北只有陕西一省，明代小雁塔武举题名碑武举籍贯包括陕西、甘肃、宁夏三省。清顺治二年，陕西、甘肃两省武科乡试分别在两省举行，"西、延、汉、凤及榆林镇，在西安府乡试。平、庆、临、巩、暨两河等处，在甘肃乡试"。① 尽管清代甘肃武生不在西安参加乡试，但清代光绪元年以前甘肃等地的文生员都在西安参加乡试，中举者共同在大雁塔下立文举题名碑，加之明代西北武举共同在小雁塔立题名碑的影响，清代甘肃武举也多有与陕西武举共同在小雁塔下立题名碑。在陕甘武举题名碑中，陕甘武举分列，陕西籍武举称"东闱"，甘肃等地武举称"西闱"。小雁塔武举题名碑中，乾隆六年、乾隆十八年、乾隆二十一年、乾隆四十五年、乾隆四十八年武举题名碑，均为陕甘武举共立。乾隆二十一年题名全部缺失，中国第一历史档案馆《甘肃武乡试录》，缺失乾隆二十一年《甘肃武乡试录》，故以其余4碑"西闱"武举为对象，对其籍贯进行统计分析。

清代宁夏、西宁等地，属甘肃布政使管辖，其武生员在甘肃参加武科乡试。清军平定准噶尔后，天山以北的巴里坤、奇台、阜康、昌吉、迪化等地，汉人移民渐多，清朝在此设府、州、县，其军事属伊犁将军管辖，民政属甘肃布政使管辖，武生员在甘肃参加武科乡试，故甘肃武科乡试武举籍贯包括今新疆、青海、宁夏等省区。

表二：4通武举题名碑甘肃、宁夏、新疆、青海武举籍贯统计表

甘肃省								
兰州市	兰州府	7	天水市	秦州	1	庆阳市	庆阳府	5
	皋兰县	9		伏羌（甘谷）	2		安化县	1
	平番（永登）	2		秦安县	3		镇原县	3
				宁远（武山）	1		宁州	1
							正宁州	1
							环县	1
白银市	靖远县	2	甘南	洮州（临潭）	2	陇南市	微县	1
	会宁县	3					阶州（武都）	2
				通渭县	2			
酒泉市	肃州	2	定西市	安定县	1	金昌市	永昌县	4
	安西州	4		狄道（临洮）	3			
	敦煌县	1		陇西县	1			

---

① [清]昆冈：《钦定大清会典事例》卷七一六《兵部》，中华书局1991年影印本，第8册，第898-899页。

续表

甘肃省								
张掖市	甘州府	4	武威市	凉州府	5	平凉市	平凉府	3
	张掖县	3		武威县	3		灵台县	1
	高台县	1		古浪县	1		泾州	2
	山丹县	1		镇番（民勤）	2		静宁州	2
宁夏回族自治区								
银川	宁夏府	11	固原	固原州	4	中卫	中卫县	4
	宁夏县	6	青铜峡市				宁朔县	3
	灵州	4	石嘴山市				平罗县	3
新疆维吾尔自治区								
乌鲁木齐	迪化州	2	昌吉州	昌吉县	2	哈密市	镇西	1
				奇台县	2		宜禾县	1
				阜康县	1			
青海省								
西宁市							西宁府	5

乾隆六年陕甘武举题名碑，武举题名大部分残缺，4通陕甘武举题名碑中籍贯清晰的"西闱"武举136名，其中甘肃籍87人，宁夏籍35人，新疆籍9人，青海籍5人。甘肃籍占64.0%，宁夏籍占25.7%，新疆籍占6.6%，青海籍占3.7%。

就四省区土地面积而言，甘肃是宁夏的6倍，而武举人数只是宁夏的2倍多。宁夏武举占比偏高。以今天地市为单位，第一名是银川市21人，在第二名兰州18人之上，而第3名的甘肃庆阳市，只有13人。清乾隆宁夏归属甘肃时期，以武科中举人数所反映的综合实力已不可小觑，银川与兰州可以分庭抗礼，这在一定程度上反映了民国时期宁夏脱离甘肃的雏形早已具备。

青海归属清朝较早，新疆归属清朝最晚，乾隆六年、十八年新疆还未归属清朝，在统计中，新疆武生员只参加了乾隆四十五、四十八年两科乡试，中举人数却远在参加四科乡试的青海之上。说明青海自然环境恶劣，经济发展缓慢，而新疆天山以北的昌吉、乌鲁木齐、巴里坤地区，自然水土资源在青海西宁等地之上，虽开发较晚，但发展速度较快。

（五）清代2通武举题名碑所反映的汉满关系

西安博物院藏有13通清代武举题名碑，同治九年的题名碑十分模糊，约略可以看出一两个旗人籍贯，道光十一年题名碑和光绪二年题名碑清晰，均有旗人武举，反映了西安驻防八旗参加陕西武科乡试的史实。同时，旗人武举与陕西武举共同出资在荐福寺小雁塔立题名碑，说明西安驻防八旗对小雁塔武举题名文化传统的认同。道光十一年题名碑中，10名旗人武举在60名武举中的名次分别是第2、8、14、21、31、37、45、48、52、55名。光绪二年题名碑中，10名旗人武举在69名武举中的名次分别是第8、14、22、28、34、36、42、48、57、59名，两科的解元都不是旗人。旗人不仅与陕西汉人同科考试，也按成绩高低排列名次。这些均表明，陕西汉满差异在收窄。

清代武科乡试分外场和内场，先考外场军事技能，外场合格，再考内场军事理论。外场考试细分为马箭、步箭、技勇，技勇即弓、刀、石测试。马箭、步箭考察命中率，而弓试不搭箭，考察臂力。清代武科乡试外场马箭规则："武乡会试头场试马箭，树立三大靶，各离三十五弓，每人跑马二回，共射六箭，再射地球一箭，计七箭。以中三箭者为合式，缺一者不准考试步箭。"① "地球"，直径60厘米，皮制，置于地面上的小土台，要求将其射离土台，考察俯射能力。步箭规则："武乡会试二场试步箭，步靶高五尺五寸，宽二尺五寸，以三十弓为则，每人连射六箭，须直中靶子中央者为中，其碰边擦框及中靶子根、靶子旗者，俱不算。六箭内以中二箭者为合式，缺一者不准再试技勇。"② 技勇规则："武乡会试步箭后考试技勇，以八力弓、八十斤刀、二百斤石为三号，十力弓、一百斤刀、二百五十斤石为二号，十二力弓、一百二十斤刀、三百斤石为头号。弓必开满，刀必舞花，石必离地一尺，弓力有能加重者，听也不得过十五力。三项内必须有一二项头二号者，方准挑入好字号，若俱系三号，不准挑入好字号。"③

嘉庆十八年以前，满洲、蒙古武科内容、组织形式与汉人不同。没有举石和舞刀，是清代旗人武科前期与汉人武科最大的不同。"满洲应武科始雍正元年，乡试中二十名，会试中四名。十二年，诏停，数十年无复行者。嘉庆十八年，复旧制。满、蒙乡试中十三名，各省驻防就该省应试，率十人中一，多者十名，少或一名。"④ 从嘉庆十八年开始，武科考试内容始与汉人完全相同，"嘉庆十八年议令，满洲蒙古旗人与汉人汉军一体应试。满洲蒙古旧例，只试马步射硬弓，遂将舞刀一事一律停止。今思技勇内既向有舞刀一项，满洲蒙古士子自应一体联系，亦不迫以时日，著自道光三年为始，凡满洲蒙古汉军汉人之应童试者，俱仍试以舞刀。至五

---

① [清]景清等：《钦定武场条例》卷四，北京出版社2000年影印本，第1页。
② [清]景清等：《钦定武场条例》卷四，北京出版社2000年影印本，第3页。
③ [清]景清等：《钦定武场条例》卷四，北京出版社2000年影印本，第9页。
④ 赵尔巽等撰：《清史稿》，中华书局1988年版，第3174页。

年乡试六年会试，均已娴熟，一体考试，以复旧规，钦此。"[1] 嘉庆十八年议令，各省驻防八旗的武举额数，少则1名，多则10名。道光十一年、光绪二年，陕西驻防八旗武举均达10名之多，足见西安驻防八旗规模之大。

（六）清代重视武科原因浅析

清代武科制度比较完备。唐代首创武举，只考武艺，不考兵书。宋代武举分解、省、殿三试，并增加了程文试，但武举存在重文轻武、录取率低、授职低等弊端。明朝开国百年无武举，天顺八年始有武举，而武举殿试只在崇祯四年举行了一次，其余时间武举只有乡、会试。清代武举，从顺治至光绪二十七年（1905年），二百多年没有间断。清代武科与文科一样，分为童试、乡试、会试、殿试，制度比较完备。

清代，旗人居于统治地位，与历代中原王朝不同，如何统治占人口大多数的汉人，是清代统治者最大的关切。科举制的价值，为底层人士提供不依赖父祖恩荫的上升通道，有利于扩大统治基础。唐太宗"见新进士缀行而出，喜曰：'天下英雄入吾彀中矣'"[2]。清代不仅为文人提供稳定的上升通道，也为武人提供稳定的上升通道，使各地文武精英纳入清朝统治体系，有利于统治稳定。

五、结语

清代西安小雁塔武举题名碑，为武举集资或独资所立，非官方行为。清代小雁塔武举题名碑立碑时间，也多在武科乡试结束后的十月下旬、十一月或十二月。由于陕甘武科乡试分闱，甘肃武科举人名单及举人代表到达西安的时间有早有晚，也有年底迅速抵达商妥立碑的，也有晚至第二年三月立碑的。清嘉庆三年戊午科陕西武闱乡试，由于白莲教起义波及陕西南部，局势紧张，乡试结束后武举们匆匆回家，当时没有立题名碑，12年后才得以补立。

清初，陕西武乡试额数，40、50名不稳定，但长期高于文举额数。从康熙二十九年开始，陕西武乡试额数由康熙二十六年的50名降至20名。康熙四十九年，陕西武乡试额数增至30名。雍正四年，陕西武乡试额数增至40名。乾隆元年，陕西武乡试额数增加至50名。嘉庆十八年，西安驻防八旗与陕西人一体参加陕西武

---

[1] [清]景清等：《钦定武场条例》卷四，北京出版社2000年影印本，第11页。
[2] [五代]王定保撰、黄寿成点校：《唐摭言》，三秦出版社2011年，第4页。

乡试，武举额数10名，陕西武乡试总额数60名。咸同间，由于捐输，陕西武乡试额数增加9名，加上旗人定额10名，共69名。

对4通陕甘武举题名碑中"西闱"武举籍贯进行统计分析，甘肃籍占64.0%，宁夏籍占25.7%，新疆籍占6.6%，青海籍占3.7%。甘肃省面积是宁夏的6倍，而武举人数只是宁夏的2倍多，宁夏武举占比偏高。以今天地市为单位，第一名是银川市21人，在第二名兰州18人之上，而第3名的甘肃庆阳市，只有13人。清乾隆宁夏归属甘肃时期，以武科中举人数所反映的综合实力已不可小觑，银川与兰州可以分庭抗礼，这在一定程度上反映了民国时期宁夏脱离甘肃的雏形早已具备。

乾隆六年、十八年，新疆未归属清朝，新疆武生员参加了乾隆四十五、四十八年两科乡试，中举人数却远在参加四科武乡试的青海之上。乾隆年间的4通陕甘武举题名碑，特别是乾隆四十五年、四十八年陕甘武举题名碑中的新疆籍武举，反映了新疆归属清朝统治后巴里坤、昌吉、迪化等地汉人移民渐多、经济发展较快的历史状况。

道光十一年题名碑和光绪二年题名碑清晰，均有旗人武举，反映了西安驻防八旗参加陕西武科乡试的史实。同时，旗人武举与陕西武举共同出资在荐福寺小雁塔立题名碑，说明西安驻防八旗对小雁塔武举题名文化传统的认同。两科解元都不是旗人，旗人不仅与陕西汉人同科考试，也按成绩高低排列名次，这些均表明陕西汉满差异在收窄。

葛天，西安博物院，副研究馆员
高娟，西安博物院，馆员

专题研究

浅谈匾额的保护与利用
——以北京孔庙和国子监博物馆所藏匾额为例

马 琛

摘要

匾额历史悠久，蕴含着深厚的寓意和文化内涵，记录着中国历史文化不断发展和演变的过程，是中国优秀传统文化的重要载体。文章以孔庙和国子监博物馆所藏匾额为例，从匾额的历史价值、文化教育价值和艺术价值入手，探究匾额保护与利用的意义和方法，以期为博物馆匾额的文化传承与保护带来一定参考价值和新的思路。

关键词

匾额；价值；保护；利用

  匾额，又称牌额、扁牍，简称为匾。匾额悬挂于建筑之上，多见于大门厅堂、门楣檐顶等，古色古香，享有"门楣上家国，梁柱间文脉"的美誉。匾额历史悠久，具有深厚的寓意和文化内涵，是一种集文字、诗词、书法、雕刻、印章等艺术形式于一体的中国独有的建筑艺术装饰，它们使建筑变得更加生动，堪称是整座建筑的点睛之笔。作为我国古代建筑特有的"灵魂"，其不仅反映着建筑的名称和性质，还兼具宣扬教化、传达家国理想、传承先祖的训诫等功能。匾额上精练的辞藻、贴切的典故，准确地表达出了书写者的思想和理念。这些历经上千年发展历程的华夏文化遗产，是中华优秀传统文化的重要载体，是研究历史文化的实物例证，具有独特的历史价值、文化教育价值和艺术价值，因此加强对匾额的管理，重视对匾额的保护与利用，对于传承中华民族优秀文化具有重要的历史意义和现实意义。

一、匾额的价值

（一）匾额的历史价值

　　文物和文化遗产承载着中华民族的基因和血脉，是不可再生、不可替代的中华优秀文明资源。自从有匾额以来，它就见证了我国历朝历代的更迭和环境的变迁，不同匾额背后代表着不同的政治、历史文化。匾额的发展与当时的政治、经济以及我国人民的文化生活密切相关，记录着传统文化的不断发展和演变的过程。匾额的文字简短，语句凝练，大都是引经据典，微言大义，文字内容所涉及的范围比较广泛，有彰显功德的，有叙事言情的，有消遣写意的等等，内涵凝重，意境雄浑，具有深厚的文化底蕴，其艺术表现形式丰富多彩，凝聚了我国古代人民智慧的结晶。匾额的内容、雕刻技艺、印章、落款年代等要素，反映出对应年代的政治形态、社会风俗、生活方式等诸多方面，是考证当时历史的一个重要佐证和不可或缺的重要组成部分，其为研究当时的社会、经济、艺术等方面提供了十分珍贵的实物资料，具有重要的参考价值和修补正史的作用。

（二）匾额的文化教育价值

　　匾额与建筑、文学、艺术、书法相结合，内容深入到社会生活的各个方面。纵观各种匾额，上面的文字都具有深厚的含义，寓意深邃，既有发人深思的警句，也有表意抒情的遣词造句，这些文字表达了皇帝的治国理念，或是劳动人民向往、追求美好生活的意愿。尽管文字简练，但却令人肃然起敬，也在潜移默化中教导着人们。匾额作为中国古代建筑与传统文化结合的产物，从最初的建筑标识到后来形成的具有人文性质的文化标志，寓意深刻，具有感化大众的启迪和教育作用，同时也是进行国学教育的手段之一，这在当今社会中仍然有着积极的意义。

（三）匾额的艺术价值

　　书法艺术是中国文化的代表，承载着知识、思想、信仰等。文字表意，书写有情，是实用性和审美的有机结合。悬挂于公共场合供人欣赏品读的匾额，文字需要写大字，因此对于书写者的要求极高，一般都是书法大家或者文人群体用正楷、行书等字体书写而成。这些精湛的书法以及高超的雕刻技艺、色彩丰富的精美装饰，其特有的美感起到了烘托建筑物的目的，也展现出文物与书法审美的和谐统一。书法艺术为匾额增添了庄重感和艺术感，同样，匾额也成为保留古人书法艺术的重要载体，是雅俗共赏不可多得的典范。作为凝聚古代先进技艺的一件精品，极具艺术感染力，无不体现出古人的智慧，蕴含着丰富的审美价值和艺术价值。

二、北京孔庙和国子监博物馆所藏匾额概述

北京孔庙国子监是元、明、清三代皇家祭祀儒家创始人孔子的专门场所，国家最高学府和教育管理机构。历史上，孔庙国子监悬挂过许多匾额。孔庙和国子监博物馆现藏匾额数量众多，历史悠久，造型优美、雕琢精美、文化底蕴深厚，大多是历代帝王和名师大家所书写的。匾额形式多样，按照材质来说，大多是木质匾额；按照雕刻艺术来说，有浮雕、阴刻、阳刻等；按照基本的形式来说，可分为横匾和竖匾；按照悬挂位置来说，可以分为室内匾额和室外匾额。从内容上看，这些匾额主要与推崇教化、科举功名、劝学、忠孝节义等有关，按照匾额内容来分，孔庙和国子监博物馆所藏匾额，大致可以分为五类。第一类是推崇孔子的匾额，如大成殿内外悬挂的清代康熙皇帝至宣统皇帝御书的9块匾额，依次为康熙皇帝的"万世师表"，雍正皇帝的"生民未有"，乾隆皇帝的"与天地参"，嘉庆皇帝的"圣集大成"，道光皇帝的"圣协时中"，咸丰皇帝的"德齐帱载"，同治皇帝的"圣神天纵"（图一），光绪皇帝的"斯文在兹"，宣统皇帝的"中和位育"。寥寥几个字，言简意赅，就表达了统治者对于至圣先师孔子的崇敬与褒扬，以及对孔庙国子监的关注，起到了教化民众的作用。第二类是教谕劝学匾额，如清代顺治皇帝至咸丰皇帝的7块御制满汉文对照匾额，雍正皇帝的"文行忠信"（图二），乾隆皇帝的"福畴攸叙"，道光皇帝的"振德育才"，咸丰皇帝的"敬敷五教"，光绪皇帝的"敬教劝学"等清代皇帝的御书匾额。第三类是科举殊荣匾额，共计14块，其中"状元"匾额6块，"三元"匾额2块（图三），"榜眼""探花""会元""贡元""传胪""刑部山东司主事丁酉科举人"匾各1块。第四类是标记建筑名称和功能的匾额，如"彝伦堂""辟雍"（图四）、东西六堂匾额等。第五类是其他匾额，如乾隆乙未年正月御笔七言诗木匾（图五）。匾额大小不一、大多着色艳丽，配有浮雕或镂空的边框，整体制作考究，装饰精美，意蕴深刻，是科举文化和国学文化的集中体现，彰显了儒家修身、治世、礼法之道。这些匾额，从书法角度看，大多笔法苍劲有力，气势磅礴。在历史的长河中，匾额不仅对建筑起到了标识和修饰作用，还表达了统治者尊儒重道的思想，承担了教化的功能，这些意蕴深邃、韵律严谨的匾额，反映的是

一段段鲜活的历史，是儒家文化的载体，是帝王统治意志的直接体现，传承了儒家文化独具特色的思想魅力。对研究儒学文化和科举文化都提供了宝贵的实物资料，具有极高的历史和艺术价值。匾额也正如一扇扇反映历史变迁的窗，在静静地向世人诉说曾经的过往。

图一：同治御书"圣神天纵"匾额

图二：雍正御书"文行忠信"匾额

图三：嘉庆三元木匾

图四："辟雍"匾额

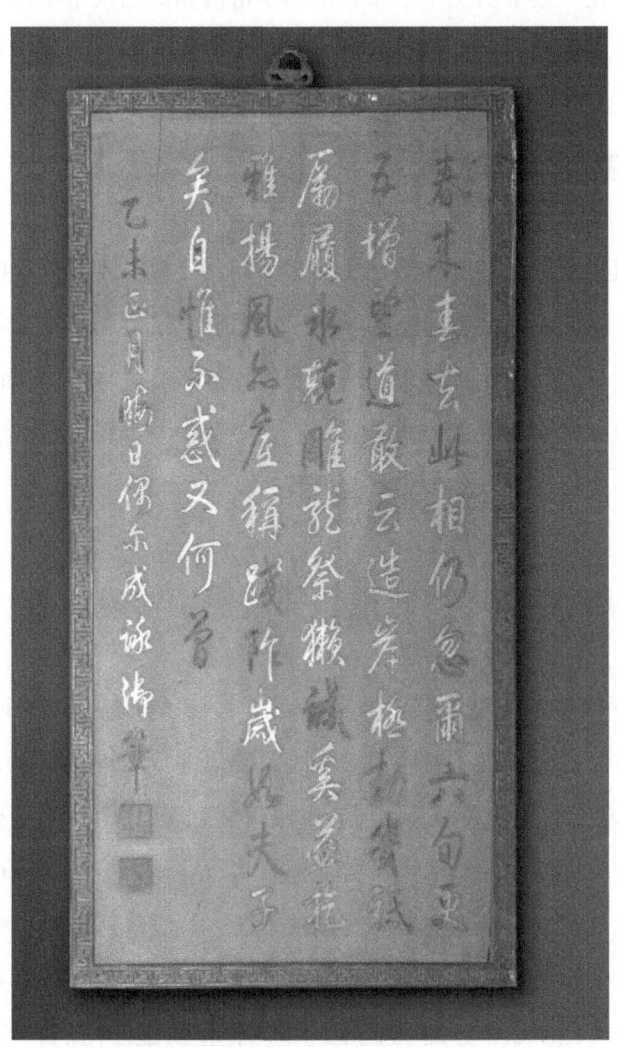

图五：乾隆乙未年正月御笔七言诗木匾

三、匾额保护与利用的思考

匾额具有多重的研究价值，在发挥传承历史文化、推进社会进步中起到了重要的作用。2021 年，孔庙和国子监博物馆保管部在开展匾额库房的清库交接工作中，对匾额进行了细致梳理、核查，做好认真、详细的记录。笔者通过参与此项工作，对于匾额的保护与利用，有了以下一些不成熟的想法与思考，希望与大家一同探讨：

匾额是极具中国特色的传统文化，是祖先留给后人的艺术财富。它汇集了独特的书法、雕刻以及篆刻等艺术形式，是一种兼具历史价值、文化教育价值以及艺术价值等多方面价值的文化载体。保护和继承其中所蕴含的优秀价值观，有助于弘扬中国优秀传统文化。其中从文字中彰显出的丰富内涵对当代中华民族文化的传承等方面起到推动作用，因此我们要对其进行有针对性的、深入的保护和利用。

（一）强化匾额保护的意义

文物是老祖宗留给我们的珍贵历史文化遗产，反映了不同历史时期的政治、经济以及文化等方面的发展演变过程，具有厚重的历史价值和丰富的社会价值。保护匾额需从思想上不断强化保护意识，通过新闻宣传和社会宣传，向民众广泛传播科学的文物保护思想理念和意义，提升民众对保护文物的重视程度，在全社会形成守护文化瑰宝、守望中华文明的浓厚社会氛围。

（二）加强匾额库房环境改造，开展匾额修复工作

随着社会现代化的发展，许多匾额由于年代已久，有些遭受风雨侵蚀风吹日晒等，受损严重。孔庙和国子监博物馆所藏匾额大部分是木制匾额，其中在账匾额共有 51 块，均为二、三级文物。目前有 5 块匾额上展，其余 46 块存放在匾额库房内。悬挂于室外和展厅内的匾额大部分保存现状较好，存放于匾额库房内的部分匾额保存现状不太理想，存在字有缺失、匾皮剥落、裂纹、四框残损等状况。木制文物受温度、湿度等因素影响较大，对于匾额文物来说，存放环境基本要求为：库房温度力争控制在 14 摄氏度至 20 摄氏度的范围，相对湿度控制在 50%~60%。因此要在改善库房的自身条件和环境上下功夫，做好库房防潮湿、防污染、防霉菌等方面的工作尤为重要。配备恒湿恒温机，对于调节温度、湿度能够起到较好的作用，

为匾额保护与传承创造良好的条件。另外要仔细拣选需要修复的匾额。2021年7月，经北京市文物局鉴定委员会专家鉴定并筛查，库房内有6块匾额需要聘请专业人士进行修复，保护修复工作迫在眉睫。只有营造相对适宜的保存环境，加大保护力度，才能让祖先留下的宝贵精神财富永久地保存下来。

（三）搭建匾额数据库，加强匾额数字化保护

2021年是我国"十四五"的开局之年，在《中华人民共和国国民经济和社会发展第十四个五年规划和2035年远景目标纲要（草案）》中，提出"加快数字化发展，建设数字中国"的独立篇章。2021年10月，国务院办公厅印发了《"十四五"文物保护和科技创新规划》的通知，将文物科技创新、数字化建设纳入未来发展计划。因此，博物馆要紧跟时代步伐，乘势而上，顺势而为，才能掌握先机。在保护和利用匾额文化过程中，加大文物科技投入力度，可利用现代信息技术助力匾额保护，对博物馆中现藏的匾额进行三维数字化扫描，用三维影像等方式真实、清晰地记录下匾额的历史信息和现有风貌，作为珍贵的档案资料留存下来，搭建匾额数据库，推动匾额数字资源库的建设工作，把数据成果统一管理，实现网络便捷信息共享，从而让数字化、智慧化赋能文物保护工作，全面提升文物管理的效率，让数字化为文物活化利用插上科技的翅膀。

（四）深入研究匾额丰富的内涵

博物馆的各项业务活动，都是在科学研究的基础上进行的。加强对匾额内容的深度阐释，挖掘并深入研究匾额蕴含的深刻寓意以及对现实社会的启示，把蕴藏其中的历史智慧讲述给更多人，讲好匾额背后的故事，有效地宣传普及匾额文化知识，助推匾额文化发展和传播，以有分量的学术成果为文物赋能，将研究成果进行转化，为匾额文化魅力的绽放奠定坚实的基础，为增强文化认同和民族凝聚力，为提升中华文化影响力提供有力的支撑。

孔庙和国子监博物馆非常重视研究成果的转化，2012年至2013年，拣选出保存状况相对较好的23块皇帝御书匾、皇帝谕旨匾等，以《御制匾额精品展》为主题进行陈列展出。精湛的书法、精美的雕刻艺术深深吸引了观众，给游客以美的享受。展览过程中做到以物说话，增加匾额展览的丰富性和感染力，使深藏于库房内的藏品展示给观众，取得了一定的社会反响。当年在多家媒体上做了相关报道。今

后，博物馆可加强与其他文博单位开展业务交流与合作，将学术成果进行转化和共享，实现文化资源的互联互通，拓展匾额的影响力。

（五）发挥匾额的文化教育功能

匾额是中华民族特有的文化精品，其独特的书法艺术之美以及气势磅礴的表现效果，都可以作为当代人学习书法的教科书。在当今更加重视基础教育的时代，在国家"双减"政策的形势下，如何做好青少年素质教育工作，如何让年轻人走进博物馆，接受传统文化教育，是值得博物馆人深刻思考的。书法学习需要从青少年开始。青少年时期是生命过程中最有活力、最有朝气的阶段，求知欲旺盛，接受能力强，对传统文化充满渴望。博物馆可以与学校进行合作，以中小学为主体，打造博物馆、学校、社会三位一体的教育，为学生提供周密翔实的学习服务，提升学生欣赏美的能力，在孩子们的心里早早播下热爱中国历史文化、知识和文明的种子，让馆内藏品承载的文化韵味飘散出去，使学生们因获得知识熏陶和沉浸享受而爱上博物馆，为匾额的保护传承奠定坚实的人才基础，这也是提升博物馆影响力和亲和力的有益尝试。同时也可以不同的主题定期开设匾额文化活动，加强匾额展示数字化，推出更多云展览、云直播、云讲座等，使民众参与进来，通过观赏匾额中的书法魅力，顺应市民群众对美好生活的新期待，让公众感知到中华优秀传统文化的伟大，让历史文化滋养、温润公众生活，增强公众精神力量，塑造文化自信，营造传承中华文明的浓厚社会氛围，从而有助于传承和弘扬匾额文化，让匾额资源得到充分的利用。

（六）加强匾额系列文创产品的开发

做好匾额传统文化与现代文化的结合工作，将传统匾额的书法艺术、纹饰设计、雕刻艺术以及表现出的审美思想等与文创产品相结合，体现匾额的意蕴之美。近年来，中国传统文化受到大众的高度重视，传统文化不断被推崇的今天，匾额独特的艺术和古朴的韵味受到越来越多人的重视。保护并继承匾额文化必须要找到传统文化与现代文化的结合点，使传统匾额文化实现创造性转化，创新性发展，重新焕发出生机与活力。博物馆可以视频直播还原不同匾额背后的文化内涵，以创意作品征稿的方式加大宣传力度，以此吸引更多的文化创意者关注到设计匾额文创产品中来。

四、结语

  中华文明拥有五千年的悠久历史、博大精深的优秀传统文化，是华夏民族自强不息、发展壮大的精神动力。文物承载灿烂文明，传承历史文化，维系民族精神。习近平总书记对文物工作作出重要指示强调："切实加大文物保护力度，推进文物合理适度利用，使文物保护成果更多惠及人民群众。"要坚持"保护第一、加强管理、挖掘价值、有效利用、让文物活起来"的新时代文物工作方针，着力加强文物保护研究利用。匾额作为中国传统文化的珍宝，具备极其丰富的文化内涵以及历史价值，这些匾额虽历经数百年的历史仍然保存完好，是我们了解古代文人思想的一面镜子，对于文化的传承具有重要的意义和作用。因此我们要把保护放在第一位，通过历史的考证，深入的研究，充分挖掘匾额的资源价值和积极的因素，为增强公众历史自觉、坚定文化自信做出积极的努力，为建设和谐社会提供更加强大的精神动力支持，使这些中华民族的瑰宝代代相传。

  马琛，孔庙和国子监博物馆文物保管部，副研究馆员

祈雨碑中"龙王信仰"探析
——以黑龙潭龙王庙明清碑刻为例

黄茜茜

摘要

祈雨风俗和龙王庙并不被正史所重视，已有研究多是在研究雩祭礼制时有所附带。本文根据海淀区黑龙潭龙王庙现存明清时期祈雨碑刻中所记叙的祭祀祈雨活动，对祈雨习俗进行剖析。希冀为北京地区龙神信仰文化的研究提供参考。

关键词

黑龙潭；碑刻；渊源；官方意识

  北京属暖温带半湿润半干旱季风型大陆气候，雨水的季节分配和年际分配极不均匀，故易发生旱灾，导致民无所食及社会秩序的混乱。明清是中国历史上灾荒最频繁的时期，特别是 15—17 世纪，灾害又呈多发、群发趋势，成为中国历史上第三大灾害群发期。[①]清代的 268 年中，有 161 个年份在北京地区出现了严重的旱灾，以春旱最常见，严重影响春耕春播和夏粮的收成。

  古人认为灾害是上天对人间的谴责和惩罚，故一切被认为可以与神灵沟通能够达到祈福目的的举措都被加以运用。《论衡》卷六《龙虚》载："龙闻雷声则起，起而云至，云至而龙乘之，云雨感龙，龙亦起云而升天。……蛟则龙之类也，蛟龙见而云雨至。"[②]在传统社会中农业生产技术条件有限，在中国人心中龙王是司水之神，求雨时多寄托于龙王保佑。

  相对于玄幻的龙神传说，明末的黄宗羲、民国时期的闻一多、现代的天文考古学家冯时等学者认为"龙"即东方苍龙星象。在中国古代星图中，有相连的七个星宿：角、亢、氐、房、心、尾、箕，组成了"东方苍龙七宿"，初九这一天（有

[①] 李军男：《中国传统社会的救灾——供给、阻滞与演进》，中国农业出版社 2011 年版。
[②]（汉）王充著，张宗祥校注：《论衡校注》，上海：上海古籍出版社 2010 年版，第 132-133 页。

学者认为是冬至日），东方苍龙与太阳同升同落，晚上看不到，所以是"潜龙"。九二，见龙在田：九二这一天，东方苍龙的头部露出了地平线。"二月二，龙抬头"说的也是此段时间的天象，春天雨季将要到来，农事活动即将开始。九四，或跃在渊：东方苍龙已经全身跃上了夜空。雨季开始。九五，飞龙在天：东方苍龙运行到了南中天。上九，亢龙有悔：东方苍龙移过中天，开始西斜。用九，见群龙无首：东方苍龙的龙头和太阳一同落山，晚上看不到龙头，只能看到龙身。收获季节到来。东方苍龙星象所处位置预示着雨季的到来和离去，所以人们才向龙祈雨。①

明清两朝帝王在一向祈雨颇为灵验的黑龙潭龙王庙祭祀龙神，希望天降甘霖，解民悬困。尤其清代以来，满汉巫俗相融合，祭龙王祈雨不仅是处理社会危机的应对方策，也是天人感应传统政治理论在清代进一步发展的外化表现。但清代帝王因旱祈雨典礼的地点因旱情不同而异。在旱情不重的情况下，先在黑龙潭龙神祠、清漪园昆明湖的广润灵雨祠、觉生寺、密云白龙潭等较小的庙宇举行祈雨典礼。

一、龙王庙：官方意识与民间观念的体现空间

（一）黑龙潭龙王庙的历史与现状

黑龙潭龙王庙位于北京市海淀区温泉镇画眉山山顶，因祷雨灵应而闻名，始建年代已无可考证。明成化二十二年（1486）、万历十四年（1586）、清康熙二十年（1681）均有重修。崇祯时期《帝京景物略》中"黑龙潭龙王庙"条目载："黑龙潭，入金山口，北八里。未入金山，有甃垣，方门中，绿树幽晻，望暧暧然，新黄甓者，景帝寝庙也。世宗谒陵毕，过此，特谒景帝，易黄甓焉。庙初碧瓦也。又北二里，一丘一碑，碑曰天下大师之墓。仁和郎瑛曰：建文君墓也。通纪称建文自滇还京，迎入南内，号曰老佛，卒葬西山。又北，小山累累，小冈层层，依冈而亦碧殿，亦丹垣者，龙王庙也。庙前为潭，干四丈，水二尺，文石轮轮，弱荇缕缕，空鸟云云，水有光无色，内物悉形，外物悉影。土人传黑龙潜中，曰黑龙潭也。夫龙而潭浅居耶？"②

据《光绪顺天府志》记载，当时布局为"正殿三间，东向，崇台朱栏。殿左有香炉一座。正殿前为庙门。门外有御书碑亭两座分立左右，再向前为牌楼一座。东

---

① 张辰亮：《海错图笔记》，中信出版社，2016年。
② 刘侗. 帝京景物略. 张志著. 风土志丛刊［M］. 广陵书社，2003年，第433页。

北为龙潭，绕潭回廊三十三间。潭南另有小潭二泓，其外为大门。自大门至正殿，共有五重台地，层层叠上，蹬道百级。御碑亭、正殿、庙门、牌楼，均覆以黄琉璃瓦。庙之右侧为神府治牲之所"。

黑龙潭龙王庙现存建筑群基本保存清代原有风貌，第一层台基上有山门一间，面阔5米，进深1.8米，楣题"敕建黑龙王庙"，屋顶为黄琉璃筒瓦，山门北侧建有一个半圆形回廊，内侧由30多根木柱分隔成33间，灰瓦白墙，壁上有方、圆、菱、扇等不同形状的什锦窗。

第二层台基平台左侧为《乾隆皇帝御制诗碑》，右侧为《敕封昭灵沛泽龙王之神诰封碑》，均外罩一座黄琉璃瓦歇山顶碑亭，靠近第二层台基处立有民国碑一通及现代碑一通。

第三层台基平台上立有用来分隔空间的四柱三间黄琉璃瓦牌坊，彰显黑龙潭龙王庙作为皇家敕建庙宇的高规格。

第四层台基平台上北侧为康熙二十年《御制黑龙潭重建龙王庙碑记》；南为雍正皇帝御笔《世宗御制黑龙潭碑》，碑阴为乾隆皇帝诗文，均外罩一座黄琉璃瓦歇山顶碑亭，碑亭后方四周建有一道东面开门的围墙。

黑龙潭龙王殿则位于第五层台基平台，面阔三间，进深一间，大殿屋顶为歇山顶带卷棚抱厦，黄琉璃瓦覆顶。室外梁架彩画为清式烟琢墨拶退夔龙雅五墨旋子彩画和官式苏画，彩画两侧的藻头内绘以花井。檐下斗拱和额枋以石青、石绿色为主要色彩基调，殿内梁架上残存部分旋子彩画，枋心处绘有两条腾跃的龙，殿正中供奉龙王坐像，配以从神，均为近年新造。

春秋均有祭黑龙潭龙神的活动："岁春秋诹吉，遣官一人将事。是日，太常寺官具祝版，备器陈，羊一、豕一、簠簋各二、笾豆各十、炉镫具。殿中少南设案一，供祝版。北设一案陈礼神制，帛一（色黑）、香盘一、尊一、爵三。和声署设乐于南阶上，太常寺设洗于东阶下之北，承祭官拜位在阶上正中，司祝、司帛、司香、司爵、典仪、掌燎，各以其职为位。承祭官朝服行礼，迎神、上香、初献、读祝、亚献、三献、彻馔、送神、望燎，仪均与秋祭都城隍庙同。"[1]

祭祀人员主要分为承祭官、太常寺司祝、司帛、司香、司爵、典仪、掌燎、赞礼郎等，依据不同官职执掌所负责的祭祀活动，严格遵循祭祀程序。

---

[1] 光绪《钦定大清会典事例》第 23 册，卷一千八十二，中国台北：新文丰出版公司影印，1976 年，第 17882—17883 页。

（二）黑龙潭龙王庙祈雨碑中的官方意识与社会政治功能

明人宋彦《山行杂记》载："村曰泰州，后即画眉山。山有黑龙王祠，入门上石级，碑亭一，再上石级，列碑亭三，皆历朝祷雨灵应而记也。再上石级，小殿三楹，中居龙王像。碧瓦丹栋，灿然可观，自亭东下，历石岩甚奇古。乃见龙湫，围广十亩，水从石罅中喷出，与玉泉同。"可知明代有数通御制碑，并建有碑亭。今黑龙潭龙王庙存明清两朝石碑六通，明代两通御制碑（无碑亭），清代四通御制碑（均有碑亭）。笔者在考察中发现这四通清代御制碑有明代晚期风格，部分地方残留改刻痕迹.

根据碑文所载内容，分为以下三类：

第一类是对庙宇建筑及修缮过程所进行的实录。这类史料民间无相关传说，官方更无史乘，碑文几乎是唯一载体，具有独特的参考价值。

1.《御制黑龙潭重建龙王庙碑记》立于康熙二十年。总高3.23米，碑宽0.94米，厚0.3米。质地青白石，螭首方座，碑阴无字。

碑文：传曰：神有功德于民则祀之，能捍大患御大灾则祀之，非此族也，不载祀典。朕自｜御极以来，夙兴夜寐，惟思稼穑为小民之依，所期时和岁丰，嘉生乐育，然年谷顺｜成，雨泽是资。诗曰：琴瑟击鼓，以祈甘雨，信乎！｜天心仁爱，亭毒万物，而协灵效顺、优渥沾足之应，皆有神焉以司之，亦如分猷布泽｜之，无敢旷厥职焉。距京师西三十余里金山之麓有潭，泓然以深，不泛不涸。前代｜时以亢旱祷望其地，辄能兴致灵雨，因名黑龙潭焉。潭之侧，倚山瞰壑，旧有祠宇｜以祀其神。朕数以祈雨驻跸于兹，爰谋式廓其庙貌以昭灵贶而敬民事。今者四｜郊之内雨旸时若，岁登大稔，工适告成。惟神之功德，实能膏泽田畴以福庇生民，｜揆诸捍患御灾之义，莫大于此。用是勒诸贞石，垂示无穷，宁不伟欤！｜

康熙二十年岁次辛酉十月初吉
翰林院侍讲臣高士奇奉｜敕书｜

碑文释义：传说神有功德于民，能防御灾害就祭祀他，不属这类则不记载在典。我继位以来，起早贪黑非常辛劳，考虑到农作物是天下臣民的仰仗，风调雨顺才能五谷丰登。《诗》曰：大家弹起琴瑟敲起鼓，祈求上苍普降甘霖，天心仁爱，化育万物，而协调神灵效顺、不敢荒废职守。距京城西面三十里金山的山麓有深潭，不泛滥也不干涸。前代因大旱祈祷神灵总能降雨，故名"黑龙潭"，在潭的旁边建庙宇来祭祀神灵。我多次因祈祷降雨驻留于此，于是重修庙宇以感恩神灵的恩赐。现在四郊天晴雨顺，只有神灵的功德才能滋润田地以福庇护百姓，于是铭刻于石，垂范万世。

碑文反映出康熙皇帝对祈雨的重视，对降雨灵验的虔信以及对圣德感动龙神而速降甘霖的夸耀。《清史稿》载："关外未尝行。顺治十四年夏旱，世祖始祷雨圜丘，前期斋三日，冠服浅色，禁屠宰，罢刑名。届期，帝素服步入坛，不除道，不陈卤簿，坛上设酒果、方灯、祝帛暨熟牛脯醢。祭时不奏乐，不设配位，不奠玉，不饮福、受胙。余如冬至祀仪。其方泽、社稷、神祇诸坛则谴官莅祭。即得雨，越三日，谴官报祀。定躬祷郊坛仪自此始……康熙九年旱，诏百官修省，礼部祈雨。明年，帝亲祷。自后躬祀以为常……"①

皇帝亲祈是清代祈雨的最高规制。康熙皇帝亲政后，深知农业与粮食事关国家安定，"农务为国家之本，粒食乃兆姓所资。必雨旸时若，而后秋成可期"，② 康熙皇帝在位期间几乎每年都会亲自祈雨，仪程因循顺治朝，遇有重大旱灾时，采取赈济百姓、减免灾区赋税、赦免轻罪囚犯等措施。康熙时期的祈雨仪式分工更加精细，内院官准备祝文，太常寺官员预设酒果、香镫、祝帛及熟牛脯醢。仪式后若祈雨灵应便派遣官员到天坛、地坛、社稷三坛举行告谢礼。

2.《世宗御制黑龙潭碑》立于雍正三年（1725）八月十五日，碑身材质青白石。总高3.37米，碑宽0.93米，厚0.29米，螭首方座，碑座上雕有二龙戏珠。碑文阐述康熙、雍正皇帝建庙的原因与过程。碑阴和两侧刻有乾隆皇帝御笔诗文。

碑文：京师之西有黑龙潭焉，地灵所钟，实能兴致云雨。我」圣祖仁皇帝抚临万邦，治臻上理，轸念群生，每祷于斯，辄有灵应，百谷用成。康熙二十年乃重建祠」庙，」御制碑文，勒之珉石，以昭神庥。朕嗣位以仰体」圣祖之心以为心，夙夜孜孜，惟冀雨旸时若盈，宁康阜用，咸和万民。甲辰春，雨泽微愆，爰诣兹潭，特」申祈祝。回銮之后，澍雨应时，三月初，甘霖叠沛，远近沾足，二麦丰登，朝野同声，罔不欢庆，盖感」应若斯之捷也。朕惟天人合一之理，莫大于诚，而幽明昭格之几，莫先于敬。传曰：先成民而后」致力于神。又曰：民和而神降之福。朕爱养元元，惟恐一物失所，致阴阳之沴而干天地之和。故」浃岁之中，屡下蠲租之诏，偶值愆阳见告，不惮躬亲祝帛以荐馨香，而冥漠之中亦若有盼蠁」答之灵爽凭之者。朕因民而祈福于神，神惠民而效灵于朕，皆默通于诚敬之中，而不疾而速，」不行而至，理有固然无足疑者，顾岁月滋久，不更加修葺，恐非所以宅神明、答灵

---

① 《清史稿》卷八三。
② 《清圣祖实录》卷八九，康熙十九年四月庚午。

贶。乃命官庀」材经始于二年之三月，告成于三年之五月，殿庑门寝焕然一新。讫工之日，有司磨治丰碑以」记请。夫礼有大雩之文，诗载同云之什，故祭则受福，而有举必书。且诚敬之念，所以交神明、格」上下，用绍我」圣祖仁皇帝轸念苍生、怀保万民之至意者，尤朕所时厪于中而不能释也，是为记。」

雍正三年八月十五日」（三年上钤印篆书：雍正」御笔」之」宝）

碑文释义：京城之西有黑龙潭，能兴云致雨。圣祖仁皇帝治理天下，心系众生，每次在这里祈祷都很灵验，百谷丰登。于是康熙二十年重建祠庙，勒石碑铭以昭神恩德。我继承君位仰慕圣祖之心，日夜勤政，只希望雨水充沛，滋养万民，特来此潭祈祝。回宫后便及时降雨了。三月初，甘霖丰沛，小麦丰收，朝野上下无不欢庆。有人说：百姓和睦，神灵才会赐福。我爱天下臣民，十年之中，多次下诏免除租税，偶然发生干旱，便亲自来进献祭品，我祈福于神，神恩惠于百姓。因此庙年头久远，若不加修缮，恐怕这不是适合神明居住之处，为报答神灵赐福，于是在二年的三月就命令百官准备石料，三年的五月竣工，殿堂门寝焕然一新。完工之日，磨治丰碑来记录大雩之礼及因祭祀神灵而得到的恩惠，以诚敬之心与神明沟通，继承圣祖仁皇帝心念百姓苍生之心，永不能忘。

雍正二年（1724年）御笔题词并赐予黑龙潭龙王庙屋顶可以铺设黄瓦的特权。这次大修扩大了龙王庙的建筑规模，雍正帝亦认为天灾是人事之过，所以也想顺通人事，用以弥灾，在雍正三年（1725年）四月下诏："谕大学士等，天人相感之理，至微而实至显。凡人果实尽诚敬，自能上格天心，人君受天眷命。"[1] 同年七月言："夫人事既尽，自然感召天和。灾浸可消，丰穰可致。"[2] 以上的措施均体现了雍正朝对农业的重视。

与康熙不同的是，雍正讲求祥瑞，崇佛信道，据统计，雍正朝呈报各种祥瑞62起，其范围基本涵盖史书记载品类，且贯穿雍正统治始终。雍正既喜言贤臣、丰年、捷报、雨旸时若、万民安乐等"真祥瑞""实在祥瑞""朕心之所谓祥瑞"，也未对庆云、景星、灵芝、嘉禾、瑞谷等"假祥瑞""虚浮祥瑞"表示厌恶。他对祥瑞有所言，有所不言，既注重政务、吏治的整饬，亦不轻视思想、舆论的控制，在"神道设教"与"天人感应"观念的运用方面，更加注重治理实效，超越康熙，居

---

[1]《清世宗宪皇帝实录》卷三一"雍正三年四月戊寅"。
[2]《清世宗宪皇帝实录》卷三四"雍正三年七月丙午"。

历代皇帝之首。①

第二类是祈雨灵应碑,着重于对龙神灵性的记录。

1.《御制画眉山龙王庙碑记》立于明成化二十二年(1459),碑身质地青白石,首身高1.75米,碑宽0.67米,碑厚0.14米,总高3.29米,方首方座。

碑文:都城之西一舍许,有山曰画眉山。龙泉寺之下有泉从石罅间出,」源源不竭,潴而为潭,泓如也。自春徂夏以及秋冬,四时不枯。若干旱、」雨澍以及涨溢,他山之泉亦或盈缩,而此泉自如,人尤异之,相传以」为有龙居焉,号曰龙湫,又庙祠于傍,亦曰龙王庙。居民每因不雨,辄」往祈之,屡屡回应。成化十有九年夏旱,朕命御用监太监郭润以香」币往祷于祠,既而克应雨降。二十年三月又旱,朕又命郭润祷以香」币,一如前仪,未几而雨,农植以苏,行旅胥悦。郭润以状复,若非立石」以纪岁月,则」神之灵何以暴诸人而垂诸无穷乎?于是遂命郭润领其事,一新其宇,」周缭其垣,令人守护,毋得以秽污亵渎,则是泉之泽以洁,而朕敬」神之心亦于是乎得矣。乃伐贞石而书之,铭曰:」

龙王之堂,眉山之阳,有郁其岗。龙兮有灵,变化无愤,」民佑是膺。秉诚以诏,使臣是效;灵贶以兆。民物就康,」载歌载扬,灵贶以彰。勒石纪铭,用昭休祯,亿万斯龄。」

大明成化二十二年二月二十六日立石」

(碑阴)额篆:万古」流芳」

碑文:(第一列)□□□左监丞田文」

(第二列)木作/」□□作/」□□作 /」/」/」□作官/」石作官□□王显 冯全 关英 崔杰」谒灵官 巫用许谦」□□官 □□」龙泉寺侍奉香火住持 正□」

碑文释义:都城的西边的画眉山上有座龙泉寺。山下有泉水从石缝中流出,源源不竭,蓄水为塘,四季均不枯涸。天旱之年,附近水源干枯,唯独此潭水从不枯竭。不管天下多大的雨,龙潭中的水也不会涨起;相传是因为有龙在那里,旁边用来祭祀的庙宇即龙王庙。居民若遇不下雨,就立即前往祈祷,屡有成效。成化十九年夏天大旱,我命令御用监太监郭润以香币去祈祷,不久便降雨。二十年三月再

---
① 参见杨乃济、冯佐哲:《雍正帝的祥瑞观与天人感应说辨析》,中国社会科学院历史研究所清史研究室编:《清史论丛》第5辑,中华书局,1984年,第192-220页。

次发生干旱，我又让郭润像之前一样以香币祈祷，不久便下雨，农产复苏，百姓都很高兴。郭润提议立石以感恩神灵。于是我命郭润去办理这件事，将庙宇修葺一新，建立围墙并派专人守护，以免污秽之气亵渎神明。为表明我敬神的心，特刻石记铭。

自太祖开始，明朝皇帝就经常下诏访求应祀神祇，立庙建祠致祭。如成化二十一年（1458）三月，因接连三个月风霾不雨，宪宗命文武群臣斋戒，并遣英国公张懋、保国公朱永、襄城侯李瑾祭告天地、社稷、山川，仍分遣官祭告于各寺观祠庙。

2.《御制黑龙潭祷雨灵应碑》立于明万历十四年（1586）三月吉日，碑身总高2.79米，碑宽0.79米，厚0.29米，质地青白石，方首方座，碑阴无字无额题，碑阳刻有碑文。

碑文：岁乙酉自春徂夏，霡霂弗施，土田龟坼，麦苗枯槁，万姓嗷嗷，深惟厥咎，在予一人。顾瞻彷徨，□有灵所，乃率」公卿百执事步祷」圜丘，引咎吁」天，冀回」穹眷，分遣庶正，遍礼群神，即事之日，载旸载阴，」灵恍响惚若垂鉴享，而风伯为梗，云师前却，膏流未霈。朕复深思天人之际，厥道靡二，一臣失职，或致君泽弗究」于民。然则为」上帝职雨泽者非龙与？日者雷郁云蒸，太阳霁威雨势屡作，匪」帝忍遗吾民，抑或龙神失其职与？闻都城西一舍许有灵湫焉，泉从石窦间出，潴而为潭，世传有神物居之，成化」中尝一祷辄应。因遣御用监掌印太监张佑往告以朕意：明日西南郊雨，又明日四郊俱雨，又明日昧爽，朝」退大雨，弥日中外沾溉。朕惟汤旱七年，精虔弗懈，始致甘霖。朕焦劳浃月，灵雨寻应。虽愧昔人一言之感，庶」免周诗子遗之惧，斯宝」上帝垂仁，岂伊龙神独尸之？虽然，亦可谓弗旷厥职也已。朕既遣官告谢」郊」庙，载惟龙德，福国泽民，爰葺其庙，遂纪其事而系之铭曰：」

惟岁之春，旱魃为尤。侧身思咎，云汉是忧。逯走」穹丘，遍于群望。」天听弥高，甘霖未降。谓天弗鉴，玄云弥旬。谓天既享，膏施犹屯。载惟雨泽，龙神寔司。龙失厥识，泽壅弗施。有山崇」崇，有潭幽幽。神物蜿蜒，栖彼灵湫。雩告方虔，气浡如缕。朕寸而合，崇朝其雨。惟民吁天，神寔犹之。惟天惠民，神寔究之。大报既修，载图神德。庙貌聿新，灵像有赫。挟雨驱霆，益钦厥识。于屡历年，泽流周极。」

大明万历十四年三月

碑文释义：乙酉年从春季到夏季，雨露未施，土地龟裂，麦苗枯萎，百姓苦不堪言，我深刻反省自己的过失，率领群臣去祷告圜丘，自责之余，我重新思考天和人的关系，听说都城西边有灵潭，泉水从石缝里出来，蓄水为塘，传说有神物居住，成化年间，每逢祈祷便灵应。令御用监掌印太监张佑将我的心意转告给神灵后，第二天西南郊外便下雨，第二天四郊降雨。而成汤时连续七年的大旱，令我深知精诚之心不能松懈，我焦虑辛劳十个月，神雨不久到来。希望神灵垂爱，我已经派官员祭告郊庙。只有龙德能够福国泽民，于是修缮此庙，刻碑纪铭。

碑文记述御用监掌印太监张佑赴龙王庙答谢祈雨灵应之事。碑文中所提"成汤"指国家首领中带头祈雨的第一人：商汤。《吕氏春秋·顺民》载："昔者汤克夏而正天下。天大旱，五年不收，汤乃以身祷于桑林，曰：'余一人有罪，无及万夫。万夫有罪，在余一人。无以一人之不敏，使上帝鬼神伤民之命。'于是剪其发，磨其手，以身为牺牲，用祈福于上帝，民乃甚说，雨乃大至。则汤达乎鬼神之化，人事之传也"。讲述汤作为国家首领，为了祈雨而身祷于桑林，成为中国古代君王中第一个下"罪己诏"的人，突出了人与神的可对话性，为后世帝王祭祀神灵的政治姿态开了先河。

碑文中皇帝因天旱祈雨而下罪己诏书之举则表明了明代官方体系的态度：祈雨灵应是神对于人的怜惜，也是对官吏仁政德治的肯定。

第三类：敕封龙王，赞美神灵类

1.碑阴碑文：天恩仲两覃，所以未祈」潭。【今年二月初六及十五日两次得雨，共有六寸许，土膏滋润二」麦皆长发青葱，即大田亦俱陆续播种，是以未曾诣潭祈祷】满念弗请」泽，【前月得雨两次，方谓今岁春泽较往岁为优，可无祈雨之事，未免略觉意」满。乃自二月望后，晴霁已逾两旬，现在节过谷雨，距立夏不远，农田正资」渥泽，因率子皇帝诣」潭虔祷，以冀甘霖速需。】重来实抱惭。年高八十八，步怯三【去声】登三。【从前诣」潭祈」雨，于潭下平地降舆，步行登阶，三成每成约十数级，始至龙神殿。逮」八旬以来，稍节拾级之劳，乘轻舆陟磴至碑亭处，降舆诣殿行礼，仅升」阶十余级。今予年跻望九，尚欲循旧例步登，勉陟殿阶一成，觉筋」力未逮，始易以轻舆。然至殿行礼，仍步行登阶，叩祷以昭虔敬。】」虔吁」施如需，渥滋熟尚堪。【今年仲春得雨本渥，现虽晴逾两旬，地土尚未致」干燥。若能即施灵贶，早需酿膏，仍可冀望有年。】责躬」心越愧，企」惠岁频谙。【予自授政以后，于雨阳岁事仍刻萦宵旰，计丙辰至今连岁」俱诣潭祈雨，不敢稍自暇逸。一念悃诚庶几仰邀神鉴。】九叩」抒诚恳，庶几即」霆甘。

戊午季春月十一日诣」黑龙潭祈雨，再用丙辰诗韵。

（乾隆）御笔。（钤印二，均篆文：其一：太上」皇帝」宝」；其二：归政」仍训政」）

碑文释义：今年二月初六到十五日两次下雨，共有六寸许，土膏滋润，麦苗吐青，陆续播种，今年春天的雨水比往年更好，但没有前来祈雨，不免感觉歉意。从二月十五以后，刚过谷雨，距立夏不远，田地正蒙受天的恩泽，于是率领儿皇帝到黑龙潭虔诚地祈祷，希望甘霖速下。我已八十八岁高龄，以前到黑龙潭祈雨，下辇后登上台阶步行到龙神殿。八旬以来，愈发体力不支，乘坐轻辇登石阶来到碑亭处，下车到殿行礼，仅登上台阶十多级便力竭，只好乘轿。然而到殿行礼，仍是步行登上台阶，叩头祈祷以显示虔敬。我当政以来，持续数年都到黑龙潭祈求雨，诚恳希望神明降雨，行九叩礼以示诚心。

作为太上皇的乾隆带着嘉庆皇帝一同来到黑龙潭求雨，为了表示祈雨的虔诚，乾隆皇帝虽已是八十八岁高龄，仍一步一步地走上来，体现出对龙神和祈雨的虔诚。

2. 乾隆三年上谕封黑龙潭龙王为"昭灵沛泽龙王之神"，每岁春秋，遣官致祭。并于乾隆三年五月十六日立碑。《敕封昭灵沛泽龙王之神碑》螭首方座，质地青白石，总高 2.79 米，碑宽 0.78 米，厚 0.29 米，座高 0.68 米，宽 1.12 米，厚 0.52 米。碑身四面均为乾隆御笔祈雨诗。（因完整碑文篇幅过长，故进行了删减）

碑阳额篆：御制

碑文（汉满文合璧）：

乾隆三年五月十六日奉」上谕：黑龙潭龙神，福国佑民，灵显素著。每遇京师雨泽愆期，祈祷必应。是」明神功德，实能膏润田畴，顺成年谷，为万姓之所仰赖。昔年」皇祖式廓庙貌，建立丰碑，」皇考又复易以黄瓦，用昭敬礼。今应议加封号，以示尊崇。著大学士会同该部」定拟具奏，钦此。经大学士会同部议，」敕封为昭灵沛泽龙王之神，制造神牌供奉，每岁春秋致祭，载入祀典。」

碑阴额篆：御制

祷黑龙潭而雨，因纪所见　癸亥六月」

灵湫」神所宅，澄波深且滢。利民功久著，泽物诚」斯应。我来瞻庙貌，肃然而起敬。匪为求多」福，稼穑惟民命。泰阶六幕调，屡丰寰宇庆。」省岁率咨征，」神乃司其柄。获」佑以为愧，遑论诒与佞。况兹实古迹，圆池」明似镜。渫然鉴毛发,更鲜鲲鲕泳。一鳞游其中,昂藏无与竞。颇颇露头角,如具飞龙性。然疑我未知,变化斯称圣。

黑龙潭祷雨　甲子三月

盼雪冬三过,祈霖春半分。陈衷多有愧,荐恪贵无文。石燕犹稽雨,谷风惯妒云。归舆凭望处,霾翳淡斜曛。

诣黑龙潭祷雨　丙寅闰三月

又复赓云汉,常怀离毕星。麦焦思饼味,尘暗掩山形。此日祈神湫,何时御号屏。地灵祷必应,独我祷希灵。

诣黑龙潭祈雨　丁卯五月

孤怀仍夜月,卜候庆晨霞。【谚云:晚霞晴,早霞阴,屡有验者】敢谓一诚格,其如百虑加。渎烦虞不告,泽沛冀无涯。细点随归辔,心希消息嘉。

诣　黑龙潭谢雨　丁卯五月

前朝诣灵潭,吁祷冀激感。细点随归辔,傍晚云容黮。阵雨中夜零,所望犹觉歉。曾未踰三日,沾霈盈沟坎。兹来谢神贶,农事沿途览。稚苗如助长,肥绿朝苒苒。讵即希岁丰,乍可弭旱歉。叨佑良已多,能格吾岂敢。

诣黑龙潭谢雨　戊辰六月

今岁两觉旱,命祷诚皆通。所希佑万民,宁惜劳一躬。昨来优渥余,诣谢酬神功。轻舆趁晓凉,一川禾黍风。灵区偶延赏,画槛临长空。我来亦已屡,愁慰每不同。揽景兴能几,祈岁心何穷。

黑龙潭作　己巳五月

趁爽事山游,灵潭近廿里。兰衢露气浓,夹路黍田美。麦秋已登场,村墅堆如坻。相闻鸡犬声,勃见炊烟起。欢余看不足,缓辔行迤逦。仙宫标层巅,如吐青莲蕊。拾级登巉岩,庙貌虔鞠跽。非祈亦非谢,邀贶诚多矣。际和敢忘惠,加敬庶绥祉。小憩默以思,绰矩为政理。

诣　黑龙潭祈雨　庚午五月

三春雨惟时,额手钦天赐。入夏望泽殷,憼焉愁弗置。二麦愿已虚,大田膏未逮。灵潭近御园,明神妥福地。向时常蒙佑,今兹岂靳惠。休征有由召,亦惟馨化洎。布政实多阙,祈泽徒增愧。

诣　黑龙潭谢雨,是日复遇雨,因成　庚午五月

谢雨仍逢雨,占时尚及时。回苏真荷泽,昭应敢嫌迟。底虑衣衫湿,贪看禾黍滋。慰余惭自问,何事屡来兹。

诣　黑龙潭作　壬申三月（因篇幅过长,故略）

北侧碑亭碑北侧

祈丨泽雨其覃，谢教帝诣丨谭。恩施臣父子，叩述已虔惭。时阅酉至子，润惟二逮三。敬蒙丨天洗过，仍冀霡霂堪。即此不知足，原因历久谙。晓瞻碧宇净，重吁霈雾甘。命子皇帝诣丨黑龙潭谢雨，叠前韵作。

丙辰清和月下瀚御笔。（下钤印二：其一篆"太上皇帝"，其二篆"十全老人"）

北侧碑亭碑南侧

祈丨泽雨其覃，谢教帝诣丨谭。恩施臣父子，叩述已虔惭。时阅酉至子，润惟二逮三。敬蒙丨天洗过，仍冀霡霂堪。即此不知足，原因历久谙。晓瞻碧宇净，重吁霈雾甘。命子皇帝，诣丨黑龙潭谢雨，叠前韵作。

丙辰清和月下瀚御笔。（下钤印二：其一篆"太上皇帝"，其二篆"十全老人"）

丁巳清和月下瀚　御笔（下钤印二：其一篆"太上皇帝"，其二篆"十全老人"）

（碑阳）额篆：御制

诣黑龙潭祈雨述事　己卯三月丨

忆昔雍正年，丨北郊频命代。尔时常苦旱，虔求随丨礼拜。无能慰丨宸衷，致诚遑敢懈。日日趋醮坛，好景谁知爱。丨每当大祭临，进宫预斋戒。丨问此拈香不？谨奏两不废。是即丨海祈年，一思感五内。

逮予登大宝，何年弗丨望霖。北方例春旱，渺渺愁予心。以此举丨常雩，吁恩仰帝临。入夏得渥霑，虽无救麦镏。大田常可冀，丨怀略纾秋深。

去冬乏三白，春雪绕略霑。是丨难俟夏至，早觉愁弗堪。常年种已播，今则待举鑱。时较昔益促，心犹昔更惭。亦知渎匪宜，丨吾谁欺"灵潭。"

再诣黑龙潭祈雨　己卯五月丨

自我祷灵泽，两月忽已过。雷雨近虽作，片刻曾无何。朝夕紫惄愁，六旬倏蹉跎。敢辞丨神厌渎，究我诚未加。以此谨浴斋，再往祈佑嘉。历历廿里途，较前益增嗟。麦萎全失丨收，黍陇种无多。即其少种中，戢戢才出芽。丨更属望泽殷，赤地犹埋沙。芒种况又临，何辞屡延俄。百神受」天职，育物功无讹。予罪民何辜，迁怒理则那。」崇朝愿霈」恩，铭赐实不磨。」

（碑阴）额篆：御制

  诣黑龙潭祈雨作　丁酉六月」

  祈雨多于春夏交，时行际实创逢教。廿朝」无那炽炎日【自初六日雨后，虽微」有阵雨，总未成分寸。】，尺泽颙希解」热勰。

  禾黍看将吐穗齐，高低芃叶绿萋萋。」旱仅人暍非仅稼，恐碍含浆亦迫徯。」【前次透」雨既沾，」禾稼俱已勃长，田功」尚不至迫于待泽，惟连日炎歊较甚，街衢」间有病暍者，故急盼甘澍以解之。然秋黍正当结穗含浆之际，」若早沃优膏，颗粒更可」资饱满，因亦殷颙望耳】。（因篇幅过长，故略）

北侧

  巡津回跸三番霍，虽小积将六寸余。兹复踰旬望蒙泽，特因」祈雨敬趋予。麦苏欲穗仍需润，黍种吐苗怜未舒。」灵德赞」天吁施惠，优霖即沛起新锄。

  诣」黑龙潭祈雨成作　乾隆甲寅清和月御笔（钤印二：上篆曰"太上皇帝"，下篆曰"十全老人"）」

南侧

  逾月未」恩覃，虔求敬诣」潭。叩希敷」帝泽，思过责躬惭。五岁中隔二，一朝斯倍三。望田虽可待，更久则何堪。深惜三春渥，敢云北地谙。耆年减步级，九拜」赐霖甘。

  诣」黑龙潭祈雨六韵　丙辰清和月下瀚御笔（钤印二：上篆曰"太上皇帝"，下篆曰"十全老人"）」

  诣黑龙潭祈雨　癸未四月」

  今岁望雨况，又与往岁殊。浡潦民艰食，不可缓」斯须。亟待兹麦熟，青黄接口糊。」常雩躬致恳，小沾蒉未苏。玉泉祈两度，忱予诚」弗孚。」龙湫向称灵，虔往事吁呼。清晓出园门，穑功历」验诸，秋麦卜半收，春麦盼已孤。禾黍才出吐，待」泽苗将枯。以此念益迫，触目淼愁予。」崇祠近莅止，惕惕步云衢。四年实未来，一躬犹」昔吾。无德致休和，有求多愧悚。敢云祷久矣，曷」其宁惠乎？」

  诣黑龙潭谢雨因成 癸未四月」

  致请其宵霢霂纤，翼朝继夜遂均沾。此番」神贶洵优速，不可予诚曰度占。祷以久哉」益惭切，逢之幸耳倍钦添。轻舆趁爽来虔」谢，雨后田功夹路觇。」

  诣黑龙潭祈雨得诗四首 丙戌五月」（因篇幅过长，故略）

  乾隆初年，清廷将常雩正式升格为每年的"大祀"，礼仪的政治性更加突出。若是黑龙潭祈雨后，雨量不丰沛，就会祈雨社稷坛和其他方泽。如"二十四年（1759）五月辛巳，免陕西潼关等六十五厅州县本年额赋有差。辛卯，上诣黑龙潭祈雨。丁酉，赈陕西咸宁等州县旱灾。己亥，诏诸臣修省仍直言得失。辛丑，上素服诣社稷坛祈雨。丁未，上以雨泽未沛，不乘辇，不设卤簿。由景运门步行祭方泽。己酉，赈甘肃皋兰等州县被旱灾民。"[1]若是数月不降雨，皇帝除了赈灾以外，还要"清理庶罪"进行大赦，如《高宗本纪六》："五十七年（1792）夏四月乙卯，上诣黑龙潭祈雨，命刑部清理庶狱，减徒以下罪。"

  根据《清史稿·高宗本纪》记载，乾隆皇帝在黑龙潭祈雨28次。笔者整理乾隆皇帝亲诣黑龙潭祈雨事例，即录如下：

序号	祈雨时间	降雨时间	雨况
1	乾隆三年三月（丁卯）	无	自是日戌时，至初三日寅时，甘霖大霈
2	乾隆五年五月（甲寅）	无	无
3	乾隆七年三月（戊子）	无	无
4	乾隆十年六月（癸亥）	无	无
5	乾隆十二年五月（乙酉）	无	无
6	乾隆十四年五月（辛酉）	无	无
7	乾隆十五年五月（庚戌）	无	无
8	乾隆十五年五月（庚午）	无	无
9	乾隆十八年四月（丁未）	无	无
10	乾隆十九年四月（甲午）	无	无
11	乾隆二十一年五月（庚辰；壬辰）	无	无
12	乾隆二十三年四月（庚辰）	无	无
13	乾隆二十四年五月（辛卯）	无	无

---

[1]《清史稿》卷十二。

续表

序号	祈雨时间	降雨时间	雨况
14	乾隆二十八年四月（癸卯）	乙巳	雨
15	乾隆三十一年五月（甲戌）	无	无
16	乾隆三十一年五月（丙戌）	无	无
17	乾隆三十二年四月（乙酉）	无	无
18	乾隆三十五年四月（庚午）	无	无
19	乾隆三十六年四月（丙戌）	无	无
20	乾隆四十二年六月（己未）	无	无
21	乾隆四十三年四月（乙巳）	无	得有阵雨
22	乾隆四十八年四月（己丑）	无	无
23	乾隆五十二年四月（戊午）	无	无
24	乾隆五十三年四月（癸丑）	无	无
25	乾隆五十五年四月（庚戌）	无	无
26	乾隆五十七年四月（甲寅）	无	无
27	乾隆五十七年七月（壬子）	无	无
28	乾隆五十九年四月（丁丑）	无	无

结语

历史悠久的龙神信仰与中国传统社会政治、经济及民众生活关系密切。遗存至今的龙王庙为后世提供了考察中国传统文化的视角。黑龙潭龙王庙碑刻中更是用恳切的言辞传达着民间的旱情和对神灵的虔诚，于是官方的祈雨礼仪与民间求雨习俗上行下效，强化着龙王庙作为祈雨标识的象征功能，有慰藉民心的作用，亦体现出官方祈雨具有反思性和功利性的特点。政治权力主导下的灾异或祥瑞弥散至国家治理的各个方面，一定程度上有裨于民生社稷；明清两朝的统治者在君权强化等核心政治理念上有共同点，灾害与政治、国家治理之间的回还互动，值得我们深入折返探源。[1]

黄茜茜，孔庙和国子监博物馆文物保管部，副研究馆员

[1] 李光伟：《康熙天坛祈雨的历史书写与史实考析——兼论康熙雍正灾异观念演变及其影响》，《清史研究》，2022年第1期。

盛昱摹刻北宋本石鼓文考述

张 珍

摘要

清末祭酒盛昱摹刻的北宋本石鼓文被称为"天一阁"北宋本石鼓文摹刻史上最佳版本,其摹刻之精美被誉为石鼓摹刻的"胜蓝"之作。文章从盛昱摹刻石鼓文的背景、刻工、艺术成就、摹刻意义进行论述,从而厘清盛昱摹刻石鼓文相关史实,丰富清代国子监开展石鼓文收藏、保护、研究的相关史料,以期进一步阐明清代国子监保存石鼓文脉兴盛教育的坚持和执着追求,并初步揭示石鼓文摹刻事件是对皇权理念下文化权力的传递和转接。

关键词

盛昱;摹刻;石鼓文;考述

石鼓在唐贞观元年(627)发现于陕西凤翔府陈仓山,原物现藏于故宫博物院。因石鼓篆刻文字所载内容为狩猎之事也称之为猎碣,又因学界对石鼓制作年代的判定有"主周说""主秦说"两种,因此又称为"周秦石鼓"。石鼓自出土以来,对其研究主要集中在制作缘由、制作时代、字体、石鼓诗的性质、训释句读等,特别是石鼓文的制作时代是所有纷争中的焦点和核心。石鼓被发现以来几经流转,在元代大德十一年(1307)被大学士虞集在泥草中发现,元皇庆元年(1312)移至国子监文庙(今北京孔庙)大成门。清乾隆五十四年(1789),为了保护由于石质风化而逐渐减少或者无法完整辨识的石鼓文字,乾隆皇帝组织重新摹刻新鼓,制作两套,一套存放在国子监,一套存放在热河文庙。存放在国子监的这套石鼓被放置在大成门外,周秦石鼓存放在大成门内。光绪十二年(1886),时任国子监祭酒的盛昱重摹阮氏覆宋本《石鼓文》刻石,此刻石为长方形,十块,龛置于孔庙韩文公祠石壁。周秦石鼓、乾隆石鼓、盛昱摹宋本石鼓文刻石共同见证了国子监对石鼓收藏、保护、研究的相关史实。

一、盛昱摹刻石鼓文背景考述

（一）盛昱摹刻石鼓文之前，国子监两种石鼓的保存情况及存在的问题

1.周秦石鼓。石鼓入藏北京国子监之前失落已久饱经风霜，元代入藏时石鼓的保存状况已经很差，石质风化，石鼓上的很多字迹已经难以辨识。元代揭傒斯所做《石鼓》记载了元代时石鼓在孔庙的保存状况，其言："孔庙颓墙下，周宣石鼓眠。苔分敲火迹，雨洗篆蜗涎"[①]，周石鼓上覆盖苔藓，有火烧痕迹，未进行适当的遮挡，受到雨水的冲刷。从现在对石质文物保护的角度来看，雨水冲刷对石质文物石质的破坏性非常大，很多石质文物的病害都与雨水的冲刷有关，而对其进行遮挡防止雨水冲刷是较为有效的保护方法。从明代李东阳作《周石鼓歌》、何景明所作《观石鼓歌》可以窥得石鼓在明代的保存状况，如：李东阳的"细别苔痕认斑驳"[②]"森列戟门护重楻[③]"；何景明的"苔昏藓涩读难下，虫雕鸟剥细不分"[④]，从以上描述可知，明代时石鼓已经不是完全的露天存放，有了遮挡，但是依然覆盖苔痕，表面风化剥落严重，字迹斑驳难辨。清代的《〈圣祖仁皇帝御制石鼓赞〉并序》记载了清初石鼓的保存状况，文中有如下记载："蝌蚪失传，剥落谁补？"[⑤]"晨星缺月，完句可数[⑥]。"这些记载都进一步表明了周秦石鼓本体风化脱落，字迹不清的情况。从元代到清代赞颂石鼓的诗歌中可以窥得周秦石鼓的保存状况是处于一个逐渐风化，可以清晰辨认的字迹越来越少的状态，而这种状态也得到了当时国子监管理者以及帝王的重视。清代乾隆皇帝重刻石鼓置于太学，很重要的一个原因是周秦石鼓文字漫漶不清，铭文保存不及原来的一半，所以才决定对这千秋法物加强保护。

2.乾隆石鼓。乾隆皇帝对石鼓有浓厚的研究兴趣，乾隆十四年（1749）他命人拓得石鼓文一份，同时也拓取了元代人潘迪的《石鼓文音训碑》以方便研读铭文，此次拓得的石鼓文拓本存字三百一十。为了方便反复诵读研习，乾隆皇帝在石鼓文拓片撰字右边粘上对应的用明黄纸签书写的楷书释文（图1），该套拓片现收

---

① （明）刘侗、于奕正：《帝京景物略》，上海古籍出版社2001年，第6页。
② （明）刘侗、于奕正：《帝京景物略》，上海古籍出版社2001年，第7页。
③ （明）刘侗、于奕正：《帝京景物略》，上海古籍出版社2001年，第8页。
④ （明）刘侗、于奕正：《帝京景物略》，上海古籍出版社2001年，第8页。
⑤ （清）文庆、李宗昉等：《钦定国子监志》，北京古籍出版社2000年，第1071页。
⑥ （清）文庆、李宗昉等：《钦定国子监志》，北京古籍出版社2000年，第1071页。

藏于故宫博物院。乾隆四十八年（1783），内府得到了石鼓文元代拓本十页，乾隆皇帝将乾隆十四年拓本与这一份新得到的元代拓本进行了比较，发现元代拓本存字三百五十六，比清代拓本多出四十六字，这也让乾隆皇帝意识到了石鼓文字的风化破坏，亟待保护。乾隆五十四年（1789）乾隆皇帝决定重刻新的石鼓，此次重刻不是对石鼓留存文字的简单复刻，而是根据石鼓所存的三百一十个字，依照原来的诗意进行了新编，新编石鼓由赵秉冲篆书。可以看出，乾隆皇帝新编石鼓时虽然已经有了存字较多的元代拓本，但是他并未将元代拓本多的四十六字编排进去，仍然采用了乾隆十四年拓本的三百一十字，这也成为后来者盛昱摹刻宋本石鼓文从而弥补国子监藏石鼓文字残缺不全的一个重要原因。在乾隆皇帝的《再题石鼓》中有如下诗句："而重其文以成十鼓之全，又非拘于形而泥于古乎"[1]，强调了乾隆皇帝重刻石鼓以成石鼓之全的刻鼓目的，重刻新的石鼓可以便于捶拓文字，便于研习。乾隆皇帝重刻石鼓不是简单的复刻，其对文字的重新改编其实是对乾隆皇帝石鼓研究成果的充分展示，同时乾隆重刻石鼓也创造了石鼓演绎的一个新的形式，在清代掀起了研究石鼓的高潮。乾隆重刻石鼓对保留石鼓仅存文字起到了一定的作用，但是我们也要认识到乾隆重刻石鼓主要展示了乾隆皇帝石鼓研究的造诣，如同刊刻十三经一样都显示了乾隆皇帝对古物的重视，以及其崇文重道的教育理念。但是这个事件本身对国子监石鼓的保护以及石鼓文文字的完整性所起到的作用是甚微的，但是却在士人，文人阶层掀起了对石鼓相关问题的研究热潮。正是由于乾隆石鼓存在的问题，才为后来的文人以及国子监师生研究保护石鼓，摹刻北宋本石鼓文提供了发挥的空间。

图1　石鼓第一鼓乾隆十四年拓本

---

[1] 施安昌：《善本碑帖论稿》，上海书画出版社2017年，第17页。

（二）清末石刻文字书法艺术研究的不断深入以及天一阁北宋本拓片的出现及影响力

1. 石刻原本为金石学、古文字学的研究对象，随着金石学者的广泛研究以及对金石器物的著录，大约在乾嘉时期石刻研究逐渐从金石研究中分离出来，成为一门相对独立的学科，石刻文字的书法艺术也作为研究的重点与石刻研究融合。碑刻文字自产生起，就与书学有天然的联系，随着金石研究的深入，碑刻文字所蕴含的艺术特性也逐渐走入学者的视线。及至清末，学者对碑刻文字的艺术性阐发更加详尽，还有的学者借鉴碑刻有意识地进行书法创作，甚至用于对原碑的重新摹刻和创造。清代对石鼓文重新摹刻的佳作，摹字环节处处渗透着书者对原有碑刻文字的借鉴，无论是乾隆重刻石鼓还是盛昱组织摹刻石鼓文都体现了摹刻者对碑刻文字的再创作。

2. 天一阁藏北宋本石鼓文拓片的出现及其影响力。石鼓拓片最早出现在唐代，但是唐代的拓片没有流传下来，目前已知最早的石鼓拓片为宋代拓片。清代流行的宋本石鼓文拓本是指天一阁藏宋本石鼓文拓片，天一阁藏宋本拓片最早由全祖望著录，后毁于战火。全祖望《鲒埼亭集》记载，"范侍郎天一阁有石鼓文，乃北宋本"[①]，不仅如此，全祖望还论证了为何将此本定为北宋本。其《石鼓文音训碑》跋云："予尝见北宋拓本，有彭城钱达释文，只据薛尚功一家。"[②] 说明此版本有钱达依据薛尚功篆书《释音》。再有《鲒埼亭集》关于天一阁本的记载"钱氏撰文甚工，其后归于松雪王孙，明中叶归于吾乡丰吏部，已而归范氏，古香苍然盖六百年矣"[③]。从此记述可知天一阁藏石鼓文拓片的递藏有序，时间前后符合逻辑，且在明代已经入藏天一阁。全祖望通过登天一阁，发现天一阁在藏书之外还藏有大量精美碑拓，并对这些碑拓进行了编目整理，可惜的是他的《天一阁碑目》并没有流传下来，但是《天一阁碑目记》以及《鲒埼亭集》相关记载，使天一阁所藏北宋石鼓文拓本逐渐为乾嘉时期研究金石的学者所关注到。

天一阁拓本的出现给乾嘉石鼓研究界带来了重要的影响，主要体现在两个方面：一是依据天一阁拓本的翻刻活动兴盛。《碑目》公之于众后，引来学者争相翻刻。《先秦石鼓简说》记述："已见为世所重的天一阁北宋拓本。原物虽已不存，而其重刻则流衍枝分，有张燕昌、阮元两个系统，清人重刻同一个天一阁宋拓，总达

---

① (清) 全祖望著、朱铸禹集注:《全祖望集汇校集注》上册，上海古籍出版社 2019，第 701 页。
② (清) 全祖望著、朱铸禹集注:《全祖望集汇校集注》上册，上海古籍出版社 2019，第 701 页。
③ (清) 全祖望著、朱铸禹集注:《全祖望集汇校集注》上册，上海古籍出版社 2019，第 701 页。

七种。"①此记述不仅总结了依据天一阁拓本重刻形成的两大系统,并向我们展示了依据此两种拓本在清代后续衍生的重刻版本之多,而本文所考述的对象盛昱覆刻阮氏拓本就是其中之一。

二是经过摹刻和传播对石鼓文研究带来的影响。这种影响主要集中在各类石鼓文论著的产生,比如张燕昌摹刻石鼓文经历了很长的过程,得到双钩天一阁本后并未即刻上石而是对纸本进行了校对,并在研究其他石鼓文论著对比校对的过程中先行出版了《石鼓文释存》一卷,可以说张燕昌的《石鼓文释存》一书是摹刻石鼓文过程中进行研究的必然结果。

（三）盛昱金石及书法造诣简述

《清史稿》盛昱有传:"盛昱为清光绪十年国子监祭酒,字伯熙,隶满洲镶白旗,肃武亲王豪格七世孙。光绪二年进士,授编修,累迁右庶子,充日讲起居注官,十年（1884）,迁祭酒。"②盛昱为祭酒,与司业治麟究心教士之法,大治学舍,加膏火,定积分日程,惩游惰,奖朴学,国子监学风为之一变。盛昱勤于学术,著述丰富,他搜罗、整理、辑录过的多种文献资料,皆在当时嘉惠于学林。其中有一部分至今仍是历史、文学等学术领域所倚重的研究资源。尤其是《八旗文经》的编纂对于弘扬、传播满族文化意义深远。除此之外,盛昱在金石收藏和研究方面也有很深的造诣,编纂有《郁华阁金文》。顾廷龙先生曾撰有《读郁华阁金文记》称"册中或系释文、或加题识、考虽勿详、语多精警、记虽简略、足资掌故"③,足以显见盛昱对金石器物不仅仅是收藏,其也着重对金石所载文字进行考释等,充分显示了盛昱在金石研究方面的学术能力。王国维叙述清代金石之学,"古器物及古文字之学,一盛于宋,而中衰于元、明。我朝开国百年之时,海内承平,文化溥洽。……光绪间,宗室伯羲祭酒广搜墨本,拟续阮、吴诸家之书。时郁华阁金文拓本之富,号海内第一……"④,王国维的记述表明了盛昱金石器物收藏数量之巨。盛昱还善于书法艺术,据《皇清书史》载,盛昱书法"体势方峻,源出欧苏"⑤,具有较高的艺术价值。综上所述,盛昱能力与才学俱佳,既具有管理国子监的能力,又具有较高的金石研究造诣,并善书法;既有机会接触石鼓,又具备一定的摹刻的知

---

① 韩长耕:《先秦石鼓简说》,《史学研究》1984年4期。
②《清史稿》,卷四四四。
③ 顾廷龙:《顾廷龙文集》,上海科学技术文献出版社2002年,第375页。
④ 王国维等:《清代金文著录表》,北京图书馆出版社2003年。
⑤（清）李放:《皇清书史》,辽沈书社1985年,第1404页。

识和技能，这些都让盛昱摹刻石鼓文成为可能。

综上所述，清代国子监祭酒盛昱摹刻石鼓文有其深厚的历史背景。存放于元、明、清孔庙的石鼓存在严重的风化剥落问题，文字逐年减少亟待抢救其残存的文字；乾隆石鼓虽然陈列于孔庙，但是乾隆石鼓所刻文字是对清代乾隆年间石鼓所残存的文字的新编，对保护恢复石鼓文的完整性所起到的效果甚微，摹刻存字更多的石鼓文置于太学显得非常有必要。天一阁宋本石鼓文的摹刻与传播使盛昱重新摹刻宋本石鼓文成为可能，盛昱本身的金石造诣以及所处的祭酒位置使他摹刻出石鼓文精品之作成为可能。

二、盛昱摹刻石鼓文过程简述及相关因素分析

摹刻石鼓文的大致过程，一是要组织具备石鼓文鉴赏、勾描、刻石的专业队伍；二是参照底本的选取；三是对选定的版本进行对比考校，最终确定上石的版本；四是镌刻上石。对盛昱组织重新摹刻石鼓文的考述离不开对刻石过程的认识，而刻石过程的每一个步骤都决定了此次刻石的质量和艺术价值的高低。

（一）参与刻石专业队伍的组建

盛昱新刻石鼓文为十方长方形刻石（此十方刻石现藏于中国国家博物馆）分别对应十枚石鼓的鼓面文字，在第十方刻石的最后有跋曰："光绪十二年六月国子监祭酒宗室盛昱重摹阮氏覆宋本石鼓文刻石龛置韩文公祠壁，崇志堂学录德清蔡右年校文，监生黟县黄士陵刻，拔贡生诸城尹彭寿续刻。"从跋文可知盛昱组织重刻石鼓文是由国子监师生通力合作完成的。通过以上跋文可以窥得盛昱组织刻石鼓文的团队组建情况。

1.刻石者黄士陵，字牧甫，或作牧父、穆甫，别号倦叟，黟山人（今安徽黟县人），出生于道光二十九年（1849），晚清著名的书法家、篆刻家。黄士陵的艺术成就主要在篆刻和书法两个方面，他对于印坛上主要的贡献在于开辟了新一派印风，将人们取法的视野更加扩大化。书法方面他从清人小篆入手，向上直追三代金文，把青铜铭文融入篆书中，在对篆刻不断追求的同时形成个人独特的沉静渊穆、高古朴拙的书法风格。黄士陵在国子监求学期间，受到了祭酒盛昱的青睐，还将珍藏的青铜器和金石碑板交于黄士陵学习，同时还得到了王懿荣、吴大澂等众多金石学大家的指导，黄士陵的篆刻技艺取得了长足的进步，并以此获得了"校改石经，摹刻

石鼓"的工作。

2. 校文者蔡右年。校文是重刻石鼓的一个重要环节，可以说校文的质量高低直接决定了重刻石鼓文的价值。蔡右年《清史稿》无传，但是能从其他文献资料获得关于此人的相关信息。此处校文者蔡右年与光绪乙酉（1885）为续修监志洗拓石鼓文的学录蔡庚年为同一人，也是盛昱为祭酒时考校十三经的学官蔡庚年。关于蔡右年即蔡庚年的问题，可从好太王碑拓本及所附题跋进行考证，此拓本所附题跋钤有三方印章，内容分别是"蔡右年""千和""作名庚年光绪丙戌改今名"[①]。又据黄士陵曾刻白文印"表石经室"来记述与蔡庚年一起修补太学石经这件事："光绪十一年，国子监祭酒宗室盛公奏准修补太学石壁《十三经》，属千禾先生校其误，作石经表四卷，因颜其室曰：表石经室。黄士陵并志于南学西舍。"此边款记录了"校改石经"一事的时间和校改内容，也记录了黄士陵和蔡庚年一起合作的经历。此处千禾先生即指蔡庚年，又有"作名庚年光绪丙戌改今名"，可知蔡庚年光绪丙戌改名蔡右年，而盛昱新刻石鼓文即是在光绪丙戌（1886），因此才有了"德清蔡右年校文"的记载。

蔡庚年，字崧甫，号蛊斋，室名"表石经室"，咸丰辛酉科优贡生，同治丁卯科举人，累官至国子监崇正堂学录。光绪十一年，编纂《奏修石经字像册》四卷，校修《乾隆石经》，还曾参与编纂《光绪顺天府志》《唐文拾遗》等，博学洽闻，富藏金石文字，与篆刻家、书法家黄士陵交往较多。

3. 补刻者尹彭寿，晚清金石学家，字祝年、号慈经，光绪十一年拔贡。官兰山县教谕，后经山东学政裕德表奏，为国子监学正。著作有《汉隶辨体》《石鼓文汇》《说文部读补正》《益都金石志》《汉石存目》等。黄士陵未完成石鼓文的刻石工作便南下广州，而后续的刻石工作交由拔贡生尹彭寿接手。尹氏精训诂，工篆隶，且当时也在国子监学习，是最为合适的补刻人选。尹彭寿篆刻技艺精湛，年轻时曾仿刻"朱博残碑"被誉可以假乱真。罗振玉《交石录》记载："朱博残碑乃尹祝年广文所伪造，广文晚年也不讳言。予曾以书至广文，覆书谓少年戏为之，不图当世金石家竟不辨为叶公之龙，其言趣甚。[②]"从罗雪堂记载可知，尹氏也承认了伪造一事，并称之为是年少游戏为之，但是以假乱真足见其篆刻技艺的确不一般。

经过分析可知，盛昱组织此次重刻石鼓文有一个强有力的技术团队的支持，刻石者黄士陵工篆刻，续刻者尹彭寿刻工精湛并且善于仿刻，有效地保证了刻石风格

---

① 梁启政：《韩国任昌淳藏好太王碑拓本最早收藏者及所附题跋作者考》，《延边大学学报》，2009年第5期。
② 焦傲：《纸寄贞石——盛昱监拓〈石鼓文〉考略》，《艺术品鉴》2018年25期。

的前后一致，校文者蔡右年博学洽闻，加上盛昱对金石的鉴赏力共同促成了此次重刻石鼓文的成功。不仅如此，在重刻石鼓文之前黄士陵与蔡右年已经有过合作修补乾隆石经的经历，再次合作刊刻石鼓文已经有了相当的默契，且此二人友谊甚笃，志趣相投，这样就把原本只是一件工作的事情变成了兴趣、乐趣和共同创作一件作品，所取得的效果自然不一般。

（二）参照底本的选取及原因分析

根据国家图书馆藏盛昱摹刻石鼓文拓片"重摹阮氏覆宋本"所记可知，盛昱所刻十方刻石的摹本是阮氏覆宋本，即依照清代金石学家阮元所摹的宋本石鼓文版本进行的重刻。前文述及天一阁本的摹刻主要有张、阮两个系统，盛昱想重刻宋版石鼓文，丰富国子监的石鼓文收藏，为什么选择将阮氏本作为底本是有一定的原因的。

第一，从阮元其人谈起。《清史稿》阮元有传："阮元，字伯元，江苏仪征人。乾隆五十四年进士，选庶吉士，散馆第一，授编修。逾年大考，高宗亲擢第一，超擢少詹事。召对，上喜曰：'不意朕八旬外复得一人！'直南书房、懋勤殿，迁詹事。五十八年，督山东学政，任满，调浙江。历兵部、礼部、户部侍郎[①]"。从列传的记载可知，阮元深受乾隆皇帝的喜爱，不仅如此，阮元也是乾隆皇帝关于教育理念的实践者。乾隆六十年八月，32岁的阮元奉旨调任浙江学政，嘉庆元年二月，阮元出试宁波并登天一阁观书，第二年，阮元由台州试宁波并再次登天一阁。也就是在阮元第二次登天一阁这年夏天，阮元摹刻天一阁本《石鼓文》，八月刻成，置于杭州府学明伦堂壁间。阮元摹刻天一阁本《石鼓文》与他曾两次登临天一阁有机会审阅天一阁藏《石鼓文》有很大的关系。阮元在刻石后留有题跋："元于嘉庆二年夏，细审天一阁本，复参以明初诸本。"[②]即是证明。不仅如此，阮元也在题跋中表明了此次重刻的目的为"置之杭州府学明伦堂壁间，使诸生究心史籀古文者有所法焉"。使诸生喜好古文者可有对照的版本，正与乾隆重刻石鼓置于太学方便捶拓方便学习的目的相同，也是乾隆皇帝关于石鼓文的教育理念的具体呈现并向地方学校教育的延伸。第三，关于盛昱的选择，盛昱选择阮元版本作为底本重刻石鼓文，应该是因为阮元刻石鼓文置于杭州府学是为了兴盛教育事业，而盛昱在阮元刻石一百年后刻石也是要置于太学为了教育而做。可以看出，盛昱对阮元刻宋本石鼓文置于杭州府学，助力石鼓文研习的做法是推崇的。阮元在给张燕昌的诗中曾有两

---

①《清史稿》，卷三六四。
②（清）阮元：《仪征阮氏重抚天一阁北宋石鼓文拓本》，天一阁博物馆藏。

句"此本若能入太学，小臣之愿非敢私"①，也曾希望自己的刻本能入太学，"非敢私"也说明了其愿望不是为了自身名留千古，而是出于石鼓文自身的价值以及教育价值，置于太学可以让天下学子的代表都能看到。盛昱做此可能也是对阮元的一种回应。盛昱和阮元有诸多共同点，都是进士出身，选庶吉士，授编修，都担任管理教育的官员，对盛昱来讲相比较于张燕昌阮元更加可以作为自己的榜样。盛昱和阮元更有惺惺相惜的感觉，盛昱刻石鼓文置于太学是一百年后对阮元的一种回应，但是盛昱在重刻的过程中也融入了更多他对石鼓文的见解。

（三）盛刻本石鼓文刻工、艺术价值分析及所现考校与镌刻细节探微

1886年，在盛昱的组织下正式完成了新刻石鼓置于太学这一重要事件，虽然具体刻石的过程我们不得而知，但是通过对张燕昌、阮元刻石鼓文工序的分析不难推测出盛昱刻石的基本步骤。张燕昌先临摹《天一阁》拓本获取双钩本后（图2），再对比其他石鼓文拓本进行了考校后刊刻上石。关于阮元摹刻的过程，阮元在其摹刻的天一阁本《石鼓文》后跋提到："属燕昌以油素书丹，被之十碣，命海盐吴厚生刻之"②，阮元刻本由张燕昌钩摹于十方石碣之上，再由精于篆刻之人进行刻石，当然阮元对天一阁本也是经过考校的。从以上过程，推测盛昱摹刻石鼓文的过程，也应是经由考校、钩摹、刻石这几个过程。盛刻本考校应是以蔡右年为主完成，钩摹、刻石这两个过程应该是由黄士陵一人完成，黄士陵未刻完的由尹彭寿接任，黄士陵钩摹、镌刻石鼓可以说是将自己制印的技艺运用于石鼓文的摹刻。通过对盛刻本石鼓文与阮元刻本石鼓文以及其他版本的比对中，可以发现盛昱刻石鼓文的考校与镌刻的一些细节，以及盛刻版石鼓文的艺术价值。

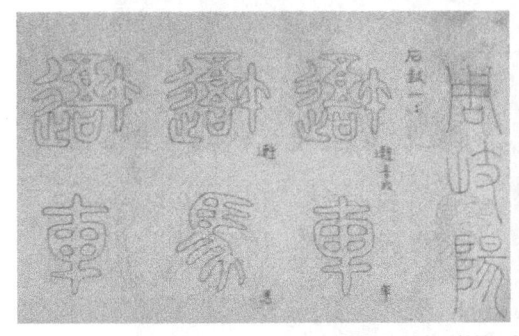

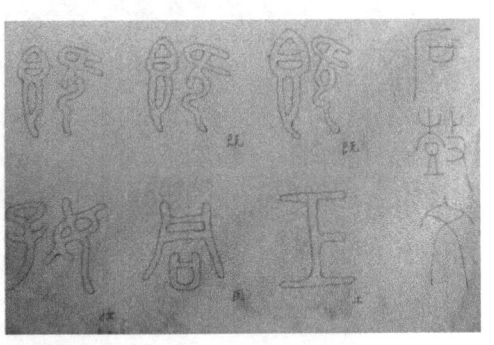

图2　周秦石鼓第一鼓部分字双钩图示例

---

① (清) 徐渭仁：《随轩金石文字·周石鼓文》，清刻本，《国家图书馆藏石鼓文研究资料汇编》第五册，国家图书出版社2014年，第235页。
② (清) 阮元：《仪征阮氏重抚天一阁北宋石鼓文拓本》，天一阁博物馆藏。

1. 刻工及艺术价值分析

第一，从刻石版面安排及刻字尺寸来讲。经唐存才先生采用对比的方法对阮刻本（图3），盛刻本（图4），以及石鼓文原拓本（图5）的文字分布以及版面尺寸进行测量分析。以第一鼓"吾车鼓"为例，盛昱刻石鼓文刻石第一鼓第一行首字到末字的长度为三十二厘米，阮氏刻石第一鼓此距离为三十一厘米，而国子监石鼓原拓第一鼓此距离也为三十二厘米。又盛刻本第一鼓第一字"吾"长度为三点八厘米，阮刻本此字的长度为三点六厘米，国子监石鼓原拓此字的长度为三点八厘米，推测是由于单个字的长度影响了整个文字版面的长度。（表一）

第二，从对石花的处理的差异及效果呈现来讲。仍以第一鼓为例，盛刻本除了底部有联片石花外，在左上部也有连片石花；阮元刻本只有在底部有连片石花，左上部第九行第一字清晰可辨，无石花的刻划；明代拓本（图6）第九行第一字仅可见部分线条，字迹不清。观明初拓本极其严重的风化现象，推测宋代时应该已经开始风化，而不是字迹清晰可辨，盛刻本对其石花的处理应该是纠正了阮刻本的错误，比较真实的还原了宋代时此区域的风化情况。（表二）。

第三，从两种石鼓文刻石的文字的刻工及艺术表现形式来讲。盛刻本由黄士陵及尹彭寿负责刻石，此二人的篆刻能力上文已经详述，黄士陵所刻文字线条浑厚质朴，单个字的结构比较饱满，方正，气息高古，对石鼓文原拓的还原度较高，而尹彭寿是一位在篆刻方面的模仿高手，他的续刻可谓延续了黄士陵的刻石风格。阮刻本文字的线条偏细瘦，由细瘦线条组成的字整体也比较清瘦秀丽，且在某些线条边缘有细碎的刀刻，可能是要尽力表现石刻风化后的感觉，在表现石鼓文浑厚、方正方面盛刻本更胜一筹。

图3　阮元刻本石鼓文第一鼓拓片

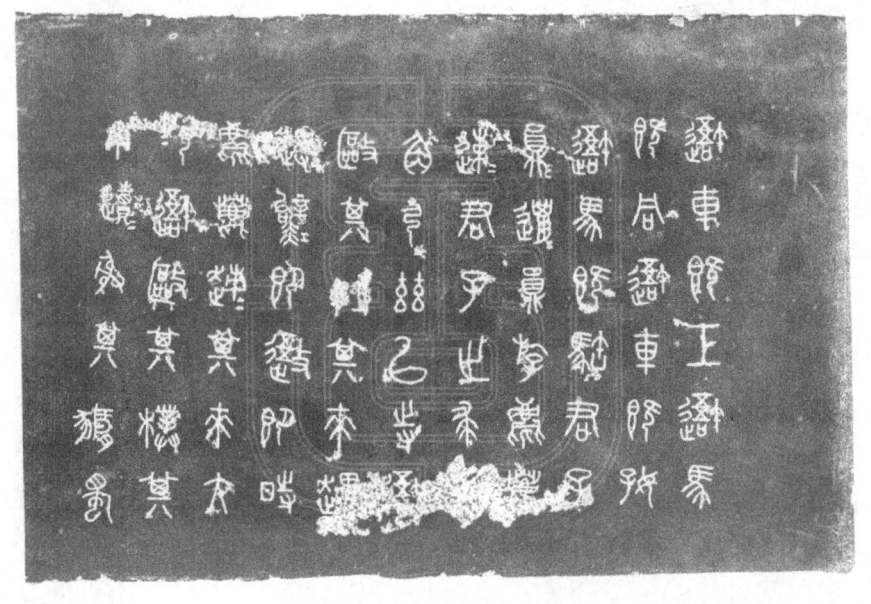

图 4　盛昱摹刻本石鼓文第一鼓拓片

图 5　石鼓第一鼓清末拓片

图6　石鼓第一鼓明代拓片

2. 盛刻本石鼓文考校探微

　　从上文对比分析可以看出，选定阮元刻宋本石鼓文作为参照版本后，盛昱等人并没有完全照搬而是做了一定的考校和对比才确定了最终上石的版本，对阮刻本的一些细节和错误进行了修正，这些考校无疑提升了盛刻本的价值。在考校方面参照了周秦石鼓原物，周秦石鼓原拓，周秦石鼓明代拓片等。周秦石鼓原物虽字迹漫漶，但是字的大小，字间以及行间的距离是可辨的，因为身处太学的便利，盛刻本参与者在刻石中可以随时观摩原鼓，以期达到尽善尽美，所以在版面及文字布局上更为接近原物。不仅如此，光绪乙酉（1885）盛昱还着人拓取了国子监的石鼓拓片，此版本后也被多本金石著作著录。罗振玉的《雪堂所藏金石文字簿录》"石鼓文盛伯熙祭酒精拓本"条记载："此宗室伯熙（盛昱）官国子监祭酒时，命黟县黄牧父（士陵）手拓，毡墨至精，凡旧拓不能辨之残画，皆明晰可见。"[1]关于此版本，研究石鼓文的学者对其也有较高的评价，罗振玉赞此版本"毡墨至精，凡旧拓不能辨之残画，皆明晰可见"[2]，任熹的《石鼓文概述》形容此版本"缮墨均精，凡旧拓不能辨之残画，皆明晰可见"[3]。由此可见，光绪乙酉（1885）盛昱组织的这次对石鼓的洗拓是一个很好的观摩原鼓的机会。关于参考明代拓片，明代是与宋代最为接近的朝代，对明代拓本的研究能够更接近地推测宋代拓本的样貌，前文提及石鼓文鼓面有一个风化逐年加剧的过程，通过对比对某些部位石花的处理，盛昱等人

---
[1] 焦傲：《纸寄贞石——盛昱监拓〈石鼓文〉考略》，《艺术品鉴》2018年25期。
[2] 焦傲：《纸寄贞石——盛昱监拓〈石鼓文〉考略》。
[3] 焦傲：《纸寄贞石——盛昱监拓〈石鼓文〉考略》。

认为阮刻本有不太准确的地方，并进而做了修正。

表一

拓本名称	盛刻本	阮刻本	石鼓文原拓（清末）
第一鼓第一行图片			
首字到尾字距离	32cm	31cm	32cm
对比结论	盛刻本的版面尺寸和单字的大小更接近石鼓原拓		

表二

拓本名称	第一鼓第7-11行首字石花图片	石化处理刊刻情况描述	对比结论
盛刻本		石花连片，连片石花隐藏的字迹依稀可辨	观明初拓本极其严重的风化现象，推测宋代时应该已经开始风化，而不是字迹清晰可辨，盛刻本对其石花的处理应该是纠正了阮刻本的错误，比较真实的还原了宋代时此区域的风化情况。
阮刻本		单个字刊刻石花，石花不连片	
明代拓本		石花连片，连片石花隐藏的字迹只有部分线条可辨	

3. 盛刻本镌刻细节探微

文字的版面排布以及刻石人对文字篆刻的风格把握这些细节也是刻石的重要环节，盛刻本石鼓文在版面及文字大小的排布上更接近于石鼓原物。从文字的艺术表现形式来讲，较大的取决于刻石者本人的篆刻技艺和对石鼓文的理解，翻刻应该是追求与原石的无限接近，但是不可避免的也体现了刻石者自身的风格以及模仿能力，比如黄士陵所刻石鼓文更加端方、质朴，阮元组织所刻石鼓文文字更加清瘦、秀丽，这种个人风格的体现也是对不同版本石鼓文鉴赏的关键所在。

综上所述，盛昱组织摹刻石鼓文刻石是整个摹刻团队的智力和技术的呈现，有对参照底本的考校和改进，不是单纯的模仿，有刻石者对石鼓文的理解以及对周秦石鼓文字线条及形体的精准把握。从以上几个层面来讲其艺术价值均超过了阮元所刻石鼓文刻石，可谓学术性与艺术性兼具。盛刻本石鼓文在很多方面都进一步弥补了阮刻本的不足，堪称"胜蓝之作"。

三、摹刻意义探索

（一）国子监在收藏保存石鼓，传承石鼓文脉方面的价值

从盛昱摹刻宋本石鼓文事件本身来看，是为国子监增加了存字更多的石鼓文研习教材，但是摹刻事件背后透露的是国子监在保护石鼓、传承石鼓教育方面的坚持。回望历史，石鼓元代入藏国子监时可谓是饱经风霜，但是元代国子监的司业和祭酒在石鼓文研究方面取得了对后世影响深远的成果。司业潘迪总结前人关于石鼓释音的研究成果所作《石鼓文音训》成为后世研究石鼓文的重要工具，在印刷和信息技术不发达的时代也推进国子监成为研习上古文字的必然打卡地。从《帝京景物略》记载可知，元代、明代有很多士人都曾到太学观石鼓，可以试想一下当时石鼓文脉兴盛的情景。及至清代，乾隆皇帝对石鼓又有不同的见解，重刻新的石鼓将当时石鼓上仅存的文字更加清晰的保留了下来，形成了戟门内外皆列石鼓的盛况。乾隆之后，张燕昌曾游历太学手拓石鼓文；阮元也曾在太学观摩石鼓；翁方纲著有《石鼓考》；黄士陵也曾在太学学习石鼓文，开阔眼界；盛昱更是将宋本石鼓文引入了太学，使石鼓消失的文字有迹可循；盛昱之后，清末祭酒王懿荣也曾拓印石鼓文进行研究、交流。从以上事迹可知石鼓自入太学存放，国子监的师生对其保护、研究从未断绝，石鼓的文字虽然在逐渐风化和减少，但是石鼓的文脉在国子监一直在代代传承。

（二）翻刻石鼓文所蕴含的文化权力转接和传递探索

清代乾隆皇帝认为石鼓为"千秋法物"，也认可韩愈石鼓置于太学的思想。乾隆皇帝重新刻石鼓文是其所实施的系列文化工程的重要一项，与刻十三经、组织编纂《西清古鉴》《四库全书》都可视为乾隆皇帝宣扬自己关于文化统治理念的重要举措。其曾将自己诗文刻于《作原》鼓，最后一句"言行国学历珍弄，重道崇文功不磨"道出了乾隆皇帝对石鼓及其鼓面文字推崇备至的原因，也表达了自己关于文化方面的治理理念，他认为重刻石鼓是一项有功于后世的重道崇文的举措。而在后面的跋中其又云，"非拘泥于形而泥于古乎"，进一步说明乾隆皇帝更看重"重刻石鼓"这一举措，以及这一举措传递给天下读书人的关于其文化统治的理念并非十分看重石鼓文字的完整与否。

对乾隆皇帝因重刻石鼓而阐发的关于重道崇文的思想，阮元是忠实的实践者。阮元重刻宋本石鼓文置于杭州府学，这一举措是对乾隆重刻石鼓置于太学的效仿，更是对乾隆皇帝关于石鼓置于太学用以兴盛教育理念在地方的推行。浙江刻《四库提要》完工后，阮元曾题跋："钦惟我皇上稽古右文，恩教酬叠，乾隆四十七年《四库全书》告成，特命如内廷四阁所藏，缮写全册，建三阁于江、浙两省，谕士子愿读中秘书者就阁传写，所以嘉惠学林，恩之渥，教之周也[①]"。阮元的跋文点明了浙江刻《四库提要》的目的，也体现出了阮元对乾隆皇帝"稽古右文"思想的尊崇、传播、践行。

祭酒盛昱100余年后对阮元刻宋本石鼓文的摹刻并置于韩文公祠可以说是对韩愈的告慰。盛昱认为自己任期内修石经，刻石鼓文是非常重要的事情，这些都可以视作盛昱想重振太学教育的有益尝试。盛昱对石鼓的关注，并最终刻石成功为国子监添置了宋本石鼓文刻石十方，这一摹刻行为也是为了振兴国子监趋于衰落的教育，通过宣扬乾隆皇帝"稽古右文"的理念，希望从考察总结古代经验，重视弘扬文化教育中获得国子监重振的方向和力量。

综上所述，如果把乾隆重刻石鼓置于太学理解为乾隆皇帝对其文教理念的宣传和弘扬，那么乾隆皇帝后，经由掌管教育的学政、祭酒等人之手对石鼓文的摹刻及向更广范围的传播这一事件，也可以在其摹刻背后看到摹刻者对乾隆皇帝理念的赞同以及推广，这种推广背后所隐含的也是对乾隆皇帝关于文教理念的向更广范围的传递。

---

① (清) 阮元撰，邓经元点校《揅经室集》，中华书局2016年，第565页。

四、结语

  盛昱组织覆刻阮氏摹宋本石鼓文得十方刻石，基本还原了石鼓所列文字在宋代的样貌。置于国子监的周秦石鼓、乾隆石鼓、盛昱摹刻宋本石鼓文以及元代国子监司业潘迪的《石鼓文音训碑》为国子监师生提供了研习石鼓文的重要一手资料。盛昱刻石鼓文可以称之为国子监历史上最后一次对石鼓文脉的保护和传承。回望历史，自元代石鼓入藏太学后，元明清三代的国子监师生，对石鼓的研究、保护、文脉传承也从未断绝，可见保护石鼓本体，延续石鼓文脉一直是元明清国子监一项重要的职责。同时，石鼓作为乾隆皇帝推行其"稽古右文"治理理念的一个载体，祭酒、学政等人对石鼓文的摹刻，无疑也是将乾隆皇帝的理念不断的向外传递，可以说摹刻背后蕴含的是文化治理理念和相应权力的传递与转接。

           张珍，孔庙和国子监博物馆文化活动部，馆员

浅谈清代单色釉祭瓷
——以牺耳尊为例

周 怡

摘要

与华美的清宫艺术风格不同，清朝国家祭典中使用的祭祀瓷器为素净的单色釉品类。本文在对单色釉瓷器与祭祀色彩体系在清代发展的情况进行梳理的基础上，以牺耳尊为例，对清代祭祀天、地、日、月时使用不同釉色祭器情况加以分析，以此望对单色釉祭瓷在清朝的发展予以管窥。

关键字

祭礼器；瓷质祭器；清代祭典；牺耳尊

一、色彩观念与祭瓷釉色的对应

在中国陶瓷发展历程中，单色釉陶瓷器在很长一段时间占据了中国古代陶瓷生产的主流审美位置。单色釉是指瓷器上只有一种釉色，故而也称"一色釉""纯色釉"或"一道釉"。烧制单色釉瓷器时，在基础釉料中分别加入铁、铜、锰、钴等氧化金属着色剂，在相应的烧制条件下，釉面会呈现出青、褐、红、蓝等不同色泽。而釉色中的其他成分，如石英、石灰、长石、硼砂、土、植物灰等，则决定了釉的亮度、透明度、浓度等特性。在烧制瓷器的过程中，即使是一个配方相同的釉色，也会因为受到烧制温度、窑室情况、染料以及气候等因素的影响，致使器表颜色产生差别。

据考古发现，我国最早的单色釉陶瓷器可追溯到商周时期的原始青瓷。因其釉色呈黄绿色，类玉，古人称其为"琨瑶"，象征了美玉，故而自先秦时期原始青瓷便步入礼器的行列。此外，在这个时期，色彩也与祭祀文化相联结，《周礼·考工记》中载："画缋之事，杂五色。东方谓之青，南方谓之赤，西方谓之白，北方谓之黑，天谓之玄，地谓之黄。"五行又将金、木、水、火、土五种元素与白、青、黑、赤、黄五种正色相对应，这构成了国家祭祀典礼的基本内涵与元素。然单色釉瓷器在祭祀中的使用从制度层面上被明确下来，要到明洪武之后，《大明会典·卷二百一》所载"洪武九年，四角各陵瓷器，圜丘青色，方丘黄色，日坛赤色，月坛白色"[①]。明代中期，嘉靖皇帝因其藩王出身，为追崇其生父兴献王，塑造自己政权的谱系正统性，而对国家祭祀典礼进行了全方位的改革。礼制改革包括了重新设立四郊祭坛，恢复日、月、天、地等诸神的分别祭祀，并在嘉靖九年明确规定了四方郊坛所用祭器颜色，即圜丘坛使用青色、方丘坛使用黄色、日坛使用红色、月坛使用白色，由江西饶州府根据图本样式烧造。从制瓷技术方面来说，白釉与黄釉的高温釉烧制技术成熟较早，而高温釉蓝釉和高温釉红釉烧制技术相对成熟较晚，元代景德镇烧制成高温蓝釉，高温红釉则始于元代景德镇创烧的釉里红瓷器。至此元代四色烧制成熟，明初方才以四色号令四郊。

到了清朝，清代作为中国历史上最后一个封建王朝，将中央集权统治推向了巅峰，祭祀作为政治权力的象征，清代统治阶级更是不遗余力地推崇并完善国家祭祀体系，这一阶段的祭祀等级制度愈加森严规范。《大清通典》规定，清代礼仪分为吉、嘉、军、宾、凶五类，祭祀礼仪即与其中的吉礼相对应。祭礼主要分为两大类，一是是祭祀祖先神灵，二是祭祀自然神灵。此外还有四种祭礼，即文庙、传心殿、帝王庙和先医庙。文庙和传心殿所祭者为儒家圣人孔子，历代帝王庙、先医庙所祭为帝王，所祭正位为伏羲、神农和轩辕三位帝祖。清代宫廷祭礼仪式分为大祀、中祀和群祀。大祀由皇帝亲自主持，包括圜丘、太庙、社稷、方泽、祈谷、常雩、先师的祭礼。中祀由皇帝亲祭或遣大臣致祭，祭祀对象包括天、地、日、月、太岁、历代帝王、先农、先蚕、关帝、文昌；群祭则基本上全由大臣们负责完成，龙王、都城隍、内城隍、贤良、昭忠等。根据乾隆年间所成《皇朝礼器图式》与《备物昭诚》两部典籍记载，祭器除了璧、琮、圭等几种传统玉质礼器外，其余多为托古制种类繁多的饮食器，材质以瓷为主。在祭瓷用色方面，雍正《大清会典·工部五》中记载："凡坛、庙、陵寝用祭器，照太寺图式、颜色、数目，颁发江西烧造解部。"可见清代沿用明代旧制，用不同单色釉瓷来体现不同的祭祀主体，并对具体用色有着明确规定[②]。根据《皇朝礼器图式》，我们可以将清代祭坛和颜色的关系总结如下（表一）。

---

① (明)李东阳等撰《大明会典》卷201，明万历十五年内府刊本影印版，第43卷，第217页。
② 熊勇《谈清代宫廷祭祀礼仪与颜色釉瓷的兴盛》，《景德镇陶瓷》2012年第3期。

表一　清代祭瓷釉色选用与祭坛关系表

祭坛	祭瓷釉色
天坛	蓝
地坛	黄
日坛	红
月坛	白（月白）
祈谷坛	蓝
社稷坛	黄
先农坛	黄
先蚕坛	黄
天神坛	蓝
地祇坛	黄
太岁坛	白
太庙	白黄

　　据《大清会典》记载："祭器用陶必辨其色"。清代的祭祀体系基本上承袭明朝制度，以祭祀内容作为划分标准，大致可以分为大祀、中祀和群祀。大祀包括圜丘、祈谷、雩祀、方泽、太庙、社稷六个，由皇帝亲祭；中祀包括日神、月神、历代帝王、先农、先蚕、天神、地祇、太岁等，由皇帝亲祭，或遣官员祭祀；群祀包括先医、火神、炮神、东岳、都城隍等众多规格较低的祭祀，均派遣官员祭祀。圜丘、祈谷、雩祀以青色釉系为主，方泽、太庙、社稷以黄色釉系为主，日神以红色釉系为主，月神以及其他中祀和群祀均以白色釉系为主，由此可见这四种色彩存在的差等关系：青色高于黄色，黄色高于赤色，赤色高于白色。

　　色彩观念在先人的视觉系统中是一个慢慢形成的过程，到清代已是历经千年来各种文化、认识、观念的产物。作为一种视觉语言，色彩通过客观性暗示，感染观者，使人进行联想，从而达到对人产生生理、心理影响的作用。色彩作为表象部分，存在着某种表达"观念"为目的设计，从而对社会心理、文化意蕴进行表达。将色彩与祭祀相联系，早在先秦时期甚至原始时代便已有之。殷商时期人们通过占卜，选择用于各类祭祀仪式的不同颜色。不同的颜色，结合不同的祭品以及祭器，都有其各自的使用场所和用途。根据殷商甲骨文记载，颜色可分为：白、幽（黑）、赤、玄（赤黑）、黄、戠（土黄）、黛（褐色）、物（杂）八种，其中的颜色词主要用来描述祭品，尤其是祭牲的颜色，祭祀不只要求使用某些种类的动物，还要求使用某种颜色的动物，这时颜色的重要性便彰显出来。按其使用语境的不同遵循着某些规律，祭牲的颜色可能就是殷人、祭品和受祭者之间象征性交流的外在表现，这是最早能够挖掘到的朴素的颜色象征体系。

到了两周时期，色彩与社会等级制度、政治秩序相关联。这一观念在祭祀中玉器的使用上得以体现，玉器的颜色与祭坛方位、祭祀对象相互联系，六器祭祀天、地、四方之神，《周礼》载："以玉作六器以礼天地四方，以苍璧礼天、黄琮礼地、青圭礼东方、赤璋礼南方、白琥礼西方、玄璜礼北方。"在玉种、色彩和器形上，都有严格的规定，颜色的象征性也更加系统明确。"以玉作六器以礼四方天地"这种礼制观念一直影响到清代的祭祀礼仪中。

此外，色彩与五行相对应的思维模式自商代诞生以来，祭祀和"五行"色彩相对应的关系一直持续着。"五德"是指五行木、火、土、金、水所代表的五种德性。战国时期阴阳家邹衍提出"五德终始"说，"终始"是指"五德"周而复始的循环运转，以这个学说来为历史变迁、王朝兴衰做解释。而"五色"是与五行相对应的了，火、土、金、水和木分别对应赤、黄、白、黑、青。一德对一色，金德对白，木德对青，水德对黑，火德对红，土德对黄。五行相生相克，金克木，木克土，土克水，水克火，火克金，终而复始，五德亦是。所以，新的王朝都会给崭新的政权赋予一种克胜所灭朝代的新德，故而整个国家的颜色也会随之改变，这也是中国历史上特有的"颜色革命"。

二、以牺耳尊为例，单色釉祭瓷在祭祀中的使用情况

《曹刿论战》中鲁庄公有言"牺牲玉帛，弗敢加以，必以信"，在饮食类祭品中，最讲究复杂的便是各类牲牢。根据《说文解字》的解释："祭"，"从示，以手持肉"，可推断"祭"的最原始的象形意思便指虔诚地用手捧肉，供奉给神灵祖先。由此可见牲牢等食品类祭品在祭祀中的重要作用。然而这些牛羊等祭品不能直接放于供桌上，需要有盛放它们的器具，牺耳尊便是这类器具中的一种。

牺耳尊是一种仿古代青铜器造型的瓷器，器型多为椭圆口微撇、阔颈、鼓腹、圈足外撇，颈部置对称牺耳。"牺"指的是古代供宗庙祭祀用的毛色纯一的牲畜，而尊的耳仿造的是"牺"的形状。牺耳尊这种器型，最早烧造于明弘治时期，后中断。清承明制，清统治阶层非常重视祭祀及祭器的制作，清初时虽初得天下，但对中国古代礼教文化迅速吸纳，康熙帝参考前朝，复位礼制，对宫中各项用瓷明确功用与法度，并在康熙二十年遣派官员到景德镇恢复御窑厂烧造，故牺耳尊在康熙年间得以复烧。

天坛，也称"圜丘坛"，位于今天坛公园南部，祭天仪式一般在每年的冬至

日进行。《清史稿志·第五十七》载"圜丘、祈谷、常雩青"[1]，在圜丘、祈谷等祭典上要使用蓝、青色祭器。蓝釉属石灰碱釉，掺入适量天然钴料做着色剂，在1280℃至1300℃窑内一次烧成。低温蓝釉在唐代已经普遍应用在唐三彩陶器上，高温蓝釉是元代景德镇窑创烧的瓷釉新品种，后人称为霁蓝。霁蓝釉是以氧化钴为主要着色剂，烧制而成的颜色釉。其色泽深沉，釉面不流不裂，色调浓淡均匀，呈色较稳定。因釉色蓝如深海，釉面匀净，呈色稳定，后人亦称其为"霁青"。霁蓝釉瓷在清代除了用于烧造日用器皿、陈设器外，主要为祭天、祈谷的祭礼器。《皇朝礼器图式》中对天坛正位尊的形制有着明确要求，"用青色瓷纯素，通高八寸四分，口径五寸一分，腹圆二尺三分七寸，底径四寸三分，足高二分，两耳为牺首形"。（图一）以清道光霁蓝釉牺耳尊为例（图二），该尊椭圆口微撇、阔颈、鼓腹、圈足外撇，通高28厘米，腹部最宽处周长79厘米，口径17厘米，底径14.3厘米，双耳为羊首，整件器物通体施祭蓝釉，沉静内敛，这与《皇朝礼器图式》天坛正位尊的记述相近。

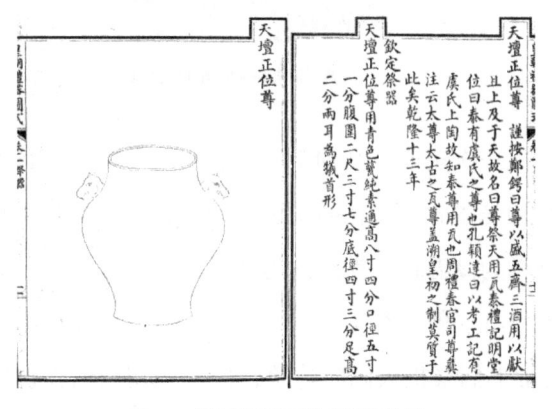

图一　《皇朝礼器图式》天坛正位尊　　　　　图二　清道光霁蓝釉牺耳尊

　　《清史稿》中载"方泽、社稷、先农黄"[2]，可知清代用黄釉祭瓷祭地。低温黄釉瓷器创烧于明洪武时的景德镇官窑，因"黄"与"皇"谐音，故以黄色象征皇家的尊贵，黄色瓷器亦只限于御用。黄釉瓷器均采用两次烧成，即先高温烧成涩胎或素白瓷，然后施黄釉，再入窑经850℃至900℃烘烧而成。由于黄釉瓷器常以浇釉法施釉，故有"浇黄"之称。对于颜色娇嫩如鸡油者，人们又称之为"娇黄"或"鸡油黄"。

　　地坛，又称"方泽坛"，位于今安定门外东侧，按照南郊为阳圜丘，北郊为阴方泽的传统认知，即天为阳，地为阴，与天坛相互对称呼应，祭地礼一般在每年的

---

[1]（清）赵尔巽《清史稿》第82卷，志五十七《礼一》，中华书局2008年版，第45页。
[2]（清）赵尔巽《清史稿》第82卷，志五十七《礼一》，中华书局2008年版，第48页。

夏至日举行。根据《皇朝礼器图式》中记载"地坛正位尊用黄色，形制大小同天坛正位"，除颜色用黄色外，形制与天坛正位尊相同（图三）。以南京博物院藏清乾隆黄釉牺耳尊为例（图四），直口，两边各饰一对猪首耳，圆腹下收至底，圈足，通体内外及底施鸡油黄釉，釉面肥润并有极细开片，底部修饰规整，胎质细腻，底部撰"大清乾隆年制"篆书款。

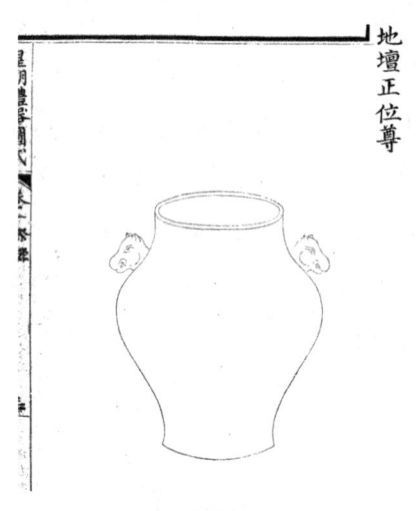

图三　《皇朝礼器图式》地坛正位尊　　　　图四　清乾隆款黄釉牺耳瓷尊

红釉以铜为呈色剂，经还原焰高温一次烧成。红釉于北宋初年已出现，但呈色不太稳定。真正纯正、釉色稳定的红釉是景德镇窑在明初创烧的鲜红釉。嘉靖年间又创烧以铁为呈色剂的矾红釉。铜红釉为高温釉，铁红釉为低温釉。高温红釉种类很多，按色泽可分宝石红、霁红、豇豆红、郎窑红等。

日坛，又名"朝日坛"，是古代帝王们祭祀太阳的建筑，位于今朝阳门外日坛北路，祭日礼一般在春分和秋分举行。《皇朝礼器图式》载，"朝日坛尊用红色瓷，形制大小同天坛正位。"（图五）英国维多利亚和阿尔伯特博物馆所藏珊瑚红釉牺耳尊（图六），其形制与《皇朝礼器图式》中所载十分相近。该牺耳尊通体为珊瑚红色，珊瑚红釉为清康熙年间创烧的低温铁红釉色，其特点为红色中略有暖色调，因色彩鲜艳类似珊瑚而得名。珊瑚红的釉色并非一次烧成，需在已经烧制成白胎的成瓷上，再上一道珊瑚红釉，而后再经过低温800℃左右的低温窑炉烧制而成。由于上釉技法的局限，康熙年间珊瑚红釉因釉层涂抹不均而呈现刷釉痕迹，直到乾隆年间景德镇御窑上釉技法得以成熟，所制作的珊瑚红釉器物釉面匀净，釉层肥厚莹润，色调统一，色泽娇艳。

图五 《皇朝礼器图式》日坛正位尊　　图六 英国维多利亚和阿尔伯特博物馆所藏珊瑚红釉牺耳尊

白釉的烧制工艺比青釉复杂，首先需要含铁量比较低的瓷土和釉料，使含铁量降低到1%左右，施以透明纯净的釉经高温烧制而成。成熟白瓷的出现大约在隋代，它比青瓷的出现晚约四百年。白瓷的烧制成功标志着制瓷工艺的进步，它为元、明、清彩瓷的出现奠定了基础。

白釉瓷器经历了唐代邢白瓷、宋代定白瓷、元代卵白瓷、明代甜白瓷、明清德化白瓷等不同种类的发展过程到明清是比较常见的单色釉品种。与其他单色釉相比较，白瓷的制作工艺及过程比较简单。然而想制作理想白净的白瓷其实并非易事。制洁净莹润的白瓷需要三个条件：一是有含铁量较低的胎土。如若瓷土中的氧化铁含量较高，或者其他微量元素较高时，胎土会微带黄色调，不够白净。二是配方比例协调。如若白釉的硅铝配比不够得当，釉面会过于酥松或者过于乳浊。三是窑温把控得当。窑炉内的气体以及温度对白釉烧制后的呈色和釉面效果影响较大。当窑炉的烧制温度不足时，白釉不易烧熟，易呈现橘皮纹；若窑炉温度过高时，则釉面容易过度熔融。如果当窑炉中的还原气体不足时，则呈现暖白色；若还原气体过重时，则易变成青白色。

月坛，又叫"夕月坛"，位于今月坛北街，与日坛遥相呼应，祭月礼一般在春分和秋分举行。《皇朝礼器图式》中所载："夕月坛尊用白色瓷，形制大小同天坛正位。"（图七）以2006上海嘉泰秋拍清乾隆白釉牺耳尊为例（图八），形制类《皇朝礼器图式》所述，该牺耳尊平底内凹成尊足，足端浑圆，内外壁皆施白釉，底部有不明显的弦坯痕和跳刀痕。底书"大清乾隆年制"六字三行篆书暗刻款。整个造型古朴雅致，通体施白釉，少有装饰，简单典雅，更显得白釉釉色清澈莹润，釉质肥厚腴润。

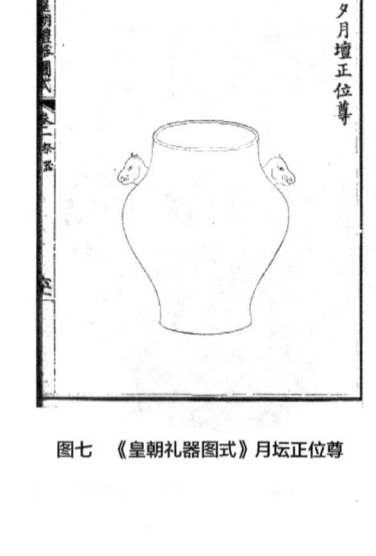

图七　《皇朝礼器图式》月坛正位尊　　　　　　图八　清乾隆白釉牺耳尊

三、结语

中国古代社会对祭祀活动极为重视，祭祀典礼愈隆重，愈表明对天神、祖宗的虔诚与尊敬，就愈能赐福使封建王朝长久不衰、传之万代。因此在举行此类典礼时，极尽奢侈之能事，耗资亿万，也在所不惜。祭器作为礼制活动的载体，规范颜色就体现了对祭祀活动的重视，祭器不光在种类、造型装饰、陈设等方面蕴含礼仪，色彩等级的加入更加强化等级意识。赋予祭器明确的颜色指向并不是对祭祀礼仪的改变，而是完善和巩固，这和《周礼》中"以玉为六器礼四方天地"的礼制思想异途同归。

清宫祭祀名目繁多、规模宏大，瓷质祭器的需求量大，品质要求也极高，对其色泽都有严格规定，朝廷不惜工本的督造瓷器，精工细作，其重要性大于一般宫内及日用瓷。祭器的等级以区分釉色来实现，色彩需求直接影响和促进了颜色釉瓷的发展，在不断的实践探索中研制出许多颜色釉新品。工艺烧造技术水平的进步、可选颜色材料范围的扩大，也为祭器设色方式的变革提供了前提，进而衍生出诸多同类色祭器。

清代国家祭典制度，皇帝在分别祭祀天坛、地坛、日坛、月坛这四大祭祀场所时，其瓷质祭器，完全实现了必辨其色，一坛一色，四坛各异的目的，使用不同的颜色展现出祭祀主体与祭祀对象，甚至人与自然的关系。与华美的清宫艺术风格不同的是，清朝用于国家祭典的祭祀瓷器皆为素净的单色釉品类，纹饰较少或没有纹饰，在多姿多彩的单色釉品中，只有蓝青、黄、红、白四色可用做祭器。陈设和色彩的差等制度在祭祀活动中得到充分体现。统治阶级将礼制贯彻于统治思想之中，以色藏礼，置于祭器颜色表象之上。古代社会至高无上的皇权和封建等级制度下的尊卑关系，在祭器陈设规制和祭器色彩上得到了充分体现，进而成为统治阶层维护政权的手段之一了。

周怡，孔庙和国子监博物馆文物保管部，馆员

中国传统礼仪实践
——入泮礼

陈雨潇

摘要

入泮礼作为古代学子必要的礼仪之一，有着重要的意义与礼仪地位，标志着学童进学的开始，也昭示着对知识文化的郑重与对师长的敬重。该仪式在《礼记·王制》等中均有相关记载。入泮礼所体现的文化承载内容与儒家文化有千丝万缕的联系。北京国子监的历史地位崇高，建筑特点显著，是举行入泮礼的极佳场所。因此在此地依古制举行活动是妙然天成之选。

关键词

国子监；入泮礼；文化

入泮礼仪仪程考究，每一步都有其深意，承载并展示了众多的古代文化元素，从建筑到服饰再到各式器具，无不彰显其悠久的文化底蕴。因此，可以针对中小学生组织入泮礼活动体验，使参与者有沉浸式的体验，也对学童的道德素养提升有很大的推动。德育乃五育之首，在素质教育中发挥着导向作用，以及促进其他各项教育的动力作用，因此，德育在素质教育中处于核心地位。因此入泮礼更加与现今教育所倡导的教育理念目标一致。本文从入泮礼的渊源阐述其在今天的价值。

一、入泮其意

"入泮礼"，顾名思义，就是入泮时举行的礼仪。现如今经常将开学礼与入泮礼相等同，然而在古代入泮礼并不是通常意义的开学典礼。

曾国藩在给其诸弟的书信中说："吾谓六弟今年入泮固妙，万一不入，则当尽弃前功，一志从事于先辈大家之文。年过二十，不为少矣。若再扶墙摩壁，役役于考卷搭截小题之中，将来时过而业仍不精，必有悔恨于失计者，不可不早图也，余当日实见不到此，幸而早得科名，未受其害，向使至今未尝入泮，则数十年从事于吊渡映带之间，仍然一无所得，岂不腼颜也哉？此中误人终身多矣，温甫以世家之子弟，负过人之姿质，即使终不入泮，尚不至于饥寒，奈可亦以考卷误终身也？"曾国藩在这封家书中几次提到了"入泮"一词。泮，是旧时学宫前的水池，喻指童蒙入学宫，也指童生考中秀才。入泮意味着学业的开始，古人科举之路漫长而艰辛，无不从入泮起步，因此，"入泮"不是普通的开学典礼，而是一生求学或举业的始端，意义更为重大。"泮"原指环绕半圆之水的意思。《五经通义》云："泮水者，泮之言半也。天子曰辟雍，谓以土雍水，外员如璧，故曰辟雍，义取四方来观者平均耳。泮宫水雍其半，盖东西门以南通水，北无水也。"在《礼记·王制》中记载："天子命之教然后为学，小学在公宫南之左，大学在郊，天子曰辟廱，诸侯曰頖宫"。可以看到这里的"泮"写成了"頖"。这两个字的意思并不太一样，如果写成了"泮"，说的是其地点。周天子为教育京都贵族子弟所设的教育场所为"辟雍"。辟，明也，圆璧也。雍，和也。以水而圆象天，于阳德之施行，取流无极，使学者进德而不已。以明和为名，化道天下之人，使之成士。以明和政教之至。分为五个学区：中为辟雍，举行盛典之所；南为成均，学乐之所；北为上庠，学《书》之所；东为东序，学干戈、羽仑之所（春夏学干戈，秋冬学羽仑）；西为瞽宗，演礼之所。汉班固《白虎通·辟雍》："辟者，璧也。象璧圆又以法天，于雍水侧，象教化流行也。"辟雍，取四周有水，形如璧环为名。而小一号的诸侯国学宫名"泮宫"，其意为只有辟雍的一半。泮宫之泮，是环绕半圆之水的学校，故而后世又雅称为"泮水"。规模是小了一半，但学习的内容与辟雍是相同的，即全国通用教材"礼""乐""射""御""书""数"六艺。孔子当年把它拿来用作教材教授弟子，和贵族大学接轨，是因为弟子们要想"入仕"，必须同样掌握当时统治者需要的这些才能。如果写成了"頖"，指代的意思其实才是实际要表达的确切含义。而頖只是读音为泮。"頖之言班，所以班政教。"意思是赠给治理的规则，要上所施下所效。《王制》："天子命之教，然后为学。"现在虽然把頖写成了泮，但其内涵依然不变。

二、当代入泮礼的意义和流程

国子监是古代皇家大学和主管教育的机构，其悠久的教育史和辉煌的历史建筑是举行入泮礼的极佳场所。由于"入泮"古时既有童生入学宫的意义又有童生考中秀才的含义。因此，可以针对中小学生组织入泮礼活动体验，使参与者有沉浸式的体验，同时又将传统文化潜移默化地渗透于中小学生的精神世界，作为该年龄段德育教育的一部分。举行入泮礼需准备以下重要物品。

（一）衣

　　服饰是沉浸式体验的关键，进入一个场景并穿着相应的服饰会使参与者的身心全部投入其中。根据传统着装习惯和规制要求，入泮礼学生着朱子深衣，这种衣服是汉服深衣的一种，多用于祭祀场合，现在所穿深衣是结合《朱子家礼》中的深衣制度制作而成，深衣制作极为考究。朱子深衣是以细白布裁剪，合现在大概用布达6米，古时布价格还是相对较高的，古代一匹布据说有4丈，合现在12~13米。价格上来说，男耕女织的社会中，女人在操持家务带孩子之余，一个月能够纺0.5~1.5匹布，但是女人的收入仅仅是弥补，低于男人做工或者耕种，即估计一匹布的价格，无法买到一家人一个月所需的粮食。按照一家四口计算，每月约需170斤粮食，即一匹布的价值不会高于一石粮食。而参加一次入泮所需要的布匹材料价格很高，可见对于入泮十分的重视。古代的衣服是"上衣下裳"——上穿衣，下穿裳，裳即是裙。上衣下裳是华夏文明中服饰礼仪最早的服装形制之一。朱子深衣也沿用了上衣下裳的形制。衣的部分全衣用布四幅，其长过肋下，属于裳。裳交解十二幅，上属于衣，其长及踝。上衣二幅，屈其中为四幅，代表一年有四季；下裳六幅。用布六幅，其长居身三分之二，交解之，一头阔六寸，一头阔尺二寸，六幅破为十二，由十二片布组成，代表一年有十二个月，体现了强烈的法天思想。衣袖呈圆弧状以应规，交领处成矩状以应方，这代表做人要规矩，所谓无规矩不成方圆（亦"天圆地方"）；后背处一条中缝从颈根到脚踝垂直而下，代表做人要正直；下襟与地面齐平，代表着权衡。深衣的领子为方形，也称为方领，因为其样式特殊，所以成为儒者或儒者之服的代称。《朱子家礼·深衣制度》："两襟相掩，衽在腋下，则两领之会自方。"

　　中国自古以来被称为"礼仪之邦"，作为华夏服饰的一个重要款式，朱子深衣的每一细节都融入了礼仪教化的理念。而作为仪式重要组成部分的衣裳，更是把儒家思想的理念贯穿了全身。

（二）朱砂

　　作为朱砂开智重要材料，朱砂在这一流程中有着举足轻重的作用。而把朱砂作为开智的重要原料，一是因为教书先生手持蘸着朱砂的毛笔，在学生眉心处点上一个像"痣"一样的红点。因为"痣"与"智"谐音，"朱砂点痣"，取的其实是"智"的意思，意为开启智慧，希望学生在日后的学习中能目明心亮、一点就通。

二是中医认为，朱砂可以安神，还能治疗心悸、失眠烦躁、癫狂等病症。这点在农村倒是经常会用到。当小孩子受到惊吓时，大人便会将一串朱砂放在孩子睡的枕头下面或者戴在手腕上，就是因为朱砂能起到一定的安抚、抗惊厥作用。《本草纲目》：凡人自觉本形作两人，并行并卧，不辨真假者，离魂病也。用辰砂（朱砂）、人参、茯苓浓煎日饮，真者气爽，假者化也。此外既然能安神定心，对于选择困难症，或者优柔寡断的人士，朱砂或多或少还是能有点助力的，至少让人冷静下来，可以增加人的判断力，或者更加坚定信念。这种坚定的信念是在之后学习各种诗文的重要保障。

（三）笔

笔在儒家文化中是必不可少的工具。一切诗文、著作都是用笔书写出来了，它等同于儒家理想的化身，因此在入泮之时，笔也成为不可或缺的礼仪用品。不论是开智用，还是写正字用，都体现了笔的仪式地位。唐代贯休直面歌颂了笔的形象，并用笔高度形容了他的理想。"莫讶书绅苦，功成在一毫。自从蒙管录，便觉用心劳。手点时难弃，身闲架亦高。何妨成五色，永愿助风骚。"诗人从侧面描写了笔的作用，它不仅是读书人吃饭的工具，更是理想的化身，这个时候，笔已经不再单纯的只是一个物品，它是可以让读书人闻名千古的一把钥匙，读书人的最高梦想就是闻名千古，笔的形象瞬间高大了起来。因此，笔就等于理想，也是对于即将踏入泮城学子的祝愿。

三、入泮礼流程

（一）正衣冠（辟雍大殿前或大成殿前广场）

1. 学生依次恭立
2. 通赞唱"正衣冠"，由先生依次帮学生整理好衣冠
3. 恭立片刻

（二）环绕辟雍到达彝伦堂前广场

学生列队由老师带领到达地点。

（三）沃盥

有"奉匜沃盥"的记载，沃的意思是浇水，盥的意思是洗手洗脸，"奉匜沃盥"是中国古代在祭祀典礼之前的重要礼仪。《周礼·春官·郁人》："凡祼事沃盥。"孙诒让正义："沃盥者，谓行礼时必澡手，使人奉匜盛水以浇沃之，而下以槃承其弃水也。"

（四）学生齐诵《弟子规》

《弟子规》是清代教育家李毓秀所作的三言韵文。它是依据孔子教诲编成的学童生活规范，其内容采用《论语·学而篇》第六条"弟子入则孝，出则悌，谨而信，泛爱众而亲仁。行有余力，则以学文"的文义，以三字一句、两句一韵编撰而成。全文共360句、1080个字。核心思想是儒家的孝悌仁爱。诵读不用全文，只节选即可。

（五）长辈寄语

长辈对于学生的期望，由长辈对孩童进行鼓励、告诫，以自己人生的经验对孩童提出人生建议。教授孩子最基本、最简单的道理，启发孩子心智，让孩子完成从顽童到学生的心理转变。

（六）师生互相行礼

学生向老师行礼，老师回礼。

（七）在老师带领之下诵读

诵读励德文章（校训，《弟子规》等）。

（八）朱砂开智

所谓"朱砂开智"就是用朱砂在孩子的额头正中间点上红痣，这又称之为"开天眼"。或由长辈用清水或口红在孩童的额头轻点，其寓意着孩子从此眼明心明，好读书，读好书。

（九）开笔写人字

让孩子在长辈的指导下写"人"字。之所以选择这个笔画简单而意义深远的汉字，是希望孩子们在人生的启蒙阶段学会做人，知道做人首先要堂堂正正地立身，要像"人"字那样顶天立地。

（十）信物

长辈为孩子赠送书包、文具等物品。

（十一）礼成

2015年7月，举办暑期国学文化苦旅系列活动——长辈寄语

2015年7月，举办暑期国学文化苦旅系列活动——开笔写人字 1

2015年7月，举办暑期国学文化苦旅系列活动——开笔写人字 2

2016年7月，社教部为昱宝园举办传统礼仪——开笔礼

2016年8月，社教部为分司厅小学举办入学礼——正衣冠

三、结语

　　入泮礼是古代学子的入学典礼，象征着学业的开始。今天，我们举行入泮礼也是激发幼童热爱学习，珍惜时光，不负韶华。愿天下学子学有所成，报效祖国。

陈雨潇，孔庙和国子监博物馆办公室，助理馆员

中国最早的教会书院：苏州存养书院
——兼论苏州教会书院在近代中国的历史作用

张晓旭

摘要

在中国古代，府、州、县、卫学是各级地方的官方教育机构。书院则是官方教育的补充。到了中国近代，特别是鸦片战争以后，传统书院又注入了新的活力，这就是西方的教会书院[①]在我国东南沿海城市的崛起。晚清新政（1901-1908）后，中国传统书院纷纷转型为近现代意义上的小学和中学。而苏州的教会书院则在此之前，即 1900 年就转型为近现代意义上的大学——东吴大学堂（今苏州大学）。从时间上说，教会书院转型为大学具有超前意识，这是难能可贵的。

关键词

教会；存养书院；中西书院；东吴大学（堂）

一、基督教在苏州的萌发

基督教早在唐代就传入中国，1623 年在西安出土的《大秦景教流行中国碑》[②]，其中的景教就是基督教。元代，也里可温教（基督教）和罗马的天主教开始传入中国。明代万历年间，意大利利玛窦等传教士将基督教传入中国北京、上海和苏州等地。19 世纪中叶，美国基督新教通过上海徐家汇传入苏州。

1839 年，美国南北教会联合，名"卫理公会"。1846 年，美国南部监理公会（The Methodist Episcopal Church, South）正式成立，总部设在田纳西州的纳什维尔。监理公会系基督教新教组织，注重发展国际教育和医疗事业，从而推动基督教新教的发展。此时中国刚刚经历了鸦片战争，国门打开，在通商口岸对外国教会开始解禁，监理公会抓住这一时机，于 1847 年派医药传教士戴乐（C.Tayor）和神学家秦右（B.Jenkins）到中国传教。秦右因妻生病而留在香港，戴乐夫妇则于 1848 年 9 月抵沪。秦右夫妇则于 1849 年 5 月到上海。从此，拉开了美国基督教监理公会在

[①] 教会书院指 19 世纪下半叶，美国基督新教公会在苏州和上海创办的四所书院的总称。它们分别是存养书院、博习书院、中西书院和在上海创办的上海中西书院。
[②]《大秦景教流行中国碑》现藏西安碑林。

华传教的帷幕。

19世纪中叶，美国基督新教传入苏州：1850年11月，戴乐打扮成中国人的样子，来到苏州游历考察。那时江苏巡抚衙门设在苏州，与上海一样，当时的苏州是长江下游的政治、经济中心；另外，历史悠久，文化发达，道德风尚良好的苏州深深地吸引了戴乐，因此，苏州成为美国基督教监理公会重点关注的施教区。1854年后基督新教在苏州共有八个宗派，其中以美国基督教监理公会（1844年从美国卫理公会分裂出来的，北方教会叫"美以美会"；南方教会称"监理公会"）最具代表性和影响力。

"咸丰四年（1854）八月三十日同（西人）麦、慕二牧师登洞庭山……九月朔日……是日礼拜，麦、慕二牧师登岸讲书。"[①] 文中"讲书"即传教布道。1860年，太平军攻占苏州后，美国传教士高帝丕、花兰芷、赫威尔到苏州，受到信奉拜上帝教的太平军的礼遇。同年7月，英国传教士艾约瑟、杨格非、杨笃信也到苏州了解太平天国的真实情况，忠王李秀成会见了他们。1867年，戈登手下的军官史密德作为美北长老会传教士到苏州盘门小仓口布道讲学。1869年，秦右和戴乐先后回美国，监理公会遂派传教士蓝柏（J.W.Lambuth）从上海到苏州钟楼处（原清代长元县学文星阁）传教。

在苏州，美国基督教新教为了达到教化的目的，在苏州共建有三座基督新教的教堂。"天赐庄圣约翰堂"是光绪七年（1881年）美南监理公会差会在苏州建立的第一座基督教教堂。位于今十梓街东端18号，由美南监理公会传教士潘慎文在原东庄的荒芜地上建造起来的，称"首堂"。"天赐庄"，意为上帝所赐的地方。有400个座位。1915年拆除了首堂，新建了一座建筑面积1855平方米，有800座位的教堂，为纪念美国卫理公会的创始人约翰·卫斯理而改名为"圣约翰堂"。设计者是美国约翰.M.慕尔博士。这是一座哥特式建筑风格的建筑，屋顶有十字架。门前空地上有几棵高大的松柏，庄严肃穆。教堂里有一块1942年敬立的《李仲覃牧师纪念碑》。李仲覃（1870-1936）是李政道博士的祖父，为该堂首任华人主任牧师。1959年，苏州基督教实行"联合礼拜"，圣约翰堂由博习医院（今苏州市第一人民医院）租用，1995年收回。1996年10月修缮，1998年3月竣工。1997年为基督教（新教）办公用房和苏南义工培训中心。2003年4月，为基督教（新教）办公活动场所。

第二座是养育巷349号（慕家花园巷口）的"救世堂基督堂"。1889年，救

[①] 王韬·《蘅华馆日记》，原藏上海图书馆，记事起讫时间为咸丰八年至同治元年（1858—1862）。1921年《新声》杂志发表过王韬咸丰五年《蘅华馆日记》的片段，《王韬日记》，中华书局2015年出版，第82页。

世堂基督堂建在申衙前，1924年移建到养育巷。有石碑碑文："前有礼堂，已逾廿稔，不敷应用，更谋推广，购地鸠工，斯堂乃成"落款为："监理公会、救世堂，民国十三年五月。"1959年为新华书店仓库。2004年12月被列为市控保建筑。2010年，教会收回救世堂，修复后，恢复为基督教（新教）活动场所。

第三座是宫巷"乐群社会堂"，始建于1891年。1921年由美国传教士项烈、华人牧师沙定淮扩建。因兼办社会服务工作，命名为"乐群社会堂"，意为敬业乐群。敬业乐群是一个汉语成语，意思是对自己的事业非常尽职，和朋友相处很融洽。出自西汉戴圣《礼记·学记》："一年视离经辨志，三年视敬业乐群。"1934年宫巷拓宽成马路，原有的大门、二门全部拆除，现只保留主体建筑，约2458平方米。1966年为红卫兵总部所在地。后又被卫生局、教育局接管使用。1987年，被教会收回后改名为"基督教宫巷堂"对外开放。

在苏州，美国基督新教还通过建医院救死扶伤来立足。博习医院是美国南方监理公会在中国苏州创办的一所教会医院，地处今十梓街苏州大学西门外天赐庄东侧。光绪八年（1882年）12月17日，美国监理会医疗传教士柏乐文和蓝华德到达苏州后，在美国教会拨款和苏州地方人士的捐助下，在苏州天赐庄买了7亩地，九年（1883年），在原有诊所的基础上创办了博习医院（Soochow Hospital）。同年11月8日开院应诊。柏乐文（1858—1927年）担任博习医院首任院长。蓝华德则返回美国，负责监理公会的全球传教工作。博习医院建有8幢建筑，分别为门诊、内科、外科、手术室、戒烟室、宿舍、洗衣房及厨房，当时设病床30张。博习医院从美国引进X光机，这是中国引进的第一台X光机。博习医院还开设了妇产科，手术时采用的消毒法和麻醉术，在当时是非常先进的。住院病人则按病房等级收费，医院的主要收入来自头等病房和捐助。对于付不起医疗费用的贫苦病人，医院则予以减免或免费治疗。1922年，拆除了原有建筑，另建成一幢三层半住院大楼和一幢两层门诊大楼的新院。1917年，柏乐文因年老辞去博习医院院长职务，由美籍外科医生苏迈尔任院长。1927年12月7日柏乐文逝世。博习医院以他的名字设立"柏乐文贫病救济基金"，定额两万元，以其利息减免贫病者医疗费用。并在宫巷教堂成立贫病送诊所。

二、存养书院是中国最早的教会书院且为东吴大学堂（今苏州大学）的前身

同治十年（1871年），美南监理公会在苏州率先建立了中国近代史上第一座教

会书院—存养书院，从而拉开了近代中国教会书院的序幕。19世纪下半叶，美国基督教新教在中国得到广泛传播。1879年美国圣公会施约瑟主教在上海建立圣约翰书院。1888年，美国长老会在广州创立格致书院（岭南大学前身）。美以美会在北京建立汇文书院（后与潞河书院合并，为燕京大学前身）。美国基督教在南京创建基督书院（金陵大学前身）。1890年后，一批教会高等学校出现在中国大地，基督教已拥有燕京大学、齐鲁大学、金陵大学、东吴大学在内的十几所大学。中国传统书院则一般转型为小学或中学，如苏州正谊书院在清末转型为苏州府中学堂（今江苏省苏州中学的前身）。

在苏州，美国基督教新教主要通过建立书院（学校）讲授儒学、科学；建立教堂聚会祷告传播神学；建立医院救死扶伤这三块阵地而扎根苏州的；教会书院和教堂实际上同属于教育或教化类，有相同之处。可以归为一类。它们在中国的传播，既有积极的一面，如中西文化交流，你中有我，我中有你，和而不同；也有消极的一面，就是客观上会对中国传统文化有一定的冲击，如教堂传播神学。而西医医院则是完全积极意义的救死扶伤。实际上，从历史的角度、当今的角度和未来的角度看问题，中西文化不是互相对立的，而是互相融会贯通的，互相取长补短才是"大道"。

清同治七年（1868年），美南监理公会差会正式落户苏州。同治九年（1870年），美南监理公会牧师蓝柏派华人牧师曹子实到苏州布道讲学。曹子实是浙江嘉兴秀水人，十一岁流落上海时，为蓝柏夫妇收养。1859年，蓝柏之妻因病回美休假，带曹子实同行。后曹子实由密西西的马歇尔会督（Rev.C.K.Marshall）施洗入教，还取了个英文名字查理·马歇尔（Charley Marshall）。曹子实半工半读上了四年学，并学会了一些普通的医术。同治十年（1871年），受美国监理公会的派遣返回了中国，并由浙江基督教会介绍来到苏州传教，在苏州葑门西十全街，曹子实租教友殷勤山之屋，创办了一所走读学校，名"存养书院"，并任院长。这是中国最早成立的教会书院。[①] 刚开始，苏州的年轻学子对教会多持敌对态度，听者寥寥。第一年只有两名学生，一男生和一女生。由于学生太少，于是，曹子实就给四邻治病，以接近当地百姓，并另招一班宁波学生充数后才逐渐好转。1878年，存养书院变成了一所寄宿制的书院。同年，基督教监理公会的教友史子嘉到苏州任教。

1879年，存养书院搬迁到天赐庄施教。徐允修《东吴六志》记载："在博习书院未曾成立以前，先设存养书院于葑西之十全街"，"盖当前同治十年，西历一千八

---
① 葑门西十全街：葑门以西的一条直街，其左侧50米处即今苏州大学南门老校区，原天赐庄（东庄）东吴大学。

百七十一年。"① "方曹先生子实创存养书院于葑西十全街也,远在公元1871年。是不特为教会兴学吴中之滥觞,抑亦为吴中兴学之先驱。"曹子实为这所学校倾注了全部精力,他的传奇经历,在这些寒门子弟心里烙下了深刻的印象。1879年,曹子实调往上海。潘慎文接任存养书院院长一职。5年后,即1884年,存养书院更名为博习书院,以纪念为学校捐款的巴芬顿先生。

曹子实,存养书院(1876—1884)首任院长。

1876年,潘慎文(A.P.Parker)来苏传道兼理学务。潘慎文评价曹子实:"学校(存养书院)的发展是他对教会的建立和发展所能作出的最好成绩",于是建议把曹子实的学校办成完全寄宿制,开始招收膳宿生,他本人又向教会发起募捐。1878年,美国肯塔基州的巴芬顿(Buffington)捐款六千美元,供建造校舍和添置设备之用。同年,监理会在天赐庄②购地建住宿房屋。1879年,存养书院迁入新址天赐庄,为寄宿制学校。潘慎文任监院(院长)。1884年改名"博习书院"。潘慎文任院长。寄宿制学校的出现是美国监理公会教育走向专业化的开端。③

潘慎文,1879年年底接任存养书院院长,1884年任博习书院院长,1896年任上海中西书院监院

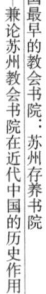

---

① 《二十五年来之东吴》见1925年《东吴大学二十五周年纪念特刊》。
② 天赐庄意为"上帝所赐的地方"。原来叫东庄,位于今十梓街东首苏州大学西门及西门内东吴大学老校区。天赐庄包括东吴大学老校区,西面与天赐庄博习医院毗邻;再西与天赐庄圣约翰堂毗邻。即书院、医院以及教堂从1879年起陆续都建在天赐庄。
③ 胡卫清《美国监理会在华教育事业研究》(1848–1911),《近代史研究》1999年第2期,227页。

苏州中西书院：1894年，美国传教士孙乐文来到了苏州的宫巷，在"乐群社会堂"旁创办了一所书院，名为"苏州中西书院"（男塾）。因为院址在宫巷，所以人们大多称其为"宫巷书院"。孙乐文任首任院长。孙乐文（1850-1911）系美国监理会牧师，1882年来华任传教士。早年曾在报社任职，后入监理公会任巡回传道员和教区长。1882年10月抵上海，1883年往苏州，任苏州基督教新教教区长长达10年之久。1899年受聘为博习书院院长。年底回美募捐10万多金币作东吴大学筹办经费。1900年任东吴大学堂首任校长。他长于行政工作，在苏任教区长；东吴大学堂主要建筑物都由他经手兴建，还为东吴大学堂拟订了发展规划。1911年在苏州病逝。

1881年，中西书院初创于上海叫上海中西书院，以区别于在它之后成立的苏州中西书院。创建人则是林乐知。林乐知是美国传教士，他大学毕业后于1860年被派到中国传教，当时他乘船带着妻子以及不到半岁的女儿，在海上漂泊了七个月才到达上海。林乐知到上海后，约用了两年时间学习汉语，当时他聘请了一个中国人作他的汉语老师，老师教他汉语的方法是从《三字经》教起，而后教他《千字文》。由于没有钱继续交学费，后来他只能靠自学。

传教士在他国传教，美国基督教会会支付各种费用，但林乐知到中国后不久，美国就发生了南北战争。在这种状况下，总部已经没有能力给他汇款了。没有经费作支持，于是他开始在上海做生意，经营过煤、米、棉花，还曾做过保险公司的经纪人，同时，他还把教会的一些财产变卖。1864年，经冯桂芬介绍，林乐知被聘为上海方言馆的英文教习，再后来他又创办了《教会新报》，1868年9月5日这份报纸改名为《万国公报》，该报在十九世纪的中国极有名气。而后，江南制造总局办起了翻译馆，林乐知受聘做了12年译书员。这段经历对他十分重要，不但让他的汉语过了关，更为重要者，林乐知意识到了教育对中国是何等的重要。总之，他想尽各种办法让自己在中国立稳脚跟。

1881年，他辞去了方言馆和翻译馆的职务，在上海创办起了中西书院，并自任院长。第一次招生就招来了四百多人，而后这里成为上海知名度极高的教会学校。林乐知特别勤奋，他每天半天上课半天译书，晚上再编辑杂志期刊，周末再去传教，在上海成为红极一时的名人。

林乐知到中国初期，首先起了个中西合璧的名字叫林约翰，后来学习了儒家经典，于是改名为林乐知。"乐知"二字是来自《论语·雍也》："知之者不如好之者，好之者不如乐之者。"即孔子说："懂得它的人，不如爱好它的人；爱好它的人，又不如以它为乐的人。"这为我们揭示了一个怎样才能取得好的学习效果的秘密,那就是对学习的热爱,并把学习当作一件快乐的事来做,这样才能真正学好。因为在中国传教业绩卓著,林乐知被美国的学校授予荣誉博士,于是他的中国名片印有"美国林乐知博士"。后来他又就把"博士"改为"美国进士林乐知"。这样表达,不仅是因为朝廷曾赏给他五品顶戴,以嘉奖他对中西文化所做的贡献,而且,林乐知认为在中国"进士"比"博士"更受到人们的尊重,而五品顶戴与进士身份相匹配。

1871—1899年,在苏州的教会学校有男童寄宿学校1所,学生15名。走读学校5所,学生71名。女子寄宿学校1所,学生17名。走读学校2所,学生24名。另有神学生3名。

东吴大学堂(书院):1899年,苏州中西书院院长孙乐文向美国监理公会提出在苏州创办一所大学。监理公会同意了这个设想,于是,就将这三所书院(十全街存养书院、天赐庄博习书院、宫巷中西书院)合并在一起,而后以天赐庄为基础扩大面积,建起了中国近代苏州第一所私立大学,最初的名称叫"东吴大学堂",也称东吴大书院,是美国基督教在中国建立的早期教会大学之一。辛亥革命后改称东吴大学。就像北京大学的前身叫京师大学堂一样。光绪二十六年(1900年)11月,东吴大学堂报美国田纳西州政府备案,得到注册批准后即成立了董事会,由林乐知(上海中西书院首任院长)出任首任董事长。孙乐文(苏州中西书院首任院长)为首任校长。1911年,首任校长孙乐文去世后,董事会推举葛赉恩(上海中西书院院长)博士继任,同时将上海中西书院的师生全建制一同迁往苏州,并入了东吴大学堂。至此,先后共有四所书院:苏州十全街存养书院、苏州天赐庄博习书院、苏州宫巷中西书院和上海中西书院合并为东吴大学堂。

存养书院(曹子实),苏州十全街

博习书院(潘慎文),苏州天赐庄

苏州中西书院(孙乐文),苏州宫巷

上海中西书院(林乐知),上海

以上四所书院合并为东吴大学堂(林乐知董事长、孙乐文校长)(今苏州大学)

三、书院的教学理念、内容和等级

上海中西书院首任院长、东吴大学堂首任董事长林乐知把他所创建的书院起名为"中西",代表了他的中西并重理念,他曾说"舍西法而专事中法不可,舍中法而专重西法亦不可"[①]，他将耶稣与孔子进行了比较，并且得出的结论是"耶稣心合孔孟"。林乐知认为，儒学最重"仁"，虽然圣经里没有"仁"字，但圣经重"爱"，他认为"爱即是仁也"；儒学重"义"，而他认为"耶和华以义为喜"。即基督教"喜欢以义为己任"，义体现为做公益，如办学校、建医院都属于义的范畴。很明显，林乐知不以儒学独尊，也不以西学独尊，而是中西学并重，找到了中西学的共同点。

教养咸备，是儒家的理念，意思是人在精神上需要教育，肉体上也需要供养。古代中国的义庄就体现了这一理念。大名鼎鼎的苏州范义庄是宋代名臣范仲淹所建。对贫苦族人开办义学，免费读书识字；开办义田，用租地收入养活贫苦族人就是明显例子。实际上儒家讲仁义和耶稣讲爱是一致的。教会在苏州建立书院和西医医院，其"教医并重"、传播知识、救死扶伤的宗旨证明了这一点。这就是中西文化的共同点。

儒家的仁、义、礼、智、信，林乐知在圣经中都一一找到了对应。在教学内容上，中国传统书院只教习儒学，如四书五经之类，记忆和背诵儒家经典，写诗作赋或写八股文章。而教会书院除了重点教习儒学之外，还有科学和西学（英语）。他创办中西（教会）书院的目的主要不是为了传教，而是讲授儒学，传播近代科学技术，教给中国人以知识。1871-1900年，苏州教会书院神学生只有区区三名就能看出这一点。所以，他的中西书院以教授中国儒家经典为主。书院课程旁涉科学技术和英语。这是教会书院的一个教学亮点。尤其是科学技术课程，打开了中国学生对外了解世界的一个窗口。后来，他发现很多学生来到中西（教会）书院愿意学习外语，是因为学成后能想办法找份工作，这种功利化的学习方式让林乐知颇感失望。

传教士在中国所办的学校，在十九世纪中期前后多属中小学程度，十九世纪中期以后开始向中学和大学发展，较有规模的，多以书院为名。到1880年后，中国才有大学程度的书院出现，19世纪末一些中学、大学程度的书院即开始联合建立近现代意义上的大学。而这些大学的前身大多为教会书院。

存养书院在当时属于中学程度，1900年与博习书院、苏州中西书院联合创建为东吴大学堂。正式跨入高等学校行列。存养书院，后来改名为博习书院，潘慎文是第二位管理者和经营者。潘慎文，美国基督教监理会传教士。清光绪元年（1875）来苏州传教。光绪五年（1879）接任苏州存养书院院长，光绪十年（1884）改名博习书院，续任院长。光绪十二年（1886）被选为学校教科书委员会委员，光

---

① 林乐知《中西书院课规》，载《万国公报》1882（2）。

绪十九年（1893）被选为第一届中华教育会会长。光绪二十一年（1895）任上海中西书院院长，光绪三十一年（1905）辞去。晚年参加广学会编辑工作。曾编写地理、基础科学、算术等教科书，并和监理会传教士合作把《圣经》译成苏州和上海方言。著有《天演辩证》。已成为中国基督教教育界的风云人物。博习书院用中文授课，办学规模逐年扩大。除教授儒学外，还教授天文、地理、数学、几何、化学、物理、生物等。潘慎文还从国外带来了望远镜、蒸汽机、车床、气象设备，开阔了中国学生的视野。1895年秋，潘慎文被调往上海，1896年初出任上海中西书院监院。1896年3月，文乃史来华，1898年主持博习书院校政。

从1871年到1900年，美国基督教监理公会在苏州创办了存养书院（十全街、天赐庄）、博习书院（天赐庄）、中西书院（宫巷）。1900年这三所书院在天赐庄合并建立了苏州历史上第一所高等学府——"东吴大学堂"（又称东吴书院，今苏州大学）。11年后，即1911年，上海中西书院全建制加入东吴大学堂（东吴书院），即今苏州大学。

张晓旭，中国孔庙保护协会副秘书长，研究馆员

清宫旧藏儒家书籍雕版初探
——以"四书五经""十三经注疏"书版为例*

周 莎

摘要

中国封建社会的历代统治者都以儒家典籍为文化教育的方向，清朝统治者们也不例外。清代帝王们大多有很深的儒家修养与造诣，在他们所生活的历史时期中，儒家修养反映在了生活的方方面面。如雕刊儒家典籍、翻修刷印前朝古籍、修建行宫园囿中的各种场景并赐名，无不反映出皇帝们饱读诗书的文化底蕴。从整个清代文化发展史上，雕刊的经学类典籍，对于传播经学知识，普及儒家思想，发扬传统文化，起到了不可磨灭的贡献。那么，清代雕刊的书籍板片，至今所存都是什么样式、哪种名目呢？

关键词

经学；清宫雕版；十三经；内府刻书

一、儒家经学的确立

先秦两汉之际，诸子之学风尚渐行，并自成一体，被后世尊为"经学"。所谓经学文化，是指诸家经典学说。它所包含的文化著作即东周时期各家各派诸学说，在这一时期流传的诸经。

西汉中期，汉武帝刘彻实行休养生息的政策，在政治方面推行中央集权制度；在文化方面推行"罢黜百家，独尊儒术"的方针。经学被狭义地规定在儒家经典范畴。诸多的儒家经典之作，由此机缘得以广泛流传。

浩如烟海的经部典籍著述，是古代读书人发愤读遍如是册卷的理想。早在春秋时期，典籍中便提到了"六经"，分别是《诗》《书》《礼》《乐》《易》《春秋》，秦王朝灭亡后，《乐经》亡佚。汉代立《诗》《书》《易》《礼》《春秋》于学官，为"五经"。汉高祖刘邦登基后，提出以孝治天下的政策，《孝经》和《论语》便被增加了进来，史称"七经"。

唐代以"九经"取士，唐初，增加《周礼》《仪礼》《公羊》《谷梁》为"九经"。

---

* 本成果得到故宫博物院"英才计划"和北京故宫文物保护基金会学术故宫万科公益基金会专项经费资助。

"九经"分别是《诗》《书》《易》《周礼》《仪礼》《礼记》《春秋左氏传》《春秋公羊传》《春秋谷梁传》。唐代开成年间，又增加了《孝经》《论语》《尔雅》，合称为"十二经"。至宋代，重视"四书"，并尊崇孟子，又增加了《孟子》，至南宋，形成了13部儒家经典。即《诗经》《尚书》《易经》《周礼》《仪礼》《礼记》《春秋左氏传》《春秋公羊传》《春秋谷梁传》《孝经》《论语》《尔雅》《孟子》。

二、故宫现藏儒家经学雕版概述

故宫博物院图书馆现藏的23万余块的雕版中，有一部分属于儒家经学雕版的范畴。其刊刻的地点有清宫武英殿、内务府、北京国子监，即武英殿雕版、内府雕版、衙署雕版。

通过这些现存的雕版板片实物，从其刊刻时间上来看，主要分明代所刊刻雕版板片及清代所刊刻的雕版板片。明代儒家十三经现存的书版雕刊于万历时期，清代则集中在康雍乾时期。因此，盛世修文，历朝历代皆是如此。目前故宫收藏的清宫旧藏中的雕版，有哪些属于经学范畴呢？（见表一）

表一：儒家书籍雕版现存情况表

序号	雕版名称	部类	刊刻时代	语言文字	刊刻机构	雕版来源 清宫旧藏	文物局拨交
1	易疏·卷三·十二	经部	明代	汉文	国子监	●	
2	书疏·卷十三·九	经部	明代	汉文	国子监	●	
3	诗疏·卷十九之一·九	经部	明代	汉文	国子监	●	
4	语疏·卷四·八	经部	明代	汉文	国子监	●	
5	孟疏·卷四下·七	经部	明代	汉文	国子监	●	
6	书经·周书·卷四之五十五	经部	明代	汉文	国子监	●	
7	诗经大雅·六之一	经部	明代	汉文	国子监	●	
8	论语·子路·七之三	经部	明代	汉文	国子监	●	
9	孟子·万章·五之二十三	经部	明代	汉文	国子监	●	
10	周易注疏·卷一·考证·二	经部	清代	汉文	武英殿	●	
11	尚书正义序·一	经部	清代	汉文	武英殿	●	
12	尚书注疏·卷一·十一	经部	清代	汉文	武英殿	●	
13	诗谱序·五	经部	清代	汉文	武英殿	●	
14	毛诗注疏·卷二十四·大雅·六	经部	清代	汉文	武英殿	●	
15	周礼注疏·卷四·考证·三	经部	清代	汉文	武英殿	●	
16	十三经注疏·周礼注疏四十二卷	经部	清代	汉文	武英殿	●	
17	仪礼注疏·卷九·公食大夫礼·七	经部	清代	汉文	武英殿	●	

续表

序号	雕版名称	部类	刊刻时代	语言文字	刊刻机构	雕版来源 清宫旧藏	雕版来源 文物局拨交
18	春秋正义·序·二	经部	清代	汉文	武英殿	●	
19	春秋左传·序·九	经部	清代	汉文	武英殿	●	
20	春秋左氏传注疏·卷四十七·考证·二	经部	清代	汉文	武英殿	●	
21	左传注疏·卷四十二·四	经部	清代	汉文	武英殿	●	
22	春秋公羊传·卷二十六·考证·四	经部	清代	汉文	武英殿	●	
23	春秋谷梁传注疏·卷六·考证·三	经部	清代	汉文	武英殿	●	
24	孝经注疏·卷四·二	经部	清代	汉文	武英殿	●	
25	论语注疏·卷十五·六	经部	清代	汉文	武英殿	●	
26	孟子注疏·卷二下·一	经部	清代	汉文	武英殿	●	
27	尔雅注疏·卷五·二	经部	清代	汉文	武英殿	●	
28	钦定周官义疏·卷十·礼官·十四	经部	清代	汉文	武英殿	●	
29	钦定仪礼义疏·卷三十六·十六	经部	清代	汉文	武英殿	●	
30	钦定礼记义疏·凡例·一	经部	清代	汉文	武英殿	●	

由上表可知，现存有儒家经学类雕版30种，刊刻年代自明代万历时期至清代乾隆时期。由此观之，康雍乾时期正值大清王朝的盛世，盛世修文，以期同文之治，是历代统治者所重视的文化工程之一。因此，清三代刊刻儒籍之风，与清代皇帝对儒家文化的认同，有着一定的联系。

（一）"十三经注疏"雕版的刊刻源流与时间

1、国子监刻万历版"十三经注疏"

故宫博物院的雕版藏品中，"十三经注疏"雕版是清宫旧藏中刊刻时间较早的经学典籍。"十三经注疏"始刻于明万历十四年（1586），由京师国子监刊刻。清康熙二十五年（1686），康熙皇帝下令再次刷装。彼时，清代内府以万历所刊刻的雕版为基础，进行了修补，然后刷印装订，武英殿刻书处将书版上白口位置挖去，"挖补填刻"新年款，即"康熙二十五年重修"。

现今在这套书版的版面，仍可以看到"挖补填刻"的印记，挖补的地方多为书口处，填刻内容为"某某年校刊""某某年重修"等表示时间年代的字样。今所藏的书版包括《易疏》《诗疏》《书疏》《周礼注疏》《礼记注疏》《仪礼注疏》《左传注疏》《公羊传注疏》《谷梁传注疏》《孝经注疏》《论语注疏》《尔雅注疏》《孟子注疏》等。

故宫现藏的"十三经注疏"书版并不完整，仅存七部。其中，《记疏》（内容为

《礼记》)雕版有挖补填刻的内容。这些雕版的版面信息分别为：

《易疏》刻板刊刻于明万历十四年（1586）至明万历二十一年（1593），由北京国子监刊刻。以《易疏·卷七·五》雕版为例（图一），现存雕版尺寸呈长方形，长31厘米，宽24厘米，厚2.6厘米。[①] 雕版版面上下单边，左右双边，黑色单鱼尾，白口，半叶9行，小字双行，行20字，大字单行，行20字。

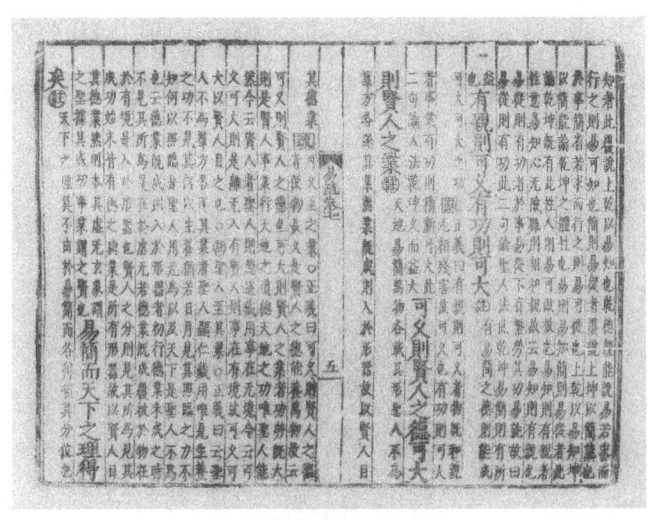

图一：《易疏》雕版刷印样张

《书疏》刻板刊刻于明万历十四年（1586）至明万历二十一年（1593），由北京国子监刊刻。以《书疏·卷十三·九》雕版为例（图二），现存雕版尺寸呈长方形，长31.2厘米，宽23.2厘米，厚3.7厘米。[②] 雕版版面上下单边，左右双边，黑色单鱼尾，白口，半叶9行，小字双行，行20字，大字单行，行20字。

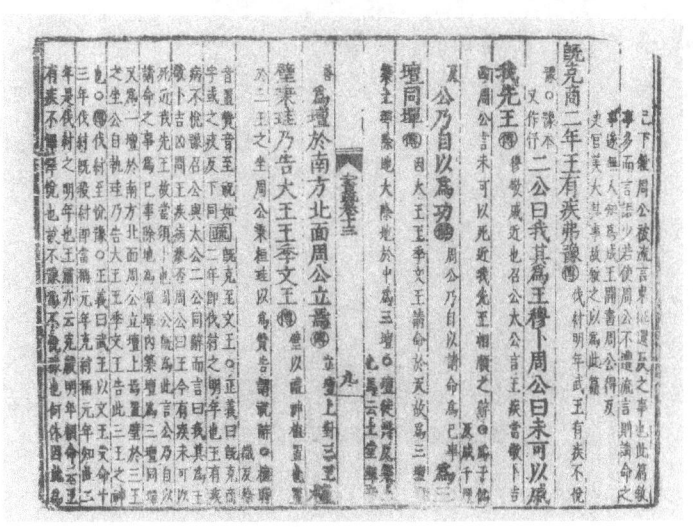

图二：《书疏》雕版刷印样张

---

① 故宫博物院编：《故宫博物院藏品大系：善本特藏编 .18，内府雕版（上）》，第27页，2014年。
② 故宫博物院编：《故宫博物院藏品大系：善本特藏编 .18，内府雕版（上）》，第29页，2014年。

《记疏》刻板刊刻于明万历二十二年（1594）至明万历三十四年（1606），由北京国子监刊刻，清康熙二十五年（1686）内务府重修此版。以《记疏·卷四十五·一》雕版为例（图三），现存雕版尺寸呈长方形，长30.5厘米，宽23.2厘米，厚2.8厘米。[①] 雕版版面上下单边，左右双边，黑色单鱼尾，白口，半叶9行，小字双行，行20字，大字单行，行20字。其中，在雕版白口偏左的地方，有挖补填刻的内容，为"康熙二十五年重修"。（图四）恰可证明，清代康熙朝利用明代刻版，对其进行修补、重刷的工作。此版应与明万历本版框格式、内容相一致。

图三：《记疏》雕版刷印样张

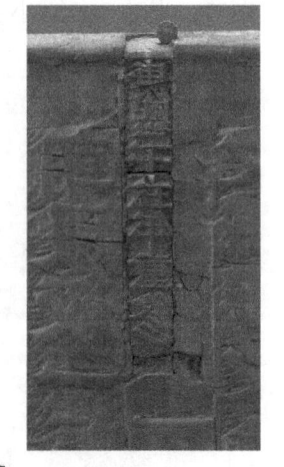

图四：《记疏》雕版 - 康熙二十五年重修

《诗疏》刻板刊刻于明万历十四年（1586）至明万历二十一年（1593），由北京国子监刊刻。以《诗疏·卷十九之一·九》雕版为例（图五），现存雕版尺寸呈长

[①] 故宫博物院编：《故宫博物院藏品大系：善本特藏编.18，内府雕版（上）》，第30页，2014年。

方形，长 30.7 厘米，宽 23.5 厘米，厚 3 厘米。① 雕版版面上下单边，左右双边，黑色单鱼尾，白口，半叶 9 行，小字双行，行 20 字，大字单行，行 20 字。

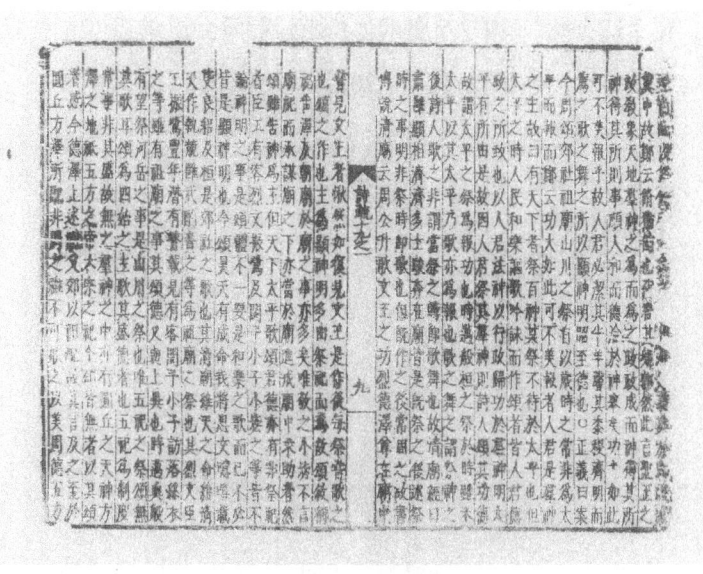

图五：《诗疏》雕版刷印样张

《语疏》刻板刊刻于明万历十四年（1586）至明万历二十一年（1593），由北京国子监刊刻。以《语疏·卷十六·五》雕版为例（图六），现存雕版尺寸呈长方形，长 30.4 厘米，宽 23.5 厘米，厚 2.3 厘米。② 雕版版面上下单边，左右双边，黑色单鱼尾，白口，半叶 9 行，小字双行，行 20 字，大字单行，行 20 字。

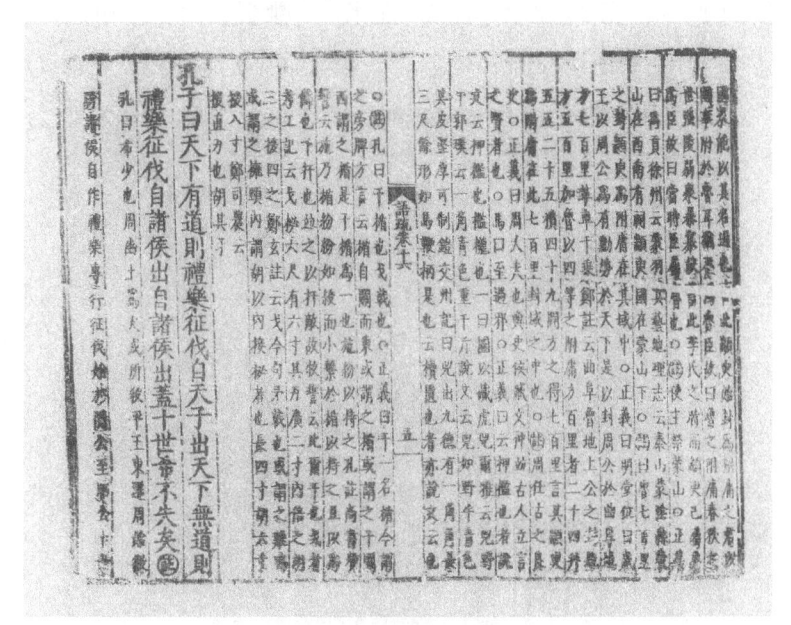

图六：《语疏》雕版刷印样张

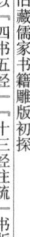

---

① 故宫博物院编：《故宫博物院藏品大系：善本特藏编.18，内府雕版（上）》，第 31 页，2014 年。
② 故宫博物院编：《故宫博物院藏品大系：善本特藏编.18，内府雕版（上）》，第 33 页，2014 年。

《孟疏》刻板刊刻于明万历十四年（1586）至明万历二十一年（1593），由北京国子监刊刻。以《孟疏·卷八下·六》雕版为例（图七），现存雕版尺寸呈长方形，长31.2厘米，宽23.7厘米，厚2.5厘米。① 雕版版面上下单边，左右双边，黑色单鱼尾，白口，半叶9行，小字双行，行20字，大字单行，行20字。

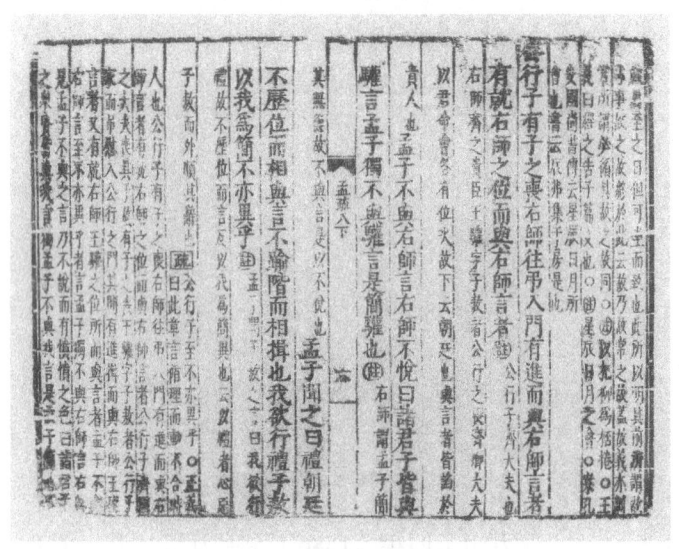

图七：《孟疏》雕版刷印样张

《尔雅注疏》刻板刊刻于明万历十四年（1586）至明万历二十一年（1593），由北京国子监刊刻。以《尔雅注疏·卷五·二》雕版为例（图八），现存雕版尺寸呈长方形，长31厘米，宽23厘米，厚2.8厘米。② 雕版版面上下单边，左右双边，黑色单鱼尾，白口，半叶9行，小字双行，行20字，大字单行，行20字。

图八：《尔雅注疏》雕版

---

① 故宫博物院编：《故宫博物院藏品大系：善本特藏 .18，内府雕版（上）》，第35页，2014年。
② 故宫博物院编：《故宫博物院藏品大系：善本特藏 .18，内府雕版（上）》，第37页，2014年。

（二）国子监刻"四书五经"雕版

与上述经学书籍刊刻于同一时期、同一地点的雕版还有"四书五经"雕版。现存的雕版有《书经》《礼记》《诗经》《春秋》《论语》《孟子》，其雕版版面的版本信息分别如下：

《书经》刻板刊刻于明万历十四年（1586）至明万历二十一年（1593），由北京国子监刊刻。以《书经·周书·五之三十》雕版为例（图九），现存雕版尺寸呈长方形，长 30 厘米，宽 20.6 厘米，厚 1.7 厘米。① 雕版版面四周单边，无鱼尾，半叶 9 行，小字双行，行 17 字，大字单行，行 17 字。

图九：《书经》雕版刷印样张

《礼记》刻板由北京国子监刊刻。以《礼记·曲礼上·一之六》雕版为例（图十），现存雕版尺寸呈长方形，长 30.5 厘米，宽 20 厘米，厚 2.3 厘米。② 雕版版面四周单边，无鱼尾，半叶 9 行，小字双行，行 17 字，大字单行，行 17 字。

---

① 故宫博物院编：《故宫博物院藏品大系：善本特藏编.18，内府雕版（上）》，第 152 页，2014 年。
② 故宫博物院编：《故宫博物院藏品大系：善本特藏编.18，内府雕版（上）》，第 153 页，2014 年。

图十：《礼记》雕版刷印样张

《诗经》刻板由北京国子监刊刻。以《诗经·大雅·六之二》雕版为例（图十一），现存雕版尺寸呈长方形，长 30.2 厘米，宽 21.1 厘米，厚 3 厘米。① 雕版版面四周单边，无鱼尾，半叶 9 行，小字双行，行 17 字，大字单行，行 17 字。

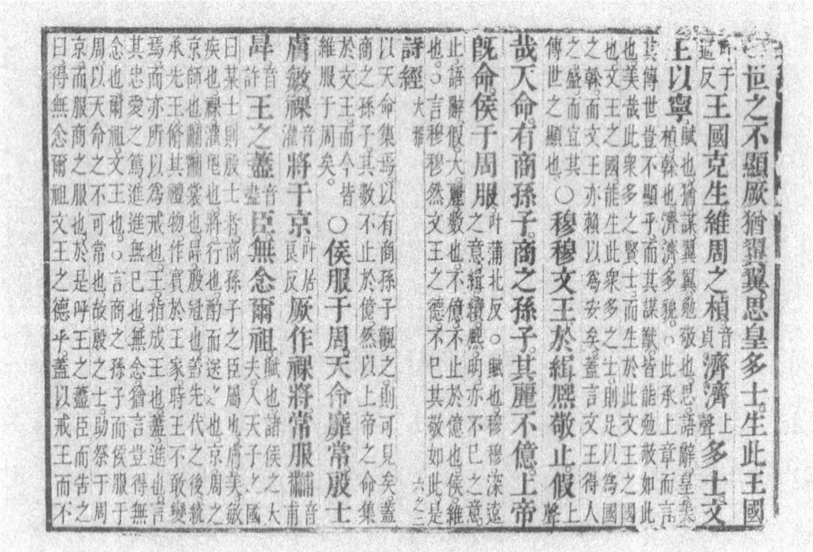

图十一：《诗经》雕版刷印样张

《春秋》刻板由北京国子监刊刻。以《春秋·昭公下·二十六之二》雕版为例（图十二），现存雕版尺寸呈长方形，长 30 厘米，宽 20.3 厘米，厚 2.5 厘米。② 雕版版面四周单边，无鱼尾，半叶 9 行，小字双行，行 17 字，大字单行，行 17 字。

---

① 故宫博物院编：《故宫博物院藏品大系：善本特藏编.18，内府雕版（上）》，第 154 页，2014 年。
② 故宫博物院编：《故宫博物院藏品大系：善本特藏编.18，内府雕版（上）》，第 159 页，2014 年。

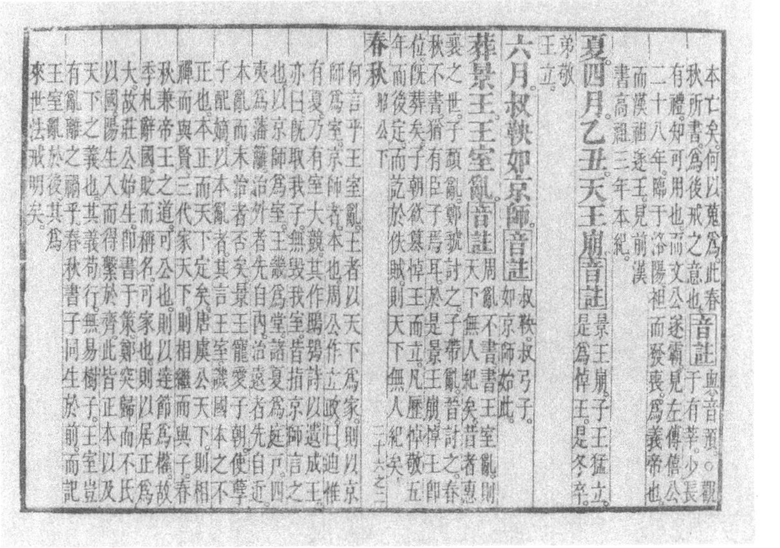

图十二：《春秋》雕版刷印样张

《论语》刻板由北京国子监刊刻。以《论语·子路·七·之三》雕版为例（图十三），现存雕版尺寸呈长方形，长29.7厘米，宽20.6厘米，厚2.8厘米。[①] 雕版版面四周单边，无鱼尾，半叶9行，小字双行，行17字，大字单行，行17字。

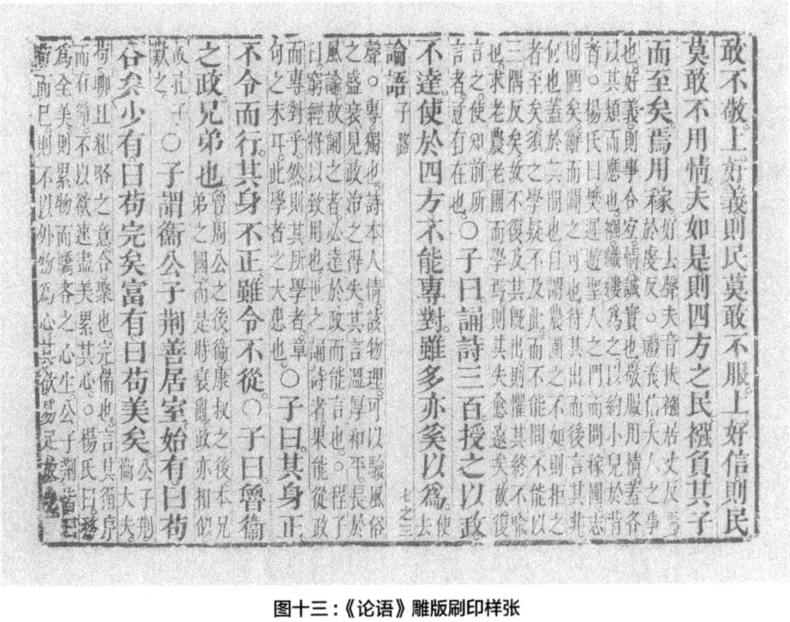

图十三：《论语》雕版刷印样张

《孟子》刻板由北京国子监刊刻。以《孟子·万章·五之二十三》雕版为例（图十四），现存雕版尺寸呈长方形，长29.9厘米，宽21.1厘米，厚2.8厘米。[②] 雕版版面四周单边，无鱼尾，半叶9行，小字双行，行17字，大字单行，行17字。

---

① 故宫博物院编：《故宫博物院藏品大系：善本特藏编.18，内府雕版（上）》，第155页，2014年。
② 故宫博物院编：《故宫博物院藏品大系：善本特藏编.18，内府雕版（上）》，第157页，2014年。

图十四：《孟子》雕版

（三）武英殿版"十三经注疏"雕版

清代初期，清宫刊刻书籍的中心——武英殿刻书处，也雕刊有"十三经"：《周易注疏》《尚书注疏》《毛诗注疏》《周礼注疏》《仪礼注疏》《礼记注疏》《春秋左氏传注疏》《春秋公羊传注疏》《春秋谷梁传注疏》《孝经注疏》《论语注疏》《孟子注疏》《尔雅注疏》等13种。

《周易注疏》刻板刊刻于乾隆四年（1739）至乾隆十二年（1747）年，由武英殿刊刻。以《周易注疏卷十三·四》雕版为例（图十五），现存雕版尺寸呈长方形，长31厘米，宽22.5厘米，厚3.4厘米。[1] 雕版版面上下单边，左右双边，黑色单鱼尾，白口，半叶10行，小字双行，行21字，大字单行，行21字。其中，在雕版白口偏左的地方，有挖补填刻的内容，为"乾隆四年校刊"。

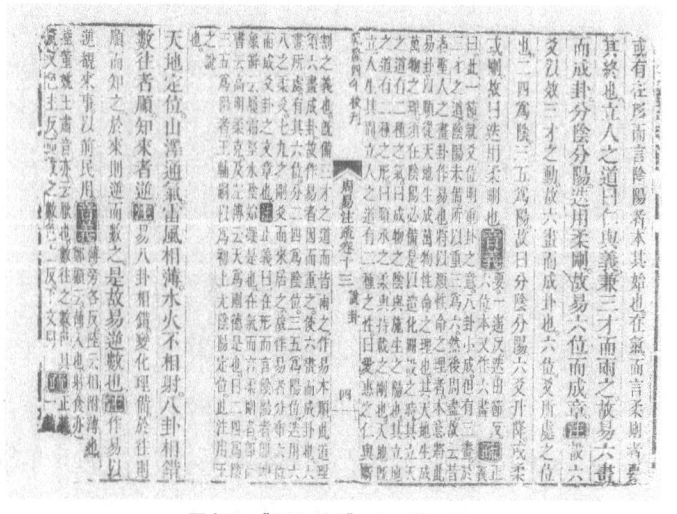

图十五：《周易注疏》雕版刷印样张

---

[1] 故宫博物院编：《故宫博物院藏品大系：善本特藏编.18，内府雕版（上）》，第160页，2014年。

《尚书注疏》刻板刊刻于乾隆四年（1739）至乾隆十二年（1747），由武英殿刊刻。以《尚书注疏·卷一·十一》雕版为例（图十六），现存雕版尺寸呈长方形，长31厘米，宽21.4厘米，厚3.4厘米。[①]雕版版面上下单边，左右双边，黑色单鱼尾，白口，半叶10行，小字双行，行21字，大字单行，行21字。其中，在雕版白口偏左的地方，有挖补填刻的内容，为"乾隆四年校刊"。

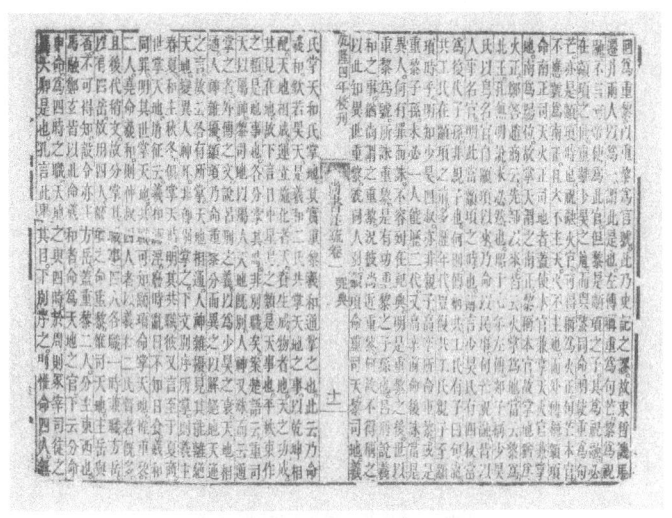

图十六：《尚书注疏》雕版刷印样张

《毛诗注疏》刻板刊刻于乾隆四年（1739）至乾隆十二年（1747），由武英殿刊刻。以《毛诗注疏·卷二十四·大雅·六》雕版为例（图十七），现存雕版尺寸呈长方形，长30.5厘米，宽22.4厘米，厚3.2厘米。[②]雕版版面上下单边，左右双边，黑色单鱼尾，白口，半叶10行，小字双行，行21字，大字单行，行21字。其中，在雕版白口偏左的地方，有挖补填刻的内容，为"乾隆四年校刊"。

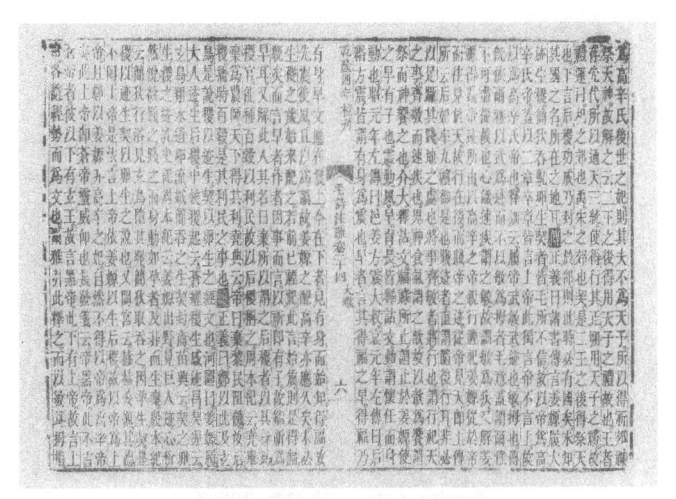

图十七：《毛诗注疏》雕版刷印样张

---

① 故宫博物院编：《故宫博物院藏品大系：善本特藏编.18，内府雕版（上）》，第162页，2014年。
② 故宫博物院编：《故宫博物院藏品大系：善本特藏编.18，内府雕版（上）》，第167页，2014年。

《周礼注疏》刻板刊刻于乾隆四年（1739）至乾隆十二年（1747），由武英殿刊刻。以《周礼注疏·卷四·天官·十八》雕版为例（图十八），现存雕版尺寸呈长方形，长30.4厘米，宽22.3厘米，厚3.4厘米。①雕版版面上下单边，左右双边，黑色单鱼尾，白口，半叶10行，小字双行，行21字，大字单行，行21字。其中，在雕版白口偏左的地方，有挖补填刻的内容，为"乾隆四年校刊"。

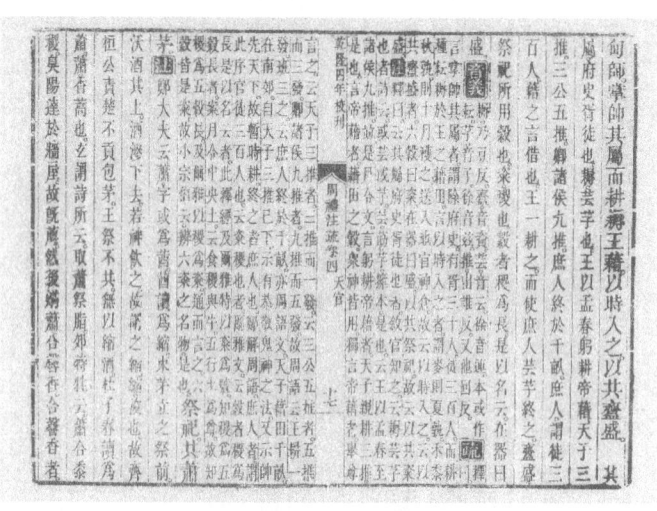

图十八：《周礼注疏》雕版刷印样张

《仪礼注疏》刻板刊刻于乾隆四年（1739）至乾隆十二年（1747），由武英殿刊刻。以《仪礼注疏·卷九·公食大夫礼·七》雕版为例（图十九），现存雕版尺寸呈长方形，长31.2厘米，宽22.5厘米，厚3厘米。②雕版版面上下单边，左右双边，黑色单鱼尾，白口，半叶10行，小字双行，行21字，大字单行，行21字。其中，在雕版白口偏左的地方，有挖补填刻的内容，为"乾隆四年校刊"。

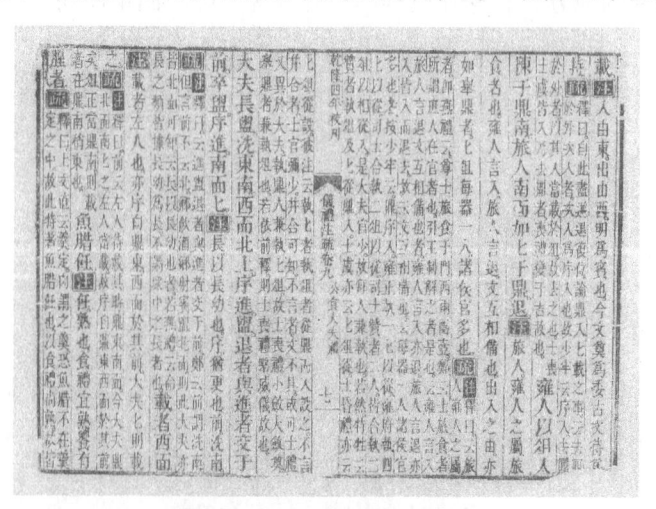

图十九：《仪礼注疏》雕版刷印样张

---

① 故宫博物院编：《故宫博物院藏品大系：善本特藏编.18, 内府雕版（上）》，第168页，2014年。
② 故宫博物院编：《故宫博物院藏品大系：善本特藏编.18, 内府雕版（上）》，第169页，2014年。

《春秋左氏传注疏》刻板刊刻于乾隆四年（1739）至乾隆十二年（1747），由武英殿刊刻。以《春秋左氏传注疏·卷五十八·考证·三》雕版为例（图二十），现存雕版尺寸呈长方形，长30.8厘米，宽21.7厘米，厚3.3厘米。[①]雕版版面上下单边，左右双边，黑色单鱼尾，白口，半叶10行，小字双行，行21字，大字单行，行21字。

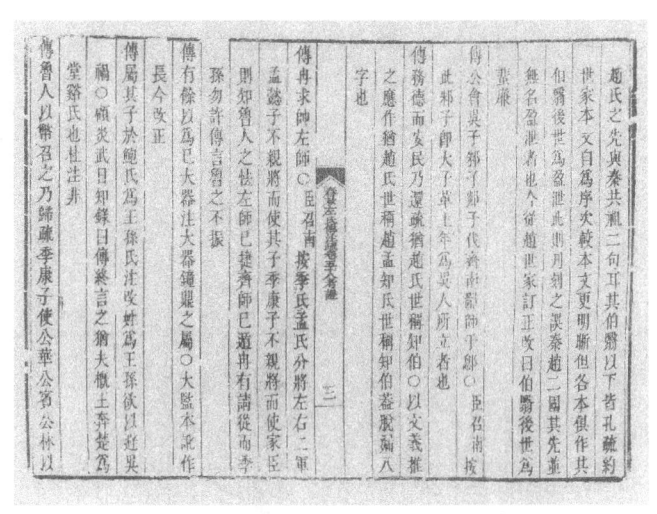

图二十：《春秋左氏传注疏》雕版刷印样张

　　《春秋公羊传注疏》刻板刊刻于乾隆四年（1739）至乾隆十二年（1747），由武英殿刊刻。以《春秋公羊传·卷二十六·考证·二》雕版为例（图二十一），现存雕版尺寸呈长方形，长31.2厘米，宽22.4厘米，厚3厘米。[②]雕版版面上下单边，左右双边，黑色单鱼尾，白口，半叶10行，小字双行，行21字，大字单行，行21字。

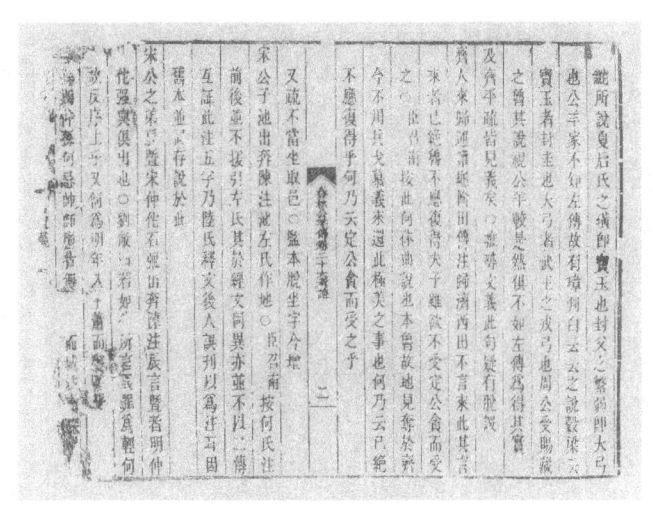

图二十一：《春秋公羊传注疏》雕版刷印样张

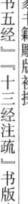

---

① 故宫博物院编：《故宫博物院藏品大系：善本特藏编.18，内府雕版（上）》，第177页，2014年。
② 故宫博物院编：《故宫博物院藏品大系：善本特藏编.18，内府雕版（上）》，第176页，2014年。

《春秋谷梁传注疏》刻板刊刻于乾隆四年（1739）至乾隆十二年（1747），由武英殿刊刻。以《春秋谷梁传注疏·卷七·考证·一》雕版为例（图二十二），现存雕版尺寸呈长方形，长30.3厘米，宽22厘米，厚2.7厘米。① 雕版版面上下单边，左右双边，黑色单鱼尾，白口，半叶10行，小字双行，行21字，大字单行，行21字。

图二十二：《春秋谷梁传注疏》雕版刷印样张

《孝经注疏》刻板刊刻于乾隆四年（1739）至乾隆十二年（1747），由武英殿刊刻。以《孝经注疏·卷四·二》雕版为例（图二十三），现存雕版尺寸呈长方形，长30.9厘米，宽22.4厘米，厚3.6厘米。② 雕版版面上下单边，左右双边，黑色单鱼尾，白口，半叶10行，小字双行，行21字，大字单行，行21字。其中，在雕版白口偏左的地方，有挖补填刻的内容，为"乾隆四年校刊"。

图二十三：《孝经注疏》雕版

---

① 故宫博物院编：《故宫博物院藏品大系：善本特藏编.18，内府雕版（上）》，第178页，2014年。
② 故宫博物院编：《故宫博物院藏品大系：善本特藏编.18，内府雕版（上）》，第179页，2014年。

《论语注疏》刻板刊刻于乾隆四年（1739）至乾隆十二年（1747），由武英殿刊刻。以《论语注疏·卷十七·三》雕版为例（图二十四），现存雕版尺寸呈长方形，长 31.2 厘米，宽 22.5 厘米，厚 4.4 厘米。[①] 雕版版面上下单边，左右双边，黑色单鱼尾，白口，半叶 10 行，小字双行，行 21 字，大字单行，行 21 字。其中，在雕版白口偏左的地方，有挖补填刻的内容，为"乾隆四年校刊"。

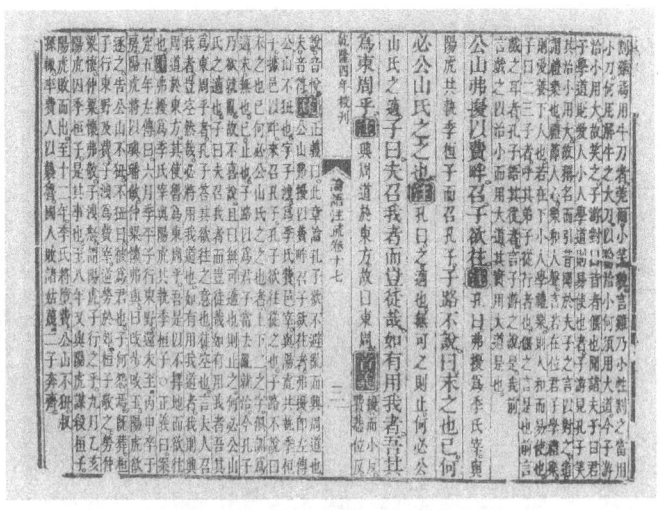

图二十四：《论语注疏》雕版刷印样张

《孟子注疏》刻板刊刻于乾隆四年（1739）至乾隆十二年（1747），由武英殿刊刻。以《孟子注疏·卷五·上·八》雕版为例（图二十五），现存雕版尺寸呈长方形，长 31.3 厘米，宽 22.4 厘米，厚 3.2 厘米。[②] 雕版版面上下单边，左右双边，黑色单鱼尾，白口，半叶 10 行，小字双行，行 21 字，大字单行，行 21 字。其中，在雕版白口偏左的地方，有挖补填刻的内容，为"乾隆四年校刊"。

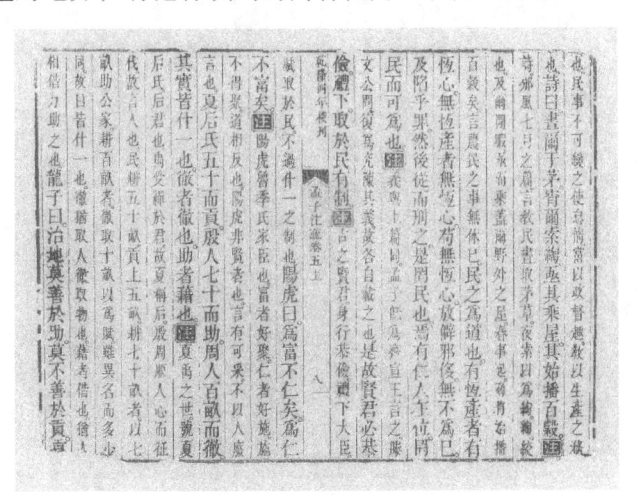

图二十五：《孟子注疏》雕版刷印样张

---

① 故宫博物院编：《故宫博物院藏品大系：善本特藏编.18，内府雕版（上）》，第 182 页，2014 年。
② 故宫博物院编：《故宫博物院藏品大系：善本特藏编.18，内府雕版（上）》，第 184 页，2014 年。

《尔雅注疏》刻板刊刻于乾隆四年（1739）至乾隆十二年（1747），由武英殿刊刻。以《尔雅注疏·卷六·释地·五》雕版为例（图二十六），现存雕版尺寸呈长方形，长31厘米，宽23厘米，厚2.8厘米。[①]雕版版面上下单边，左右双边，黑色单鱼尾，白口，半叶10行，小字双行，行21字，大字单行，行21字。其中，在雕版白口偏左的地方，有挖补填刻的内容，为"乾隆四年校刊"。

图二十六：《尔雅注疏》雕版

《礼记注疏》刻板刊刻于乾隆十九年（1754），由武英殿刊刻。以《钦定礼记义疏·凡例·一》雕版为例（图二十七）。雕版版面上下单边，左右双边，黑色单鱼尾，白口，半叶11行，行24字。

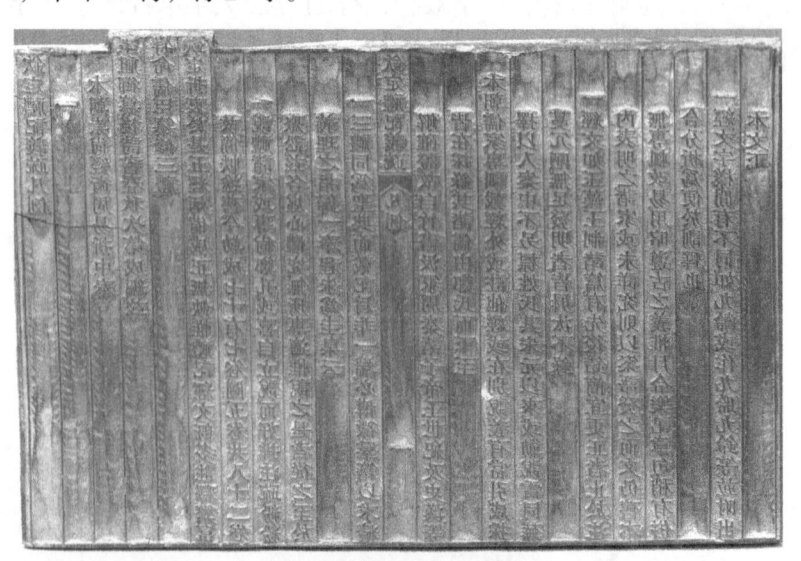

图二十七：《礼记注疏》雕版

[①] 故宫博物院编：《故宫博物院藏品大系：善本特藏.18，内府雕版（上）》，第185页，2014年。

由上所举，书版刷印后的成品，亦在故宫图书馆有所保存，此套"十三经注疏"，共 14 函 115 册，348 卷，并附考证。装潢精美，为武英殿经学书籍之代表。

三、小结

由上所述，目前所见的明代国子监刊刻的"四书五经"书版，书版版面格式为四周单边，且无鱼尾。这种四周都是单边的形式，大大缩减了刻工的刊刻工序，比雕刊四周双边提高了工作效率。同时，此版本书版还减少了鱼尾的刊刻，使书版更加简洁明了。但是，缺点是不如清代的"十三经注疏"雕版那样版式美观讲究。由此版面样式，笔者推测此版本可能是为了方便阅读而刊刻，毕竟"四书五经"是参加科举考试的必要读本。

清代时期将明代书版挖补后留下的"挖补填刻"印记，证明了此书版在康熙时期，再次得到了刷印。重修再刷可以节约刊刻成本，且较重刻快捷，提高了刷印成品（即出版）效率。乾隆皇帝在即位后的四年，下令再雕"十三经注疏"内容的书版。一方面，可以说明"十三经注疏"雕版的利用率较高，另一方面，从侧面反映出乾隆皇帝对弘扬儒家经典所做的贡献，儒家思想在清代社会占有主要地位。它不仅是统治者维护统治的需要，同时也是社会各阶层读书人的精神文化的"必需品"。

书版本身由于材质所限，加上刷印后木质变形，以及天气和存放环境、时间的原因，自然不可能永久刷印。因而，作为"必需品"的"十三经注疏"在乾隆时期，再次开雕，也有这方面的原因。即修补前朝破旧的书版，还不如重新雕刊便捷迅速，可能成本还低，还要节约时间。在多种因素的影响下，故而乾隆版"十三经注疏"应运而生。

以上为笔者根据出版的资料，结合库房保管所见实物，对故宫典藏的部分儒家书版进行的简单归纳。期以此文抛砖引玉，能有更多的博物馆同仁关注书版藏品，共同探讨。

周莎，故宫博物院图书馆，馆员

试论辽金两朝文化政策对西京教育体系发展的影响

穆 洁

摘要

作为由少数民族建立的政权，辽金两朝所奉行的文化政策具有鲜明的民族特色，其影响虽不及唐宋，但对当时北方地区发展文教事业、稳定国家政治乃至推动经济繁荣的影响仍是异常深远的。结合少数民族政权特点以及统治需要，辽金统治者通过对制度建设的不断创新，既在一定程度上推动了辽金两朝的社会变迁与政治模式转变，同时也有力促进了儒家文化在北方地区的传播，为加速少数民族文化与汉文化相融合、实现"华夷同风"发挥了重要的作用。结合相关史料，本文将从辽金两朝的科举制度以及西京地区的教育机构设置等问题入手，对西京教育体系的建立与发展进行研究，旨在揭示国家的文化制度建设对于完善区域教育体系和培养治国理政人才的重要意义。

关键词

辽金；文化政策；西京；教育体系

辽时西京初为云州，乃大同军节度使所在地，重熙十三年（1044年）为抵御西夏而被升为五京之一，"辽既建都，用为重地，非亲王不得主之。"金灭辽后亦定为西京，范围与辽西京道大致相当。

西京是辽金两朝西北边防与民族治理的首要之地，内外民族成分复杂，战略地位十分重要，自魏晋南北朝时起就是民族文化冲突、融合最为剧烈的地区之一。随着各民族间交流融合的不断深入，各种文化彼此交融、互相影响，本土文化在发展过程中被不断注入新的元素，逐渐形成了以汉儒文化为主体，多种文化形态共存的、极具地域特色的西京文化。

一、辽朝的文化政策对西京教育体系发展的影响

"以武开国，用文守之。"为增强与中原政权抗衡的能力，契丹统治者将学习中原先进制度文化作为巩固政权、推动国家走向兴盛的重要途径。

（一）辽朝的文化政策

太祖时期制定"尊孔崇儒"的文教政策，将儒家思想确立为治国安邦的主导思想。太宗即位后，为适应社会发展需要制定"因俗而治"的基本国策，率先在经济发达的南京地区开科取士，[①]吸纳汉族儒士充实统治机构，但此时科举并未在辽形成制度。直至圣宗统和六年（988年）"诏开贡举"[②]，朝廷在全国多地设置府、州、县学，将科举考试由燕云十六州扩大到包括西京在内的五京地区，辽朝的科举制度才稳定下来，并逐步走向制度化。

随着科举制度在辽政治、经济与社会生活中的影响范围日益扩大，统治者不再单纯地将科举视为治理汉人的政治工具，同时更看重它在推广儒家文化以及将儒学核心理念内化为治国理政指导思想的促进作用。随着契丹贵族对儒家文化的接受程度普遍提高，辽朝野上下崇儒之风日渐浓厚，特别是圣宗朝之后，一些原本享有恩补特权的汉族世家纷纷开始以科场擢第为荣，身居高位的汉族官吏多为进士出身，[③]且近八成来自官宦家庭。[④]

辽代科举在继承唐宋科举制度的基础上发展而来，但是带有明显的民族性特征。基于"藩汉不同治"的原则，为巩固以契丹贵族为主体的北疆游牧民族在辽官僚阶层中的核心地位，辽代的科举考试只面向汉族及渤海族士人开放，而诸如部族首领、重要军职以及专门职位的人员任命仍通过世选制来完成，直至辽灭亡。不过，禁止契丹族参加科举考试的禁制却在辽末濒临瓦解，最典型的例子就是西辽的建立者耶律大石，他是《辽史》中唯一一位记载过的契丹族进士。[⑤]

西京地处辽西南边陲，担负着防御北宋与西夏的艰巨任务，在入辽之前一直承袭中原地区的制度文化，是儒家文化向北方游牧地区传播的重要通道。澶渊之盟签订后的一百多年里，这里的农牧业及手工业均取得了较大发展，凭借着自北魏以来累积的深厚历史文化底蕴，在主流教化思想与辽代科举制度的共同影响下，西京地区的文化教育事业迎来了历史上的第二个蓬勃发展期。西京本地儒生参加科举考试的积极性空前高涨，在五京中占有较大比例，以边贯道、虞仲文、宁鉴[⑥]、康公弼、

[①]《辽史》卷七十九，中华书局1974年版，1271页；田况：《儒林公议》，文渊阁《四库全书》，台湾商务印书馆1986年版，304页。
[②]《辽史》卷八，133页。
[③]《辽史》卷八十、卷八十九，1352–1353页、1277–1278页、1417页。
[④]金玲：《辽代汉族进士家世考》，《社会科学战线》2012年第7期。
[⑤]《辽史》卷三十，355页。
[⑥]阎凤梧等：《全辽金文》，山西古籍出版社2002年版，684页。

宁鉴[①]、沈璋[②]等为代表的大批西京儒士在辽科举选拔中脱颖而出,[③]一定程度上带动了辽统治阶层整体素质的提高,为区域发展做出了积极的贡献。

(二)辽朝西京教育体系的建立与发展

辽统治者重视本朝的文化教育事业,自上而下设立了一整套较为完整的教育体系,在加强民众教化、稳固区域政权等方面发挥了积极的作用。具体到西京,该区域内的教育体系大致可分为官学教育和私学教育两部分。

1、官学教育

辽西京地区的官学教育体系主要是由西京国子监、西京学以及在西京府下辖各州、县境内设立的州学和县学等地方一级教育机构组成。

(1)国子监 中国古代教育体系中的最高学府,为辽代科举考试输送人才,促进中原儒家文化在辽境的传播,发挥了重要的作用。

据《山西通志》记载:"云中在辽金为陪京,学即辽国子监,宏敞静深冠他所"[④];清《乾隆大同府志》中也有"大同府儒学在府城东南隅,旧学在府治东,即元魏中书学,辽西京国子监,金时之太学""西京国子监在府城和阳街"[⑤]的记载。在正常情况下,只要设置国子监就应设置与其相对应的国子学,即西京国子监之下应该设置有西京国子学,但目前尚未见到有关西京国子学的相关史料记载,有待将来新史料的发现去验证。辽西京国子监是继上京、中京[⑥]国子监之后辽王朝设置的又一处中央官学机构,也是继北魏之后本地区再次建立的国家最高学府,对西京教育事业的发展起到了巨大的推动作用,西京作为辽北方地区文化中心的地位由此奠定。

(2)西京学 辽王朝还分别在上京、中京等五京设置了"京学",又称五京学。据史料记载,五京学并不是同时设置的,而是伴随着辽五京的确立、完善以及辽文化教育事业不断发展而最终完备起来的。具体到西京学,指的是辽王朝在西京大同府设置的"京学",为西京大同府直辖的京府级官学,以《诗》《书》《易》《春秋》《礼记》等儒家经典为主要教材,也是辽朝科举考试的主要考生来源之一。

据《辽史·百官志》记载:"五京学职名总目"之下有"西京学",置博士、助

[①] 陈述:《全辽文》卷十,中华书局1982年版,309页。
[②]《金史》卷七十五,中华书局1975年版,1721页。
[③]《金史》卷七十五、卷八十九,1725页、1724页、1973页。
[④](清)厉鹗:《地理志五》,《辽史拾遗》卷十五,上海商务印书馆1936年版,301页。
[⑤](清)吴辅宏:《中国地方志集成·山西府县志辑4——大同府志》卷十四、卷六,凤凰出版社2005年版,269页、113页。
[⑥]《辽史》卷四十八,807页。

教各一员。执教国子学的博士、助教官职属于朝官系统，而在京学任职的博士与助教则被划为京官系统。西京学入学的生源在年龄上有一定限制，主要来自任职于京官官职系统中的契丹和汉族高级官僚子弟，其身份仅次于在国子监就读的贵族子弟。因缺乏更多的史料佐证，目前尚无法得知西京学最初设立的具体时间，但从大同府设置的时间推断，西京学的始设年代大致应在道宗初期（1055年，道宗即位）。西京国子监以及西京学的设立为朝廷在西京地区普及儒学教育起到了积极的示范作用，也推动了区域内各民族间的交流与融合。

在西京国子监与西京学之下，辽统治者还于西京道下辖各州、县设立了地方一级的官学机构，即西京州学和县学。

（3）州学 辽代西京下辖的行政单位除大同府、丰、云内、奉圣、蔚、应、朔六个节度州及一个边防州和天德、清河二军外，另有弘州、德州、宁边州、归化州、可汗州、儒州、武州和东胜州八个刺史州。据《辽史·百官志四》记载，西京州学的设置地点即位于上述八个刺史州内，但在《辽史》中只存州学名目而无州学记事。另外，《辽史》中五京州学的设置均位于各京之刺史州内而不见于节度州，或许说明了相较于节度州偏重于军事而言，刺史州的职能更偏重于教化。

（4）县学 从《辽史·百官志四》"县职名总目"下记载有"县学"之目可知，在辽的官学教育体系中，京学与州学之下还设有县学一级机构，县学中的教员与管理人员按西京学及州学的标准来配置。① 县学是辽王朝官学教育体系中的最末一级，设置较为普遍，同样也是辽朝科举考试的生源之一。

2、私学

在官学教育蓬勃发展的同时，西京地区的私学教育也日渐兴盛。从目前掌握的资料来看，本区的私学教育主要由以私人讲学为依托的书院教育和以家庭为背景的家学教育两种方式组成。

（1）书院教育 指的是依托由私人自筹经费、模仿中原地区建立、以应举为目的的书院，通过自学、共同讲习和由有影响力的学者担任教师进行指导等形式相结合，开展藏书、教学与研究等活动的教育形式。书院教育为无法进入官学机构的求学者提供了一个能够集中精力治学的教育场所，也可理解为是官学教育与私学教育经过系统性的综合和改造后构建出的一种介于两者之间的教育模式。

目前西京地区有史可查的唯一一所建于辽代的书院是由翰林学士邢抱朴设立的龙首书院。② 据《大同府志》记载，龙首书院位于应州西南，是辽代极为出名的一

---

① 《辽史》卷四十八，820页。
② （清）吴辅宏：《中国地方志集成·山西府县志辑 4——大同府志》卷六，凤凰出版社 2005 年版，116 页。

所书院，因其既具有一定的官学成分，又吸收了私学教育的长处，所以成为西京地区官学教育的有力补充。

（2）家学教育 辽代西京地区的家学教育十分发达，如史料中记载的朔州宁氏一门，父宁鼎、子宁鉴及二孙皆为进士出身；云中天成人苏京亦为进士出身，曾官至西京留守，其子苏保衡为金代进士，官至右丞；另有云中孟氏，自孟唐牧、孟彦甫、孟鹤至金末的孟攀鳞，家族中有五世皆出进士。《辽史》中还记有应州邢简之妻陈氏教子习经的事迹，其子邢抱朴、邢抱质"兼以儒术显，抱质亦官至侍中，时人荣之"。[①]

经过辽代一朝的发展，西京地区的教育体系已日趋完备，为本区教育事业的勃兴做出了积极贡献，也为西京日后逐渐发展成为北方地区重要的经济文化中心之一打下了良好的基础。

二、金朝的文化政策对西京教育体系发展的影响

唐宋以前，我国的文化中心一直位于中原地区。女真人建立金王朝后奉行重北轻南的统治政策，不仅对国家的政治、经济发展产生了重要影响，客观上也带动文化中心的北移，[②]西京地区迎来了继辽之后的又一次文化繁盛期。

（一）金朝的文化政策

"儒者操行清洁，非礼不行"，"政道废兴，实由于此"[③]。因意识到儒学核心价值观在训导官吏品行方面的作用，金朝统治者积极推行任用汉儒参与治国理政的政治主张。自建国初期便实行开科取士，并定西京及其下辖的蔚、朔等州为词赋一科的考试地点[④]。直至海陵朝，西京大同府都是金朝科举中词赋及经义科的府试地点之一。

鉴于新征领土曾分属宋、辽两朝管辖，区域人口文化水平差异较大，金太宗于天会五年（1127年）下诏实行"南北选"，次年又据南北士人素习之业而定"北人以词赋，南人以经义、词赋、策略"，并于天会七年（1129年）起推行三年一试和乡、府、省三级考试的政令。熙宗即位后，金朝将科举取士之权收归中央，"诏南

---

① 《辽史》卷一百零七，1279页。
② 张博泉：《论金代文化发展的特点》，《社会科学战线》，1986年第1期。
③ 《金史》卷八，185页。
④ （清）张金吾：《金文最》卷四十五，中华书局1990年版，652页。

北选各以经义、词赋两科取士",并定为常制。

大定十三年（1173年）金朝正式设立女真进士科，开创了中国科举史上专为少数民族设立考试科目的先河。初期免乡试、府试，可直接参加会试与殿试，天眷初，"尽集诸路举于燕"。海陵王迁都燕京后，西京大同府与中都大兴府、东京辽阳府、北京大定府、南京开封府四处被列为会试地点。大定十六年（1176年），世宗在女真进士科中增设府试，正式确立了与汉式科举相同的三级考试制度，不过此时的考点仍以上京、中都等女真族聚居地区为主。到了明昌元年（1190年），金朝将西京大同府、北京大定府与益都府一同纳入到新增设的女真策论进士府试地点中，反映出了西京科举之盛。此外，因西京下辖的丰州和桓州担负着西控西夏、北镇蒙古的边防重任，朝廷专门在两地设置了西南、西北两路招讨司，定"西京并西南（丰州）、西北（先抚州，后迁至桓州）二招讨司者，则赴大同府试"之制。至章宗中后期，金朝又在西京大同等地设立了词赋、经义进士及律科、经童府试之处，并确定了策论试官的名额。① 至此，金朝科举制度渐趋完善，借助科举兴盛之势以及统治者的大力倡导，西京作为金朝最早开科取士的地区之一，教育事业获得了蓬勃发展。

据史籍记载，西京地区特别是应州浑源，自太宗天会年间至章宗承安年间出现了不少进士世家。比如金朝首位词赋状元刘㧑，"其后学有如孟宗献、赵枢、张景仁、郑字聃，皆取法也"。自刘㧑起，浑源刘氏一族五代，共出进士9名，以金末元初的文坛领军人刘祁最为出名，其传世著作《归潜志》乃金代文学思想集大成之作，与《壬辰杂编》并称为金代两大史实著作，② 对金元文学的发展影响深远。刘㧑的姻亲雷家同为当地享有盛名的进士世家，其中就包括金末元初著名的文学家和政治家雷渊。③ 此外还有高汝砺④、李纯甫⑤、边元鼎、刘从益⑥、王元节⑦、程震⑧、李完⑨等五十余名进士，所涉州县几乎覆盖西京全境，在金朝各路中的排名也较为靠前。从"金朝名士大夫多出北方""晋北号称多士，太平文物繁盛时，发策决科者常十分天下之二，可谓富矣"等描述中可见金朝科举事业的发展水平以及西京文教事业之盛景。不过随着后期战事失利以及金人南渡，中都、西京等地于兴定元年（1217年）相继沦陷，金朝科举的府试地点急遽减少，"策论进士及武举人权于南

---

① 《金史》卷五十一，1145页。
② 杜成辉：《导家学之渊流，会百川而朝东——刘祁及其学术成就简评》，《北方文物》2007年第2期。
③ 《金史》卷一百一十，2435页。
④ 《金史》卷一百七十，2351页。
⑤ 《金史》卷一百二十六，2734页。
⑥ 《金史》卷一百二十六，2733页。
⑦ 《金史》卷一百二十六，2739页。
⑧ 《金史》卷一百一十，2435页。
⑨ 《金史》卷九十七，2155页。

京、东平、婆速、上京四处府试"，会试地点也大幅减少，仅剩南京一处，西京的文化地位随之下降。

（二）金朝西京教育体系的建立与发展

科举的兴盛离不开教育的推动，教育也关乎着国家的风俗元气，正所谓"学校所在，风俗之所在也"。金人视学校为大政，统治者重视文教事业，设立了自上而下的一整套教育体系，尤其是开创了金代官学教育体系中的汉式、女真两套教学系统，与科举制度相互促进、相互制约，对快速提高本族人口的文化素质、稳固女真政权发挥了积极的作用。

1、官学教育

（1）汉学系统 受"尊孔崇儒"文教政策的影响，金人鼓励发展汉式教育，自太宗朝起便开始着手恢复被战争破坏的原辽、宋时建立的学校，并创办上京国子监及汉人国子学，增设太学。世宗即位后于大定十六年（1176年）正式建立府、州、县三级的汉式官学系统。至此，金朝的汉式官学教育体系得到了进一步发展和完善。

金人在西京大兴学校，西京地区的汉式官学教育系统自北宋和辽旧有体制发展而来，以儒学学校为主，下设府学和州学两级教育机构。西京府学位于大同府，西京州学则设立于丰、桓、抚、朔、云内州等8个地区。金代的州学分为节镇州学、防御州学与刺史州学三种，西京地区主要是节镇州学。

在官学教育的大力推广下，各民族掀起了学习汉文化的风潮，加速了西京地区儒家伦理观念与女真旧俗的融合进程。金朝将以儒学文化为代表的汉文化作为汉式官学教育的主要教学内容，本质上也是出于维护金朝统治的目的，正所谓"教化之行，兴于学校"[①]，强化汉族与其他各族士人对国家的认同感，有利于维护女真统治的长久安定。

（2）女真系统 金朝的女真官学教育将女真旧俗与儒家伦理观念相结合，以提高女真族人的文化水平与道德修养、培养女真治国人才为教育目的，其发展之兴衰直接影响到了后来女真进士科的考生数量。

①女真字学 金人建国之初，为了保存和发展本民族文化，提高国民素质，统治者首先在中央建立了金朝最早的官学——女真字学用以推广和普及本民族文

[①]《金史》卷九十九，2188页。

字。①女真字学在世宗时期迅速发展，数量大幅增长，规模也进一步扩大。随后西京、中京等诸路相继设立了女真字学，教授女真子弟学习女真文字，文献中就有天会年间金朝在北京大定府、西京大同府等诸路设置女真字学②以及女真贵族子弟进入西京女真官学就读的内容。③大定中后期女真人参加进士科的考生大多出自女真字学，也可见其普及程度之广。

在女真进士科尚未开设的时候，女真字学中学业优良者或可进入京师深造，毕业后被授予官职。虽然这种入仕途径在当时并未形成常制，但在一定程度上激发了女真子弟学习本族文字的积极性，不仅对建立系统的官学教育起到了积极的促进作用，也为推行女真科举提供了充分的人才准备。

②女真府学与女真州学　大定十三年（1173年），金朝在西京诸路共设立了22处女真府学，④主要招收女真贵族和士民子弟以及汉族官僚子弟。西京的女真府学设置于大同府，女真州学设置于丰州，各立教授一名，多由女真新晋进士充任以提高教学质量。⑤至此，西京地区的女真官学教育体系逐步完善起来。

值得注意的是，金朝统治者不但允许女真族人参加汉式科举，也允许汉族及其他族属士人学习女真文化或参加女真科举，《金史》中就有汉人曹望之"以秀民子选充女真字学生，年十四，业成，除西京教授"的记录，⑥金章宗也曾下诏放宽对参加策论考试生员资格的限制，准"诸人（指女真人以外的其他民族）试策论进士举"。女真科举与女真官学教育均以儒家文化为基础，彼此既相互促进又相互制约，在两者的共同影响下，女真社会对汉文化的整体认同度得到了大幅提升，也为女真贵族进一步从意识形态上控制被征服民族、维护自身统治创造了有利条件。

2、私学教育

虽然金朝在科举政策上对考生的民族和阶层没有过多限制，但在官学占据主导地位的情况下，主要的教育资源实质上仍掌控在上层贵族手中。上至国子监，下至地方府、州、县学，无论汉学还是女真学哪一种教育系统，都对入学者的身份和阶层有着明确规定，平民子弟进入学校接受正规教育的机会受到很大限制。为满足这部分人的入学需求，便产生并推动了私学教育的发展。据史料记载，金代西京地区的私学教育大致可分为两类：

（1）书院教育　书院不仅是金朝私学教育的一个重要组成部分，在整个中国古

---

① 《金史》卷七十三，1684页。
② 《金史》卷八十七，1949页。
③ 《金史》卷八十三，1872页。
④ 《金史》卷五十一，1133–1134页。
⑤ 《金史》卷五十七，1305页。
⑥ 《金史》卷九十二，2035页。

代教育发展史上都扮演着较为重要的角色，西京地区能够孕育如此众多的志士之才也与书院制度盛行存在很大关系。在有史可查的 11 所金代书院中就有西京大同府的翠屏书院，它位于浑源翠屏山，由金朝首位词赋状元刘撝与尚书省右丞苏保衡共同创立，这也是西京地区迄今为止唯一一所能在史籍中找到记录的金代书院。

（2）讲学教育 尽管正史中有关私人讲学的教育形式的记述并不多，但还是能从文献中找到一些线索，例如，《宋史·朱弁传》中记载，宋人朱弁在出使金朝时，被扣留云中达数十年之久，因其文"援据精博，曲尽事理""词气雍容"，"金国名王贵人多遣子弟就学"。[1]

三、小结

综上所述，在"尊孔崇儒""发展女真民族文化"以及"任用士人推行汉法"三大文化政策的指导下，金朝的官学教育事业取得了极大的发展，不仅建立起双轨并行的汉式、女真式两大教育系统，也形成了汉式科举和女真科举两大人才选拔体系。学校教育的发展为科举制度提供了充足的人才储备，科举制度的实施又推动了教育体系的不断完善，使得女真社会整体的知识水平显著提升，极大地改变了文化落后的面貌。

辽金时期西京地区民族成分较为复杂，在各民族长期交往中，不同文化的碰撞与融合催生了无数名流学者。比起中原腹地，西京地区在辽金两朝更替之际遭受战争破坏的程度相对较小，加上国家文化政策的有利影响，教育事业较前代有了进一步发展，不但造就了西京地区文化繁荣的景象，也孕育出一种特色鲜明且具有强大生命力的西京文化。在这里，农耕文明与游牧文明在长期发展过程中彼此交融、互相影响，为西京逐渐成为北方的文化中心并一直延续到元朝前期奠定了坚实的基础。

穆洁，北京考古遗址博物馆，馆员

---

[1]《宋史》卷三百七十三，中华书局 1975 年版，11553 页。

无论霜钟霜天月　墨中襟怀太古心
——发掘苏州博物馆藏作品琴与墨的社会价值

贡振亚

摘要

鉴于当今社会对博物馆类公共文化资源更多的投入，同时对其服务也寄予的更多希望、更高要求，本文力求以苏州博物馆在琴、墨等方面的展陈和馆藏为例，通过标题互文来笼合"四艺"及其核心价值"太古心"，再从苏州博物馆历年来的古琴展陈、古琴文化推广活动，以及与之相关的古墨、书画、笔筒等丰富馆藏来发掘和展示苏州博物馆对社会文化、道德教育主动担负的博物馆责任，以进一步促进对博物馆工作意义的认识和文明和谐社会的养成。

关键词

苏州博物馆；藏品介绍；精品赏析；社会活动心得

自古以来，文人君子、大家闺秀，尚"四艺"为友，习"四艺"修身，得"四艺"养性，可谓"艺昭德，德通道，大道人心"；而今人也多以"四艺"体现个人文化素养，秉承中华传统文化，提倡"德艺双馨"来普化社会价值。"四艺"者，琴棋书画也。琴指七弦，墨分书画。本文四述其三，是为发掘、研究并分享苏州博物馆藏八万多件宝藏中的"冰山一角"——古琴与古墨。

一、藏品介绍

（一）古琴

苏州博物馆内计收藏有"龙吟""石上清泉"等十数床明清老琴，及"望月"等仿明式现代古琴数床。其中"龙吟"为清同治古琴。仲尼式，黑漆，丝弦；纵122.7cm，横20cm，琴额处嵌红色玉石一块；琴底题"或潜于渊，或跃于野，波涛起伏，嘘气万千""同治丙寅冬十一月十二日鹤修张孔山重修并题"①字样。"石上清泉"为明永乐古琴。递钟式，黑漆，无弦；纵119cm，横19.5cm，面底俱有断纹；龙池上方竖篆"石上清泉"四字，龙池右侧落款"大明永乐六年八月之望"，左侧落"臞仙于南昌造"，下有两方印章"宁王""皇十七子"②。加上其余十数床明清老琴，均为1963年5月由江苏省博物馆拨交苏州博物馆的藏品。十分可惜的是，这些老琴大多琴体损伤、部件残缺严重，有待修补复原，或能再与世人展陈相见。

而现代藏琴中最典型的即为2017年"苏艺天工"展的斫琴主人裴金宝老先生仿其私人收藏的明代古琴家祝公望蕉叶老琴制"望月"黑漆蕉叶琴一床。琴长123cm，隐间112.3cm，额宽20cm，肩宽21cm，尾厚4.6cm，面杉底梓，配件酸枝，篆体琴名"望月"为东山居士书，龙池两侧有虞山马一超书写的隶书对联"高怀同霁月，雅量洽春风"，凤沼下琴尾处为徐世平所书行草落款"裴一白仿祝公望琴""九十九床第一号"字样。

此外，裴先生还捐赠了"云钟""亚额式"等数床高风雅韵之新琴，既丰富了苏州博物馆古琴类的艺术藏品，更填补了苏州博物馆现当代藏琴的空白，琴与人皆雅量高节。

（二）古墨及书画

苏州博物馆藏古墨颇多，录入的就有494锭，据说其数量和品质仅次于北京故宫博物院珍藏。这些明清香墨基本来自民国时期的大收藏家、大鉴赏家何澄及其子女的捐赠。除了在2013年"灌木楼珍藏"展上展出过其中17锭以外，余未再示现于世人。这17锭有各种形制：长条形、八边形、碑形、刀币形、布币形，还有琴式；有各种色泽：朱砂色、满金皮色、填金花色、石青石绿等五彩色；有单条的，也有套盒的；其中尚有国家一级文物明代万历方于鲁制的夔龙尊墨等。我们单从"灌木楼珍藏"中展出的这17锭中，便可窥其一斑。

古人用研磨炼性，用墨有心而成高品。苏州人性情沉郁，不疾不徐，最适合学习琴棋书画这类须下慢功夫的"活儿"；因此吴地也不负所望，历来名人、佳品辈出，在苏州博物馆的馆藏中，历代书画便是一个极丰富的品类，也算稍稍弥补了该地出土文物不足的遗憾。

---

① 张孔山，中国清代古琴家。对近代古琴文化发展有较大的作用。
② 朱权，明太祖朱元璋第十七子，封宁王，号臞仙，又号涵虚子、丹丘先生。

二、精品赏析

（一）展出过的几张藏琴

苏州博物馆新馆自2006年10月开馆以来，举办过2014年9月"松石间意——重庆中国三峡博物馆藏古琴展"（苏博特展厅），2017年6月"苏艺天工——裴金宝古琴作品展"（苏博忠王府楠木厅）两次古琴展。两次展陈，一"古"一"今"，一"传"一"承"，琴脉连绵，而又各有侧重。且2017年琴展兀自引领了自新中国"（古琴）文化断层"以来的首次国内博物馆大型琴展，具有开创性的意义和保护式的目光。

例举"松石间意"惊艳展品一二：

1. 霜钟

又称"蜀王霜钟琴"。明制，仲尼式。面桐底梓，黑漆，琴底有小蛇腹断。蚌徽，岳山、雁足及琴尾附件为檀木。琴底项部篆书"霜钟"二字，龙池下阴刻5.9厘米见方印章"蜀藩之宝"，凤沼上方刻隶书"随公珍玩"，下方一阴刻小印章已模糊难辨。明代蜀王中雅好文学艺术者众多，《明史·蜀王椿传》载，"一时诸王文学以蜀为冠"[①]。加上蜀地自古有制琴传统，蜀王中有好琴、制琴者应在情理之中。"霜钟"具体为哪位蜀王琴已不可考，但此琴是现知唯一的蜀王琴，因此弥足珍贵。

2. 霜天月

宋元年间琴，仲尼式，面底皆桐。鹿角霜灰，黑漆；琴面流水加大蛇腹加冰裂断出剑锋；琴底流水断。蚌徽，檀木岳山及琴尾附件，玉雁足；五个檀木轸，带绒剅；五根朱弦。琴底阴刻行草琴名"霜天月"；龙池下刻楷书："老崔（鹤）飞来，潜虬忽愕，月上凤高，千岩万壑。"落款为"?（撝）未（叔）作铭"[②]。龙池内纳音左侧阴刻"赤城朱致远制"，右侧阴刻"天顺三年"，当为后刻。重庆文物鉴定组认为此琴有唐代遗风，应是宋元琴甚至更早。

此外，尚有北宋名琴"松石间意""凤鸣""武穆王藏琴"等历代古琴共23床。难能可贵的是这些展品在时间上"琴脉"不断，有助于后人对古琴文化历史的研究和考证；在地区上"川""吴"互动：如"松石间意"琴上满刻宋、明、清历代姑苏名人苏东坡、唐伯虎、祝允明、文徵明等的铭文十二则，且有苏州怡园"坡仙琴

---

① 《明史·蜀王椿传》引严福按语。
② 重庆中国三峡博物馆官网："霜天月"琴详情。

馆"①印刻，虽属川地藏琴，却与吴地文化、姑苏文人亦有着千丝万缕、不可忽视的深厚关系。

（二）与古琴相关的 5 锭古墨

1. 清康熙何岩友琴书友墨

墨长 7.85cm，宽 1.35cm，厚 0.7cm，重 9.9g。为二级文物，头端右边框有残损。满金皮色，正面靠墨头一端竖题楷书"琴书友"三字，背面相对竖篆"何岩友监制"款。主人明志：琴书为友，想必连用者也都能自成高格。

2. 清康熙苍苍室水仙操琴墨

墨长 11.5cm，宽 3.15cm，厚 0.75cm，重 34.5g。为二级文物，正面边框同侧有二处损伤。墨色纯黑，全框带细木耳花边。正面框内有亚额式古琴图样，琴面弦、徽清晰，琴纹繁复美丽，菱形格上一道蝴蝶结飘带系于琴腰处，琴头岳山处横题古曲名"水仙操"三字；墨的背面自右而左题楷书"馥郁兮可亲，清越兮可钦，高山流水谁知音"之句，落款印章一为"紫阳"另一模糊不辨。古琴曲《水仙操》的创作者俞伯牙曾为中华文化留下一道最为绚丽的色彩，那便是与钟子期"高山流水遇知音"的最高友谊象征，是古今文人心中的一道永远的白月光。

3. 清道光汪节葊懋斋清玩琴墨②

该墨成对，两锭相同，置于一盒，是苏博所有馆藏琴墨中唯一展出过的。其长 9.15cm，宽 1.9cm，厚 0.85cm，重 17.5g。为二级文物，整体较完整。墨呈伶官款琴式，墨面上所有纹案、题字填金色。正面刻画十三个金徽和七弦金丝，右侧边竖落"道光丙申仲春"款；反面以隶书填金"懋斋清玩"名，以楷书填金"其德愔愔③"以明志，并落"函璞斋造"款。右侧边沿有证其高端墨品身份的"五石漆烟"四字。

4. 清光绪胡学文琴墨

墨长 10.2cm，宽 1.85cm，厚 0.78cm，重 22.5g。三级文物，有裂缝，琴式。正面除徽位填金外，余无色彩；背面轸池填金，突出七个黑色轸点，轸池下方填金阴刻"胡学文仿"印章。龙池、凤爪、雁足、弦丝同墨色，清晰可见。墨作琴式，既是清人所爱，亦是时下文人节志所钟。日日见之用之，琴心墨心已同。

---

① "坡仙琴馆"：苏州怡园"石听琴室"东堂悬匾，旧怡园主人顾文彬题斋名，吴云手书。
② 苏州博物馆：《何澄及其子女捐赠文物精选集》，古吴轩出版社 2013 年，第 17 页；周绍良：《代名墨谈丛》，文物出版社出版 1982 年。
③〔明〕方孝孺：《蜀府敬慎斋》，"愔愔于思，夔夔于守，穆穆语言，不惊左右"句。

5. 清光绪胡爱堂琴墨

墨长 9cm，宽 1.6cm，厚 0.8cm，重 16g。三级文物，有裂缝。款、色皆与胡学文琴墨一致，唯背面印章、题字不同。印章署繁体"鑑瑩齋（鉴莹斋）"，下方署篆书墨名"太古心"，其志直指古文人君子之德行追求与情怀。

（三）古琴书画文玩

1. 一书一画

"一书"者，清顾苓隶书《咏琴诗》，纸质、卷轴，外框纵 193cm、横 39cm，画心纵 73.7cm、横 27.8cm；"一画"者，明王礼①为葛侯所绘设色《琴堂幽兴图》，绢质、册页，外框纵 37cm、横 36cm，画心纵 28.9cm、横 31.3cm；此外尚有明代祝允明所作行草《琴赋》轴等与古琴相关的珍贵书画文物藏品。"咏琴诗"题：拂我膝上琴，当客清风襟。我琴无轸弦不和，愿借之子调其音。美人一笑千黄金，弹作江岸花木深。下有同队之游鱼，上有同声之鸣禽。琴声一叠一叹息，江花江草无终极。②落款：滁阳顾苓。顾苓借宋人诗、承七弦志、以自己手，串起了"一书"之教化。《琴堂幽兴图》为《明诸家题咏葛寝野政绩图》册中的一页，册页中附"朱鹭敬题""奉葛侯老道友右调凤凰阁词一阕《题琴堂幽兴图》"，以及《高苑政绩叙》各两页。该图以幽石山中、开轩鸣琴之事为意境，勾勒出一种慕古思贤的文人雅趣。落款"琴堂幽兴""孝感王礼为高苑葛侯写""杨文晖观"云云。

2. 几柄纨扇

几柄纨扇为"良友"，可题画赠人，可装饰纳凉，随身携带又十分方便，因此古代文人使用非常广泛，各地馆藏也不会少。例如苏州博物馆与古琴相关的几柄清人香扇：（1）由任薰主写、星槎补松、周闲画石并记作画缘由的"弹琴图"金纨面扇页，最有意思的是落款处"**仁兄大人雅属（嘱）""**"故意涂成了墨团，想必是这位"仁兄大人"有所忌讳不欲人知罢；（2）任薰又一幅因嘱而作的"弹琴图"纸质金面扇，此画中规中矩，不同于前一幅与朋友"有故事"的合作；（3）杨浚《听琴图》金面扇页，从落款"咸丰八年戊午七月九华庵主为延陵叔子渠园客制"来看此扇亦受人所托而作，画中二人各据一角，以琴传声、互表知音，内涵丰富、构思颇巧；（4）沙馥《停琴听阮图》金面扇页，此图亦知音相对、琴阮互诉，山春沙馥以刘松年画法为其挚友介眉仁兄所作，可想两人亦同

---

① 王礼，字秋言，号秋道人。明江苏吴江人，晚清海派六十家之一。
②〔宋〕范成大：《古风酬胡元之》。范成大，苏州吴县人，号石湖居士。

画中人；(5) 顾濡为子谦《琴心竹趣》纨面扇页，此扇绢质，琴心同竹趣，一品清高。

抚琴时，琴心在弦；挥墨时，墨心在纸。你若德馨，弦自清响，画自芬芳。见文物如见主人，承其艺如承其心。

三、社会活动心得

（一）古琴文化的传播

继苏博两次琴展之后，原本就藏龙卧虎的姑苏古城焕发出了新的古琴文化传播生机。2014年2月、9月、10月苏博分别举办了《怡园琴话——江南山水园林及吴门古琴》《古琴曲〈秋塞吟〉〈水仙操〉〈搔首问天〉曲名的演变轨迹》《百年江南梦 文人与古琴——吴门琴派与老琴收藏》三场古琴基础知识讲座；2017年，6月配合《苏艺天工》展推出了《椅桐梓漆 爰伐琴瑟》古琴斫制体验活动和《琴器苏斫——古琴初识与古琴斫制》讲座活动，7月举办了《吴声清婉》裴金宝师生古琴音乐演奏会，从理论、表演、实践体验等全方位入手普及、宣传、弘扬琴文化；自2014年至今的近十年间，苏州博物馆从不间断，历年累计举办了14场古琴文化讲座和演出宣传活动，极大地丰富了苏州人民的文化生活，促进了古琴非物质文化遗产的推广，提高了全社会精神文明水平。

（二）格物修身的价值

"众器之中，琴德最优。"[①] 琴棋书画以外，即便是在苏博馆藏的清人顾珏竹雕人物香筒、明代朱三松竹雕春闺幽思笔筒上，或者是唐寅的《农训图轴》中，亦比比皆是群贤毕至、听琴抚琴、吟诗弈对之景。格物而教化若动，格物而德行若修。君子修身，不离正器。犹如范文正公虽一生止弹一曲，五柳先生虽独好无弦，其琴德已生。作为博物馆的一线工作者，要将个人需求与公众需求相结合，以个人立德作为社会育德的基础，不仅把博物馆教育当作学校教育的补充，更要最大化地融入或成为社会教育的一部分，与我们身边的博物馆志愿者、非遗文化传承者、文物捐

---

① 〔三国〕嵇康：《琴赋》。

赠者、青少年学习者携手共进，在对文物研究和利用的道路上，尽力打造一个格物致知、仁心普世的博物馆工作小环境与和谐社会大环境。

贡振亚，苏州博物馆党政办公室，馆员

古代越南和古代日本确立理学的异同

王 蕊

摘要

理学诞生于中国后，很快便传入了古代越南和古代日本。作为深受儒学影响的两个国家，他们先后把理学作为国家的指导思想。由于越南与日本之间的客观差异，最终呈现出的是越南先于日本完成了这一过程。

关键词

越南；日本；理学；越南李朝；德川幕府

越南与日本都是深受理学影响的国家，日本理学传入的时间可能略早于越南，但是越南将理学确定为国家的指导思想却比日本早了二百多年，是什么原因造成了这种差异？本文拟就这一问题进行初步探讨，求教于诸位方家。

一、越南确定理学为国家指导思想的时间

理学传入越南的具体时间不详，元丰三年（1253年）新建国学院，"诏天下儒士诣国子院讲四书六经"[①]，儒士中已经有人能讲《四书》，这说明理学已经比较普及了。绍隆十五年（1272年），圣宗"诏求贤良明经者为国子司业，能讲谕四书五经之义入侍经幄"[②]，说明越南儒士的理学已经具有了较高的水平。由此推测，理学传入越南应该在13世纪初期。

理学被确定为越南国家指导思想的具体时间不详，应该以朱安从祀文庙为标志。

---

① ［越南］吴士连：《大越史记全书》IV 卷 5, NHÀ XUẤT BẢN KHOA HỌC XÃ HỘI, 1993 年，第 177 页上。
② ［越南］吴士连：《大越史记全书》IV 卷 5, NHÀ XUẤT BẢN KHOA HỌC XÃ HỘI, 1993 年，第 184 页上。

理学传入越南后不久，很快就产生了朱安、张汉超、黎文休、黎括等一批理学家，其中尤以朱安著称。朱安（1292—1370）被称为越儒宗，史称其"性刚介，清修苦节，不求利达，居家读书，学业精醇，名闻远近。弟子盈门，蹑青云、登政府者往往有之，如范师孟、黎伯造已为行遣亦各执弟子礼"[①]。从他所著《四书说约》看，他教授弟子的应该是理学。朱安在当时影响很大，明宗（1314—1329年在位）时被征为国子司业，死后赠文贞公，从祀文庙。二年后，张汉超也从祀文庙。十一年后朝廷令和尚去攻打占城，二十六年后勒令五十岁以下和尚还俗，理学的正统地位得到巩固。虽然胡季犛在光泰五年（1392年）改孔子为先师、周公为先圣，并抨击周程朱子之徒"学博而才疏，不切事情而务为剽窃"[②]，但其子胡汉苍代陈后的第四年（开大二年，1404年）就确定科举"试法仿元时，三场文字分作四场"[③]，而元皇庆二年（1313年）确定的科举三场制第一场为明经、经义二问，从《四书》出题，用朱熹注，经义一道，除《礼记》外，均用宋代理学家所注，胡朝科举试法仿元时应该也是以理学为主。后黎绍平三年（1434年）确定科举考试四场，"第一场经义一道，《四书》各一道"[④]，进一步确立了理学的正统地位。

二、日本确定理学为国家指导思想的时间

理学输入日本可能早于越南。日本学者对理学传入日本的时间有多种说法：一是清源赖业为高仓天皇（1166—1180在位）进讲《大学》、《中庸》；一为正治二年（1200年）的《中庸章句》抄本；一为日本僧人俊芿建历元年（1211年）由宋朝返回日本携回理学书籍；一为日本僧人圆尔辨圆仁治二年（1241年）由宋朝返回日本携回理学书籍。俊芿和圆尔辨圆携入说难以确认，仅靠他们携带许多儒家典籍回日本而并没有书目清单，就推测其中有理学著作是难以成立的。最为可信的是正治二年说，因为至今仍然保存在日本东洋文库的《中庸章句》抄本卷末有"正治二年三月四日，大江宗光"的题记。大江宗光生平事迹史书没有记载，应该是在学术上建树不大的人物，但是其父大江广元却是著名政治家，时任幕府政所别当，也就是幕府实际上也是日本的行政事务总管。在这样一个家庭里，能够有或者见到《中庸章句》而且还是手抄本，说明理学在日本已经有了一定的影响。虽然不能确认是谁将理学引入日本，但这个题记可以说明1200年或稍前理学就已经传入了日

---

① [越南] 吴士连：《大越史记全书》IV 卷7，NHÀ XUÂT BẢN KHOA HOC XÃ HÔI,1993，第241页下。
② [越南] 吴士连：《大越史记全书》IV 卷8，NHÀ XUÂT BẢN KHOA HOC XÃ HÔI,1993年，第258页下。
③ [越南] 吴士连：《大约史记全书》IV 卷8，NHÀ XUÂT BẢN KHOA HOC XÃ HÔI,1993年，第270页上、下。
④ [越南] 吴士连：《大越史记全书》IV 卷11，NHÀ XUÂT BẢN KHOA HOC XÃ HÔI,1993年，第335页下。

本。此时距朱熹《中庸章句》成书（宋淳熙十六年，1189年）仅11年，可见理学传入日本是何等的迅速。

理学被确定为日本的指导思想的确切时间也不详，从史料分析应该是在17世纪初的幕府初建时期。

庆长八年（1603年），战国大名德川家康（1542—1616）在诸侯混战中以实力胜出，于江户（今东京）建立幕府，又经过十多年的战争终于结束了战乱，统一了全国。为了重建社会秩序、巩固德川幕府的地位，幕府将军将视线转向了理学。幕府第一代将军德川家康深知理学的作用，他说"予常闻儒生讲经书，深知欲为天下之主者不可不通《四书》之理，即不能全通，亦当熟玩《孟子》一书"[①]，因此大力提倡朱子学，大量刊行《论语》《周易》等儒家经典，重用朱子学学者。脱离佛教，"还俗专讲儒学"的藤原惺窝（1561—1619）排佛归儒，推崇朱子学，以理学解释日本神道，受到德川家康的礼遇，为德川氏的统治提供了理论根据。藤原惺窝的弟子林罗山（1583—1657）也是出佛入儒，对朱熹的理学著作进行日文注释，著有《大学要略抄》和《四书集注抄》等理学著作，大力提倡程朱的三纲五常以及大义名分主张，开创了日本朱子学派。他深受德川家康的信赖，被任命为侍讲，先后为家康、秀忠、家光、家纲四代将军进讲理学，并担任将军的政治顾问，参与幕府机要，为幕府的内政外交出谋划策。其后裔世世为幕府儒官，主管幕府学校，日本朱子学成为了林氏的家学。

历代将军大都大力奖励理学，五代将军纲吉（1682—1715年在位）亲自向大名、旗本、公卿讲解《四书》《孝经》《周易》，八年之间讲解240次，并刊印《四书集注》等经书分赐听讲诸臣和寺社。八代将军吉宗聘请室鸠巢等硕学名儒进讲经义，参与幕府政务。十一代将军家齐将林家家塾和汤岛圣堂合并，创建了幕府直辖学校昌平坂学问所，教育幕府臣僚和他们的子弟，同时还接受各藩学生入学学习，全盛时期在校的各藩学生多达五百余人。幕府还创办学习院，为朝臣讲授《四书》《诗经》《尚书》《孝经》等儒家经典。理学的地位越来越高，宽政二年（1790年）和六年（1794年），幕府两次下令强行禁止朱子学以外的"异学"，朱子学最终确立了日本国家指导思想的独尊地位。

[①] 福岛甲子三：《近世日本的儒学》，岩波书店，1939年，第28页，转引自杨焕英《孔子思想在国外的传播与影响》，教育科学出版社，1987年，第112页。

三、越南与日本确定理学为指导思想时间差异的原因

为什么理学传入越南不到两个世纪就被确立为国家指导思想，而日本却经过了四个世纪呢？分析其原因，或由以下几个方面的差异造成的。

（一）社会方面的差异

理学传入越南，正是越南封建社会的上升时期，封建中央集权制度逐渐臻于完备。越南独立后，社会比较安定，李朝（1010—1225）、陈朝（1225—1400）通过不流血的宫廷政变实现了朝代更替。理学传入前后正逢陈朝由立国走向强盛的时期，国家崇儒重道，学习四书五经，实行科举制度。和平的环境，重视理学的氛围，有利于理学的传播和其地位的提高，所以理学很快就被确立为国家指导思想。

而日本恰好相反。虽然日本早在7世纪就建立了中央集权制度，但到9世纪后期，外戚逐渐掌管了国家权力，封建制度遭到破坏。此后武士崛起，六百年间战乱频发。理学传入后相继是武士执政的镰仓幕府、南北朝、室町幕府、战国、安土桃山时期，武士们信奉禅宗，理学有赖于浮屠而存在，传播缓慢，社会地位当然很难提高。

（二）思想领域的差异

理学初传时，越南和日本虽然都是佛教盛行的时期，但当时越南儒家思想的影响要大于日本。越南皇室宗教信仰虽然是佛教，但治国理念却是儒家思想。早在丁朝（968—980）时期就仿照中国制度建造宫殿，建立社稷，设置百官，制定朝仪；黎朝（980—1009）"定文武官制，一遵于宋"[①]；李朝更是大力提倡儒家忠孝伦理，建造文庙，兴办学校，科举选士。理学初传的陈朝大力开展儒家教育，逐渐建立了包括教育目的、内容、教师选拔与任用、学生考核与使用等一系列内容完备的教育制度，设立了从中央到地方一整套教育系统，制定并推行科举制度。大力推崇和普及理学，才能使理学成为国家的指导思想。

日本虽然早在7世纪初就将儒家思想确立为治国理念，大化二年（646年）的改新就仿照唐朝建立了中央集权制度，白凤时期（7世纪中叶至8世纪初）更将儒

---

① [越南]《越史略》卷上《黎纪·卧朝王》，影印文渊阁《四库全书》本，第466册，上海古籍出版社，第576页。

家思想确定为国家的指导思想，推崇儒学，大兴学校，推行科举制度。但是9世纪武士阶层出现后，崇奉禅学，传统佛教和儒家思想都受到很大冲击，学校停办，科举废行，直到17世纪初理学才受到重视。德川幕府建立后，为了控制桀骜不驯的武士和不能消灭但又不能完全信赖的具有实力的战国大名，幕府采用严格的等级制度。一是政治上采用幕藩制，幕府将军是国家的最高统治者，大名是地方实际的统治者，将军治理国家，大名治理地方，建立了一种以幕府将军为代表的中央集权势力与以大名为骨干的地方分权势力既依赖又对立的政治制度。二是实行严格的身份等级制度，将全国人民划分为士、农、工、商四民和被列为四民之外的社会最底层的贱民（非人、秽多），而四民之中又详细划分为种种等级。为了维护这种严格的等级身份制度，需要思想理论的支持。主张国家统一，宣扬大义名分，把三纲五常等人伦关系绝对化，提倡服从，反对犯上作乱，主张富贵贫贱皆命数的朱子学非常适合当时的社会形势，所以德川幕府从佛儒并用转向独尊儒学，将理学确定为国家的指导思想。

（三）宗教方面的差异

日本排斥佛教要晚于越南。理学传入前，越南是佛教势力非常强大的国家。李朝开国君主李公蕴原是僧侣出身，创建李朝又得到万行和尚的大力支持，所以李朝以佛教为国教，封万行和尚为国师，重用僧人担任朝廷高官，高级僧人的权力极大，僧人与豪族一起成为李朝的支柱。理学传入越南之后，理学者们就大力提倡儒学，对佛教进行激烈的批判。朱安提倡"崇正黜邪"，倡导儒学，极力排斥佛教。黎括、黎文休等批判佛教只重来世，不重现实。排斥佛教最力的张汉超（？—1354）主张复兴儒学，罢黜佛教，"方今圣朝，欲畅皇风以振颓俗，异端在可黜，圣道当复行。为士大夫者，非尧舜之道不陈前，非孔孟之道不著述，顾乃拘拘与佛氏嗫嚅"[①]。由于理学家们的大力扬儒斥邪，佛教和道教的社会地位日渐下降，国家多次采取措施限制佛教势力的扩张。昌符五年（1381年），"命大滩国师督率天下僧人及山林无度僧壮者权为军，击占城"[②]，让以不杀生为戒的和尚们拿起武器去打仗。光泰九年（1396年），诏令"沙汰僧道，年未及五十以上者勒还本俗"[③]。打击佛教，理学的地位才能上升，最终战胜佛教而成为国家的正统思想。

---

① ［越南］张汉超：《北江开严寺碑文》，见《大越史记全书》卷7，第233页。
② ［越南］吴士连：《大越史记全书》IV卷7，NHÀ XUẤT BẢN KHOA HỌC XÃ HỘI,1993年，第249页下–250页上。
③ ［越南］吴士连：《大越史记全书》IV卷7，NHÀ XUẤT BẢN KHOA HỌC XÃ HỘI,1993年，第260页下。

而在日本，理学传入后，十三世纪时主要在禅僧们之间传播。传播者主要有日本入宋归国僧圆尔辨圆、宋朝赴日僧兰溪道隆和元朝赴日僧一山一宁等禅僧。虽然圆尔辨圆、兰溪道隆都曾向镰仓幕府执权（日本当时的实际掌权者）北条时赖宣讲过理学，兰溪道隆还接受北条实赖的归依，受到后嵯峨天皇的接见，但理学并没有产生多大的社会作用。从十四世纪开始，理学才开始向京都的皇室、公卿和儒学博士传播。元应元年（1319年），后醍醐天皇为了夺回被幕府剥夺的权力，以理学的大义名分作为思想武器推翻幕府，于是召请禅僧玄惠到宫中讲解《论语》，日夜与玄惠及其弟子日野资朝、菅原公时等讨论理学，在京都产生了很大影响，"近日禁里之风，即是宋朝之义也"①。正是依靠北畠亲房、日野俊基、日野资朝等信奉理学的朝臣，借用各国武士的力量，于元弘三年（1333年）推翻了镰仓幕府。理学虽然在推翻幕府中显示了一定的作用，但仍然由僧人所主导。直到十四世纪后期理学才开始逐渐摆脱禅学的外衣而独立，17世纪初理学才真正摆脱了禅僧的影响，出现了由禅入儒的理学学者，如庆长五年（1600年）被德川家康招到江户还俗的藤原惺窝与其弟子林罗山以及山崎闇斋（1618-1682）等人。藤原惺窝主张"人伦皆真"，否定佛教的出世观，开始排佛归儒。其弟子林罗山大力排斥佛教和不久前才传入的天主教，批判佛教是"虚学""灭绝义理"，批判耶稣教为"异学""犹如妖狐之食妲己而化妲己也"，主张将理学与日本神道相结合，神道"即王道也，儒道也，圣贤之道也"②。排斥了宗教，才确立了理学的正统地位。

（四）社会中坚力量的差异

越南大力推行儒家教育，实行科举选士，使越南逐渐形成了新的儒士阶层。儒士阶层步入政界，逐渐成为社会的中坚力量。天应政平十六年（1247年）的榜眼黎文休先后任翰林院侍读、学士、兵部尚书、史官，成为六朝元老；儒士张汉超担任左参知政事，杜子平担任入内行遣、左参知政事，邓继任翰林学士，杜国佐官至中书令，陈克终（即杜克终）担任一向由宦官或贵族担任的被称为亚相的入内大行遣，段汝楷担任参知政事；大儒朱安被征聘为国子司业。所以越南史书说陈朝儒臣辈出，人才彬彬称盛。大量儒士步入政界，社会地位空前提高。"指日皇风清绝域，大功出任属吾儒"③，阮飞卿的这句诗既表达了儒士阶层踌躇满志的心态，也形象反

---

① 《花园天皇宸记·元亨二年七月二十五日》，临川书店，1975年，第358页。
② 转引自《日本思想大系》第28卷《藤原惺窝、林罗山》，岩波书店，1980年，第192页。
③ [越南] 杨伯恭编辑：《抑斋遗集》卷二《阮飞卿诗集》，越南国家图书馆藏本，第15页。

映出儒士阶层登上政治舞台的社会现实。儒士成为社会的中坚，才推动了理学成为国家的指导思想。

日本很早就输入了儒家思想，百济博士王仁将《论语》带入日本，有的日本学者认为是在285年，但百济375年才设置博士，所以有学者推断《论语》进入日本是在405年。推古天皇八年（600年），日本向中国派遣使者，直接吸收中国文化，很快就将儒家思想确定为治国理念。天智天皇二年（663年）仿照中国设立大学寮，以儒家九经作为教科书，进行儒学教育，十多年后将学校推广到地方各国。大宝元年（701年）开始实行科举制度，国学生通二经后考试合格可以进入太学学习，太学生通二经考试合格就可以出仕为官。天平宝字三年（759年），天皇敕旨规定，只准选拔重用儒生，儒士阶层逐渐成为日本社会的中坚力量。但好景不长，到9世纪后期，大贵族执政，贵族子弟不需读书即可通过院举和官荫做官，儒士们逐渐丧失了社会中坚的地位。与此同时，庄官（多为在乡领主）为保卫和扩大自己的庄园，组织起私人武装武士和武士团。随着武士团势力的发展，到12世纪末镰仓幕府成立后，武士就逐渐成为社会的中坚力量，日本社会也就由7世纪以来的逐渐尚文蜕变为尚武，而其后的长期战乱更加强了武士的地位。武士们崇尚由中国传入的禅宗以对抗皇室崇尚的旧佛教，在这种社会氛围中，理学当然很难获得社会的认可，所以直到德川幕府统一全国后为了重建社会秩序，理学才被确立为国家的指导思想。

理学被确定为日、越两国的指导思想虽然时间有先后，但目的都是一样的，那就是重整社会秩序，实现国家的统一和安定。中国先秦儒学注重于探讨伦理，缺乏形而上的思辨；汉唐经学援引阴阳五行学说论证儒学理论，强化以三纲五常为核心的名教，偏重于经典的诠释和考证；宋代理学为因应外来佛教文化和本土道教文化的挑战，创造性地阐释儒学经典，将传统儒学以心性义理为核心的伦理道德、价值理念与形上学本体论结合统一起来，以孔子内圣外王之学为标准，试图解决人们的生命价值问题、存在意义问题、道德与人格完善问题，进而治国平天下。正是理学的这种功用，它才相继被中国、越南、日本确立为国家的指导思想。

王蕊，北京中轴线遗产保护中心研究室，副研究馆员

孔庙和国子监博物馆大事记
（2022年）

1. 1月21日，孔庙和国子监博物馆召开了"孔庙国子监基本陈列改陈前期论证调研"项目阶段性成果专题汇报会，形成《庠序之教——北京国子监历史沿革展》《漫漫杏园路——明清科举文化展》《大哉孔子》及其副展《历代名儒展》《北京孔庙历史沿革展》四个展览的大纲内容。

2. 4月19日，孔庙和国子监博物馆业务人员赴北京艺术博物馆考察调研，调研活动得到了北京艺术博物馆的大力支持，取得了良好的成效。

3. 5月18日（国际博物馆日），孔庙和国子监博物馆聚焦"博物馆的力量"这一主题，策划"云课堂"、线上互动答题等活动，受到了广大观众的欢迎。

4. 5月，孔庙和国子监博物馆报送的《"太学·寻迹"系列主题云课堂》社教项目在2021年度北京地区博物馆优秀教育活动评选中入选获奖活动案例。

5. 5月，孔庙和国子监博物馆志愿者刘瑶老师在"星耀京华——北京博物馆志愿者风采"推介活动中被评为"北京地区博物馆优秀志愿者"。

6. 8月8日，孔庙和国子监博物馆首次与北京市文化创意产业发展服务有限公司联合推出的数字文创"国子监——琉璃牌楼"，在元物元平台成功首发。共计8000份数字文创正式开售后15分钟内全部售罄，取得了良好的业绩。

7. 9月1日至9月5日，孔庙和国子监博物馆紧紧围绕"多彩文博　数字赋能　把文博文创带回家"的主题，携多款最新文创产品及互动体验活动亮相服贸会文博文创展区，展现了我馆文创产品主题化、系列化开发成果。

8. 9月28日，孔庙和国子监博物馆在北京孔庙举行祭孔大典，纪念我国古代重要思想家、教育家和儒家学派创始人孔子诞辰2573周年。

9. 10月3日至10月7日，孔庙和国子监博物馆与北京广播电视台卡酷少儿卫视携手推出的品牌教育节目"走进中轴线"在《七色光》日播版播出。七色光的小学员们在专业老师的带领下，走进孔庙和国子监博物馆，通过五天的课程集训，用稚嫩的声音深情讲述中轴线的故事。

10. 2022年，孔庙和国子监博物馆圆满完成了国子监南廊房、东西讲堂、药房及司房屋面修缮工程，修缮面积共计1023.84平方米，维护了古建筑安全。